Petra Pliester
Jürgen Bräscher

Vom Kopfkino zum Freigeist

Selbstbestimmt statt voll im Stress

Petra Pliester & Jürgen Bräscher: Vom Kopfkino zum Freigeist
Selbstbestimmt statt voll im Stress

Steigerstraße 64
01705 Freital OT Kleinnaundorf
www.verlag-zeitenwende.de
buecher@verlag-zeitenwende.de

2. Auflage 2019
1. Auflage 2018

Umschlaggestaltung: Verlag Zeitenwende / Susann Adam
Satz: Verlag Zeitenwende
Illustrationen: Susann Adam, nach Ideen von Jürgen Bräscher

ISBN 978-3-945701-19-5

Die Deutsche Bibliothek – CIP-Einheitsaufnahme
Ein Titelsatz für diese Publikation
ist bei der Deutschen Bibliothek erhältlich.

Für alle, die

in ihrem Leben nicht mehr kämpfen möchten,

den Wunsch in sich tragen, ihrem Herzen zu folgen,

eine neue Welt mitgestalten wollen.

Herzlichen Dank!

Wir bedanken uns bei allen guten Seelen, die die Freigeist-Bücher lesen, kaufen, verschenken, weiterempfehlen, und damit das Gedankengut für ein besseres Miteinander in die Welt hinaustragen.

Inhaltsverzeichnis

Im Dauerlauf zum Dauerstress

Wir packen unser Leben zu voll. Die Tage erscheinen zu kurz für all das, was wir uns vorgenommen haben, und im stillen Kämmerlein beschleicht uns das Gefühl, Monat für Monat und Jahr für Jahr unser Leben abzuarbeiten, in einer endlosen Folge von To-do-Listen. Aber wenn wir uns bei Bekannten und Freunden umhören, haben natürlich alle nur positiven Stress, sind dynamisch und effizient, erledigen die gewaltige Flut an Aufgaben mit links und lassen nie nach.

! Stress ist „in“, er ist zum Prestigeobjekt geworden. Jeder will etwas davon haben, und wer keinen hat, muss schauen, wo er welchen herbekommt.

Es scheint in unserem Leben keine Pausen mehr zu geben, keine Ruheinseln. Früher haben wir uns noch von Urlaub zu Urlaub gehangelt, um dort Kraft zu tanken. Sobald wir danach im Büro die Emails geöffnet haben, war es vorbei mit der Erholung. Die Flut der Nachrichten holte uns schnell auf den Boden der Tatsachen zurück und verbannte den Urlaub als ferne Erinnerung in eine stille Ecke unseres Gehirns. Heute brauchen wir gar nicht mehr so lange zu warten: Wir können schon während der Ferienzeit die Emails checken, um unsere tägliche Dosis an Stress einzunehmen.

Doch Stress beschränkt sich nicht auf den Beruf. Auch im Privatleben gibt es keine Ruhe: Fasching, Ostern und Weihnachten takten das Jahr und wollen mit entsprechenden Dekorationen, Geschenken und Festessen gewürdigt werden, dazwischen gibt es Events, Geburtstage und Verpflichtungen im Verein. Und weil das noch nicht genug ist, feiern wir die amerikanischen Feste wie Valentinstag und Halloween gleich noch mit.

Doch erfüllt uns das, was wir da tun? Empfinden wir echte Freude dabei oder folgen wir einer Dynamik, die sich längst verselbständigt hat?

Wenn Sie dieses Buch in die Hand genommen haben, sind Sie wahrscheinlich ein Experte in der Disziplin „Stress", schließlich trainieren Sie ihn schon ein Leben lang. Als Sie mit dem Training anfingen, haben Sie noch zwischen Joggen und Gehen abgewechselt und dann langsam Ihre Kondition gesteigert. Jetzt können Sie stolz auf sich sein: Sie haben gelernt durchzulaufen, haben das Tempo stetig angezogen und sind heute da, wo Sie sind. Doch wo ist das genau? Wollten Sie da eigentlich hin? Oder wie es die Band Mono Inc. formuliert: *„Where would you run if you are running out of time?"*[1,2]

Irgendwann haben wir angefangen zu laufen und können nun nicht mehr damit aufhören. Die überhöhte Geschwindigkeit, mit der wir durch das Leben eilen, ist uns in Fleisch und Blut übergegangen – das Ziel haben wir dabei längst aus den Augen verloren. Selbst wenn wir das Glück haben, zu einem guten Gehalt und Wohlstand gekommen zu sein, ist unsere Lebensqualität leise und schleichend in den Keller gerutscht. Denn Stress ist für uns zur Gewohnheit geworden, zu einer Serie aus automatisierten Handlungen, über die wir gar nicht mehr nachdenken.

Wie würden Sie sich durch den Tag bewegen, wenn der Termindruck einmal wegfällt? Wären Sie in der Lage, den Schalter umzulegen, das Tempo zurückzunehmen und sich einfach durch den Tag treiben zu las-

[1] Übersetzung: Wo würdest Du hinlaufen, wenn Dir die Zeit davonläuft?

[2] Mono Inc.: *„Get some sleep"*. Von Martin Engler. *Symphonies of Pain*. Nocut Entertainment, 2017. CD.

sen? Oder würden Sie sich gleich die nächsten Termine und Aufgaben setzen, um in der gewohnten Geschwindigkeit weiterzugehen? Hand aufs Herz: Meistens wird es darauf hinauslaufen, dass Sie in den freien Stunden „noch schnell" Besorgungen machen, Anrufe tätigen, eben Dinge erledigen, die schon lange liegen geblieben sind, statt die geschenkte Zeit einfach auszukosten. Sie sind es gewohnt, so und nicht anders zu agieren.

Ursprünglich ist Stress eine Reaktion des Körpers, um in einer Gefahrensituation das eigene Überleben zu sichern. Die Stresshormone Adrenalin und Cortisol werden ausgeschüttet, nur die lebenswichtigen Körperfunktionen sind noch aktiv, alles andere wird zurückgefahren. Wir sind zum Kampf oder zur Flucht bereit. Ist die Stresssituation vorbei, folgt eine Ruhephase beziehungsweise der Normalzustand.

! Die Natur hat den Stress für kurzfristige Belastungsspitzen geschaffen, wir aber haben daraus einen Dauerzustand gemacht. Das kann nicht funktionieren.

Mit dem Märchen vom positiven Stress belügen die Menschen nicht nur ihre Umgebung, sondern auch sich selbst. Sind wir im Dauerstress, spielt es keine Rolle, ob der Stress positiv oder negativ ist – zu viel ist zu viel. Bei einem Auto scheint es selbstverständlich, es nicht dauerhaft im roten Bereich zu fahren, das tut keinem Motor gut. Wir achten darauf, rechtzeitig das Tempo auf ein gesundes Maß zu reduzieren. Doch für uns selbst gilt das offenbar nicht. Wie ist denn eigentlich unsere normale Geschwindigkeit? Wie viel Stress halten unser Körper und unser Geist aus, ohne dass wir „heißlaufen" und „durchdrehen"?

Kopfkino mit Happy End?

Stellen Sie sich vor, Sie sind im Kino. Sie freuen sich auf eine mitreißende Geschichte, auf einen Helden, der aufregende Sachen erlebt und mit dem Sie sich identifizieren können, der attraktiv, charmant und in jeder Situation Herr der Lage ist.

In dem Film sehen Sie nun den Helden, wie er mit einer wundervollen Frau essen geht. Doch statt ihr seine ganze Aufmerksamkeit zu widmen, ist er mit seinen Gedanken bei einigen Einkäufen, die er nach dem Rendezvous erledigen will. Obwohl er sich schon seit Tagen auf diese Verabredung gefreut hat, ist er eigentlich ganz woanders und unterhält sich nur zerstreut mit seiner Partnerin. Er kann weder ihre Gesellschaft noch das Essen genießen, und natürlich wird er auch bei der Dame nicht punkten, die sich enttäuscht zurückzieht, als sich sein Zeitfenster schließt und er in den nächsten Supermarkt hechtet.

Beim Einkaufen trifft der Held eine alte Schulfreundin, mit der er damals durch dick und dünn gegangen ist und die er seit Jahren nicht gesehen hat. Doch er stellt seine Freude über das Wiedersehen zurück und wechselt nur ein paar oberflächliche Sätze mit ihr. Die Zeit drängt und er ist in Gedanken schon wieder bei der Geburtstagsparty am Abend, die noch vorzubereiten ist: die Getränke kühlen, dem Caterer letzte Anweisungen geben. Und hat er eigentlich seinem Chef eine Einladung geschickt? Was die Freundin aus Kindertagen ihm erzählt, dringt gar nicht mehr zu ihm durch. Unser Held ist einfach nicht bei der Sache. Er ist gar nicht richtig da, ist nur wie ein Schatten seiner selbst.

Würden Sie sich im Kino mit so einem Helden identifizieren? Wohl kaum! Ein Mensch, der mit seinen Gedanken nie bei dem ist, was aktuell geschieht, bleibt für uns blass und uninteressant. Es fehlen die Gefühle, die Hingabe, das gewisse Prickeln, eben das, was das Leben besonders macht.

So ist es leider auch in der Realität:

! Das Leben zieht an so manchem Menschen wie ein Film vorüber, an dem er gar nicht richtig beteiligt ist. Er wird zum bloßen Statisten degradiert. Die Hauptrolle übernehmen andere, nämlich die eigenen Gedanken.

Es gibt ständig etwas zu tun, innere Unruhe ist an der Tagesordnung und unsere Gedanken haben Fahrt aufgenommen. Immer schneller drehen sie ihre Runden in unserem Kopf, Tag und Nacht, verselbständigen sich, drängen sich in den Vordergrund und führen doch nur ins Leere. Schon bald wissen wir nicht mehr, wie es ohne dieses Gedankenkarussell war. Das Kino in unserem Kopf kennt keine Pausen und hält uns stetig auf Trab. Was am Ende übrig bleibt, ist der Getriebene. Im Film scheint der Held tatsächlich verloren, doch durch einen Kniff, den der Zuschauer nicht vorhersehen konnte, bekommt er die Möglichkeit, das Ruder noch einmal herumzureißen. Ob er seine Chance nutzt und glücklich bis ans Ende seiner Tage lebt, liegt allein in seiner Hand.

Ohne Stress – wie soll das gehen?

Wie eingangs schon erwähnt, haben in unserer Leistungsgesellschaft nahezu alle Stress. Zunächst bemerken wir vielleicht gar nicht, wie gestresst wir sind, denn es scheint der Normalzustand zu sein. Um uns herum machen ja alle begeistert mit, und tatsächlich kann uns der Stress zunächst einen Kick verschaffen.

Wenn Sie hohen Belastungen ausgesetzt sind, Ihre Arbeit aber als befriedigend und sinnvoll empfinden, haben Sie erst einmal positiven Stress. Im besten Fall heimsen Sie zusätzlich Anerkennung ein für das, was Sie tun, so dass Ihr Belohnungszentrum aktiviert wird und Sie die intensive Arbeitsbelastung gut verkraften. Damit scheint die Rechnung für Sie aufzugehen. Beim nächsten Mal wollen Sie dann noch besser sein, noch härter arbeiten, um noch mehr Lob zu ernten. Schnell wird aus der vorübergehenden Anstrengung und unter Zeitdruck eine Dauerbelastung mit gesundheitlichen Folgen. Wenn dann die Anerkennung für Ihre Leistung ausbleibt und Sie sich noch mehr verausgaben, um Ihre wohlverdiente Belohnung zu erhalten, ist es nur eine Frage der Zeit, bis sich erste Anzeichen von Erschöpfung zeigen.

Selbst wenn wir erkennen, dass uns das beständige Stresslevel nicht guttut, können wir nicht einfach nur spazieren gehen und unsere Seele baumeln lassen, während alle anderen um uns herum joggen. Wir laufen Gefahr, uns vom Strom der vorbeiziehenden Läufer mitreißen zu lassen, statt im eigenen Rhythmus zu bleiben. Auch während unserer Erholungspausen sind wir den Einflüssen der Umgebung ausgesetzt, ob wir wollen oder nicht.

! **Stress ist ansteckend. Er betrifft uns alle und ist längst zu einer selbstverständlichen Gewohnheit geworden.**

Tief in unserem Inneren erahnen wir, dass unser ganzes Leben von der eigenen Rastlosigkeit beeinträchtigt ist. Es ist uns so vertraut, ein Leben im Stress zu führen, dass es keine Alternativen zu geben scheint. Doch sie sind da! Oftmals sind sie nur einen Gedanken entfernt.

Um zu verdeutlichen, wie sehr wir unseren Gewohnheiten erliegen, können wir unser eigenes Bewegungsverhalten beobachten:

Zum Ausprobieren

Stellen Sie sich bitte hin und verschränken Sie Ihre Arme. So wie Sie das Ihr ganzes Leben schon getan haben. Und dann verschränken Sie Ihre Arme genau anders herum! Der Arm, der zunächst unten war, kommt nach oben und umgekehrt.
Legen Sie das Buch zur Seite und probieren Sie es gleich aus.

Wie Sie bemerken, müssen Sie plötzlich nachdenken, wie das gehen soll. Etwas, das Sie täglich tun, stellt Sie plötzlich vor eine Herausforderung. Fühlt sich die umgekehrte Position Ihrer Arme richtig oder ungewohnt an? Grundsätzlich gibt es zwei Möglichkeiten, Ihre Arme zu verschränken, aber Sie haben bewusst oder unbewusst immer nur eine Variante genutzt, schon Ihr ganzes Leben lang.

Was wäre nun, wenn wir einfach nicht wissen, wie wir ohne Stress leben sollen und nur aus Mangel an Alternativen so begierig daran festhalten? Es gibt Alternativen, so viel steht fest. Wir müssen sie lediglich kennenlernen und nutzen. Statt wieder und wieder das vertraute Stressmuster anzuwenden, müssen wir unsere Gewohnheiten verändern. Das ist der Schlüssel, um dem Stress adé zu sagen.

! Erkennen Sie Ihre Stressmuster. Befreien Sie sich davon und wählen Sie eine neue Handlungsoption.

Damit wird der Weg frei für ein Leben, das an Tiefe und Sinnhaftigkeit gewinnt.

Der ewige Kampf

Stress ist also eine Gewohnheit. Wie kam es dazu, dass er sich in unserem Leben so festgesetzt hat? Um das zu verstehen, schauen wir uns zunächst an, welche Werte und Verhaltensweisen in der Erziehung vermittelt werden. Denn die Wurzeln des individuellen Stressverhaltens reichen tief in die gesellschaftlichen Ebenen hinein.

Im Idealfall können Kinder ihre Umgebung in den ersten Lebensjahren noch frei erforschen. Sie folgen dem Entwicklungsplan, den die Natur für sie angelegt hat, der eine langsamer, der andere schneller. Zwar werfen Eltern, Ärzte und Erzieher immer wieder kritische Blicke auf die Kleinen und schätzen ein, ob der Wachstumsprozess normal verläuft, aber aus der Perspektive der Kinder spielt sich diese Beurteilung meist im Hintergrund ab.

Spätestens mit dem Beginn der Schulzeit ist diese Idylle aber vorbei. Nun werden die Kinder mit einem System konfrontiert, das ihre Leistungen bewertet, analysiert und mit anderen Schülern ins Verhältnis setzt – der Wettbewerb ist eröffnet. Jetzt gilt es, schneller und besser rechnen, schreiben und lesen zu lernen, um gute Noten zu erzielen und über dem Durchschnitt zu liegen. Im Sport wird es noch deutlicher: Hier werden Kräfte gemessen, es wird um die obersten Plätze auf Ranglisten gekämpft, Ballspiele teilen die Mannschaften in Sieger und Verlierer ein.

In der Schule wird von den Kindern erwartet, in den unterschiedlichsten Fächern gleich gut zu sein, von Physik über Sprachen bis hin zum Sport. Hier wird schon der erste Druck aufgebaut, denn die wenigstens Menschen sind solche Multitalente. Aus gutem Grund ist es üblich, sich im Beruf zu spezialisieren, kein Geschäftsführer mauert selbst sein neues Firmengebäude. Kinder sollen sich jedoch auch in solchen Disziplinen mit anderen messen, in denen sie wenig Talent haben. Um diese Schwächen auszugleichen und im Wettbewerb zu bestehen, sind unter Umständen enorme Anstrengungen nötig, so dass heute bereits Schüler unter Stresssyndromen leiden, besonders wenn ehrgeizige und besorgte Eltern hochtrabende Pläne für ihren Nachwuchs haben. Allzu oft sollen Kinder das erreichen, was die Eltern selbst nicht geschafft haben, und natürlich sehen diese es gern, wenn sich ihre eigenen Gene gegen die Konkurrenz durchsetzen. Denn trotz aller Zivilisation sind unsere Urinstinkte stärker aktiv, als wir uns das oft eingestehen möchten, und da geht es nun mal darum, möglichst widerstandsfähige Nachkommen zu zeugen und heranzuziehen.

Das in der Kindheit begonnene Schauspiel „Der Stärkere überlebt" wird später im Berufsleben fortgeführt. Das gesellschaftliche Ideal vom leistungsfähigen Macher und Sieger erfüllen jedoch viele Menschen nicht, und wenn, dann nur in ihrer Blütezeit. Irgendwann lassen auch bei den Stärksten die Kräfte nach, einfach weil sie älter geworden sind. Und dann gibt es natürlich diejenigen, deren Persönlichkeit gar nicht auf Konkurrenzdenken ausgerichtet ist, sondern auf ein harmonisches Miteinander. Sie handeln nach dem Motto: „Der Klügere gibt nach" und verstehen gar nicht, warum immer nur einer und nicht alle gewinnen können. Sie werden aber schnell die Erfahrung machen, dass sie mit dieser Strategie nicht weit kommen. Im Machtkampf setzt sich nun einmal derjenige durch, der seine Klugheit mit Stärke und Durchsetzungskraft paart. Die sanften Seelen müssen sich meist mit den unteren Plätzen in der gesellschaftlichen Rangordnung zufrieden geben oder sich verbiegen, sich selbst und ihre Ideale verraten, wenn sie es beruflich zu etwas bringen möchten. Dieser Widerspruch zur eigenen Persönlichkeit kann zu einer großen Belastung werden, da hilft auch die

Empfehlung, Stress als Herausforderung zu betrachten, nicht weiter. Die Menschen sind nun einmal Individuen und nehmen dieselben Situationen unterschiedlich wahr. Was für den einen eine sportliche Herausforderung ist, stellt für den anderen eine Überbelastung dar. Nicht jeder ist zum Krieger geboren und will sein Leben lang nur kämpfen.

Wie sehr der Kampf unseren Alltag prägt, lässt sich am Sprachgebrauch erkennen. Auf die Frage „Wie geht es Dir?“ folgt so manches Mal die Antwort: „Ach, du weißt schon, immer am Kämpfen.“ Softwarelösungen werden „von hinten durch die Brust“ programmiert, Mitarbeiter werden „niedergemacht“, Konkurrenten „ausgestochen“ oder „auf die Folter gespannt“.

Zum Ausprobieren
Wenn das Wort „Stress“ fällt, ersetzen Sie es eine Zeit lang durch den Begriff „Kampf“ und lassen sie die Sätze neu auf sich wirken. Was macht das mit Ihnen?

Die Angst-Pyramide

Der ewige Konkurrenzkampf verursacht Stress, vor allem bei denjenigen, die unterlegen sind. Stellen Sie sich eine Pferdeherde vor, die eine strenge soziale Hierarchie hat. Wie fühlt sich wohl das schwächste Pferd in der Herde? Es muss ständig in Angst leben, von den stärkeren Tieren drangsaliert zu werden, und ist das letzte, das fressen oder trinken darf. Immer muss es darauf achten, keinem anderen in die Quere zu kommen, sonst hat das Konsequenzen. Dieses Tier hat wohl öfter Stress als der Rest der Herde, es ist immer in Habtachtstellung. Doch auch Leithengst zu sein, hat seine Schattenseiten, denn sein Platz an der Spitze ist nicht auf Dauer sicher. Regelmäßig fordern ihn Rivalen zum Kampf auf, die auf eine Schwäche des Anführers lauern, um ihn eines Tages vom Thron zu stoßen.

So ist es auch bei vielen Menschen: Sie streben danach, andere zu dominieren. Dahinter steckt die Angst, sich selbst dem Willen anderer unterwerfen zu müssen. Das klingt ziemlich archaisch, und das ist es auch. Im Prinzip stammt das Verhalten noch aus der Zeit, als wir uns den Weg mit der Keule freigekämpft haben. Der einzige Unterschied besteht heute darin, dass die Kämpfe im Alltag nicht mehr mit physischer, sondern mit psychischer Gewalt geführt werden. Inzwischen sind wir zumindest so weit, dass körperliche Gewalt gesellschaftlich nicht mehr akzeptiert und per Gesetz bestraft wird. Seelische Grausamkeiten bleiben jedoch weiterhin legal.[3] Es wird gemobbt und gedroht, intrigiert und taktiert. Bis heute gehören Werke über die strategische Kriegsführung zur Standardliteratur von Managern, die etwas auf sich halten.[4]

So ist die Behauptung, dass wir heute in sicheren Zeiten leben, nur bedingt haltbar. Wir werden in der Regel nur selten mit körperlicher Gewalt konfrontiert, sind aber psychologisch unter Dauerbeschuss. Die natürlichen Reaktionen darauf sind Angst und Stress, denn wir fühlen uns in unserer Existenz bedroht. Das Perfide an der psychologischen Kriegsführung ist, dass sich der Feind nicht offen zeigt, sondern aus dem Hinterhalt agiert. Die Menschen wissen gar nicht genau, wer oder was hier am Werke ist, zweifeln an sich selbst und empfinden Machtlosigkeit gegenüber einer unsichtbaren Bedrohung.

[3] Vgl. Rohleder, Luca: *„Die Berufung für Hochsensible"*, 4. Auflage, dielus edition, Leipzig 2017.

[4] Zum Beispiel: Sunzi: *„Die Kunst des Krieges"*, Insel Verlag, Berlin 2009.

Wenn wir dieses Prinzip auf ein modernes Unternehmen übertragen, hat angesichts der dortigen Gefahren jeder Angst: Menschen auf den unteren Ebenen werden fremdbestimmt und fürchten sich davor, den Anforderungen nicht zu genügen und entlassen zu werden. Sie gehören nicht zu den Kämpfernaturen, müssen aber die alternative Strategie, den Fluchtreflex, unterdrücken, um mit ihrer Arbeit den eigenen Lebensunterhalt zu sichern. Wenn der aufgestaute Stress nicht durch Flucht abgebaut werden kann, verbleibt er im System und die Menschen sind im Dauerstress, es sei denn, sie verfallen in die dritte Option, nämlich sich tot zu stellen und abzustumpfen, ein Zustand der zwar nicht erstrebenswert, heute aber schon weit verbreitet ist.

Diejenigen, die oben stehen, verteidigen ihre mühsam errungene Position und haben Angst vor dem sozialen Abstieg. Denn auch Führungskräfte müssen sich wiederum vor dem Vorstand oder Firmeninhaber, vor Kunden und Investoren rechtfertigen. Den Druck, den sie dabei empfinden, versuchen sie, nach unten abzugeben und zu verteilen. Das verschafft den Führungskräften vielleicht eine kurzfristige Erleichterung, aber ihre Untergebenen werden den Druck natürlich auf den eigenen Schultern spüren und – wenn sie nicht ganz unten stehen – wiederum an ihre Mitarbeiter weitergeben. Wie bei einer Pyramide breitet sich die Angst von der Führungsspitze bis in die untersten Reihen aus und infiziert das ganze Unternehmen.

! **Vom einfachen Arbeiter bis zum Geschäftsführer steht allen nur das Muster der Angst zur Verfügung, und sie reagieren darauf, indem sie ihrerseits Druck auf andere ausüben.**

Das Muster bleibt nicht auf das Unternehmen beschränkt, sondern setzt sich sogar im Privatleben fort. Denn diejenigen, die an Ihrem Arbeitsplatz niemanden mehr unter sich haben, an den sie den Druck weitergeben können, tragen ihn mit nach Hause und verschaffen sich dort Luft, indem Sie Ihren Partner und die Kinder, die Kassiererin im Supermarkt oder die Nachbarn als Ventil benutzen, um ihre Spannung loszuwerden. Offensichtlich kennen die Menschen keine anderen Handlungsoptionen.

Es ist an der Zeit, dass wir aus diesem urzeitlichen Modell aussteigen. Was wir brauchen, ist ein neues Miteinander, in dem jeder von uns mit seinen persönlichen Stärken einen Platz findet und seinen Teil zu einer funktionierenden Gemeinschaft beitragen kann, frei von Angst und Sanktionen. Wir müssen Alternativen zu dem ewigen Kampf finden, schließlich wollen wir doch mehr sein als nur das Mitglied einer Pferdeherde. Kraft unseres Bewusstseins sind wir in der Lage, den Kampfmodus zu beenden. Im Gegensatz zu Tieren sind wir nicht gezwungen, unseren Instinkten zu folgen, wir können für uns und unser Leben andere Entscheidungen treffen. Um Ihre persönliche Stressspirale zu unterbrechen, ist vor allem eine Maßnahme notwendig:

! Schränken Sie Ihre Kampfhandlungen radikal ein.

Führen wir den Gedanken einmal fort: Wenn Stress gleichzusetzen ist mit Kampf und wir alle Stress haben, dann leben wir im Krieg – mit uns selbst und mit anderen. Gelingt es aber, uns vom Stress zu befreien, schaffen wir Frieden in uns selbst und damit in der Welt, im Innen wie im Außen.

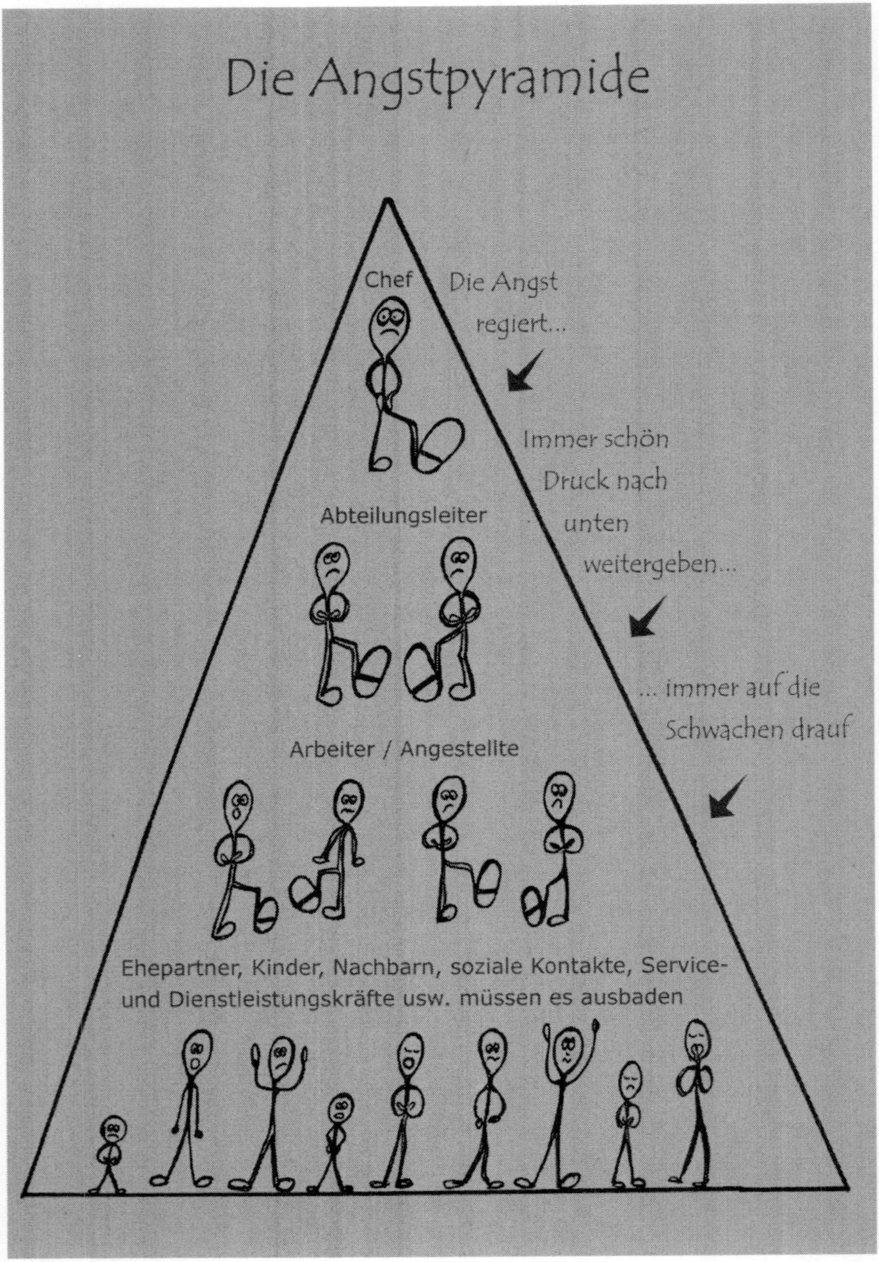
Die Angstpyramide
Chef
Die Angst regiert...
Immer schön Druck nach unten weitergeben...
Abteilungsleiter
... immer auf die Schwachen drauf
Arbeiter / Angestellte
Ehepartner, Kinder, Nachbarn, soziale Kontakte, Service- und Dienstleistungskräfte usw. müssen es ausbaden

Die eigene Kraft klug nutzen

Wie fühlt es sich für Sie an, den Kampf aufzugeben? Verspüren Sie Erleichterung oder macht sich Unruhe in Ihnen breit, ein leiser Zweifel, ob diese Strategie funktionieren kann?

Fairerweise sollten wir hier erwähnen, dass nicht jeder Kampf sinnlos oder verwerflich ist. Manchmal ist es in unserer Welt tatsächlich notwendig, sich durchzusetzen, um etwas zu erreichen oder sich zu verteidigen. Sie müssen sich wehren, wenn Ihnen jemand auf die Füße tritt, dürfen anderen klare Grenzen setzen und sollten natürlich auch Energie in Pläne stecken, die Sie gern für sich realisieren möchten. Bedenken Sie aber, dass Kämpfen die Reaktion auf eine unmittelbare Gefahr ist. Es ist eine Ausnahmesituation, kein Dauerzustand.

Checkliste

Statt jeden Tag aufs Neue automatisch in den Kampfmodus zu verfallen, fordern wir Sie auf, klug abzuwägen:

- Ist der Kampfmodus in diesem speziellen Fall tatsächlich die richtige Strategie oder gibt es Alternativen, zum Beispiel eine Kooperation?
- Lohnt sich der Einsatz oder kämpfen Sie gegen Windmühlen? Nichts ist ermüdender als ein permanenter Kampf, der zu nichts führt. Sie verlieren nur Kraft und leiten Ihre Energien ins Leere.
- Kämpfen Sie vielleicht für Dinge, die belanglos sind? Ist das, wofür Sie kämpfen wollen, nächste Woche oder nächstes Jahr noch wichtig?

Wenn wir den asiatischen Traditionen zufolge die Welt nach den Prinzipien von Yang und Yin betrachten, steckt hinter dem Kampfmuster eine männliche Yang-Energie. Sie ist auf Aktion ausgerichtet, gibt Impulse und leitet Veränderungen ein, treibt den Fortschritt und das Wachstum in der Welt voran. Ohne diese Yang-Energie hätte sich der Homo sapiens sapiens, wie wir ihn heute kennen, gar nicht erst entwickeln können. Der Mensch wäre einfach glücklich und zufrieden gewesen, mit dem, was er bereits hatte. Deshalb möchten wir an dieser Stelle das männliche Prinzip ausdrücklich anerkennen und würdigen, denn ohne Yang gäbe es nur Stillstand.

Allerdings müssen Yin und Yang ausgeglichen sein, damit die Erde im Gleichgewicht ist. Yin, das weibliche Prinzip, hat es zurzeit schwer, gehört zu werden oder wird sogar rigoros unterdrückt. Es ist nach innen gerichtet, steht für das bloße Sein und für die Stille. Doch in einer Yin-Phase kann Kraft gesammelt werden, um dann wieder in die Aktion zu gehen. Ohne diese Ruhepause erschöpft sich das Yang, es verbrennt sich selbst.[5] So ist es auch im Zyklus der Jahreszeiten: Im Winter scheint die Natur brach zu liegen, die Bäume sind kahl, die Blumen verblüht. Doch unter der Oberfläche kehrt schon Leben in die Wurzeln zurück und die Samen keimen, damit sich die Pflanzen bei den ersten Sonnenstrahlen den Weg ans Licht bahnen können.

Heute überwiegt ganz klar die Yang-Energie in der Welt. Sie ist naturgemäß bei Männern besonders stark ausgeprägt, steckt aber auch in Frauen, die diesen Persönlichkeitsanteil inzwischen stärker betonen, als es in früheren Zeiten der Fall war. Mithilfe der Yang-Energie streben die Menschen nach unbegrenztem Wachstum und beuten auf diesem Wege rücksichtslos die Natur und ihre Ressourcen sowie die eigenen

[5] Vgl. https://www.fid-gesundheitswissen.de/tcm/yin-und-yang/

Artgenossen aus. Das kann nicht funktionieren, weil der Ausgleich fehlt. Entsprechend zeigt sich zurzeit der Zustand der Erde und der Menschen; wir und der Planet sind im Dauerstress. Die Yin-Energie, also die Ruhephasen, braucht mehr Raum, damit die Menschen und die Natur sich erholen können, wir müssen den Dauerstress in einen gesunden Wechsel von Aktivität und Pausen überführen.

Gehen wir mit unseren Überlegungen noch einen Schritt weiter, so schließt sich die Frage an:

! Wie setzen wir die männliche Energie mit ihrer Tatkraft ein?

Auch hier haben wir eine Wahl: Wir können die Yang-Energie nutzen, um weiter nach Dominanz und Wirtschaftswachstum zu streben. Oder aber wir leiten sie ins Positive um und wenden sie an, um unsere Welt in eine bessere zu verwandeln, um unsere Werte zu ändern und echten Fortschritt zu erzielen, nämlich den, nachhaltig mit der Natur und mit uns selbst umzugehen.

Kein Problem mit Stress – nur ohne

Der Stress ist in unsere Alltagsroutine eingekehrt und zu einem festen Bestandteil unseres Lebens geworden, das wird akzeptiert und hingenommen. Auf den Stress angesprochen, reagieren Menschen oft mit Aussagen wie: „Wir haben doch keinen Stress, das ist normal bei uns. Es geht hier drunter und drüber, das sind wir gewohnt.“ Das Thema wird genauso lapidar abgehandelt wie ein kurzer Plausch über das Wetter. Aufgrund der stetigen Dauerbelastung registrieren viele Menschen gar nicht mehr, dass sie Stress haben. Der Neurowissenschaftler Prof. Tobias Esch vertritt die Ansicht, dass man durchaus gestresst sein kann, ohne sich so zu fühlen oder die Spannung zu registrieren. Das ist besonders dann der Fall, wenn unsere ganze Aufmerksamkeit einem Problem gilt und wir uns selbst kaum noch wahrnehmen.[6]

Das hohe Arbeitspensum ist zum Normalzustand geworden, nur extreme Belastungsspitzen werden noch als Stress eingestuft. Deshalb gibt es auch keinen Anlass, die Stressspirale zu unterbrechen und etwas für sich zu tun. Es ist wie eine Erkältung, die man übergeht oder mit Medikamenten unterdrückt. Die Beeinträchtigung ist erst einmal aus dem Sinn und es besteht kein Handlungsbedarf, die alten Muster können beibehalten werden. Die Frage ist nur, ob das langfristig gesund, leistungsfähig und vital hält.

! Viele Menschen realisieren gar nicht, wie gestresst sie sind.

[6] Vgl. *„Stress entsteht im Kopf“*, In: *natürlich gesund und munter*, Ausgabe 6/2017.

Natürlich haben alle wenig Zeit und „positiven Stress“, aber es werden keine Konsequenzen daraus gezogen. Sich einzugestehen, dass man unter dem Stress leidet, wäre ja gleichbedeutend damit, Schwäche zu zeigen. Genau das können wir natürlich nicht zulassen, auch wenn uns das Wasser bis zum Hals steht, schließlich besteht dann die Gefahr, von einer stärkeren Person übertrumpft zu werden.

Selbst die Werbung setzt das Thema „raus aus dem Stress“ nur sehr zurückhaltend als Verkaufsargument ein. Eine Auszeit zu nehmen, in den Rückzug zu gehen, zu sich zu kommen – damit zu werben, fällt selbst Unternehmen schwer, die in der Gesundheits- oder Reisebranche tätig sind, obwohl die Nachfrage nach entsprechenden Angeboten steigt. Die Gesellschaft eifert weiterhin dem Klischee „Jung, dynamisch und erfolgreich“ nach.

Wenn Stress zur Sucht wird

Wenn wir ihn auch oft leugnen: Der Stress macht etwas mit uns. Die Folgen schleichen sich ganz langsam in unseren Alltag ein, anfangs unbemerkt, dann immer sichtbarer. Der eine schläft nicht mehr gut ein, der andere kommt morgens nicht mehr aus dem Bett. Das ist aber kein Grund zur Beunruhigung: Es gibt ja Schlaftabletten und Muntermacher. Die leisen Rückenschmerzen werden einfach ignoriert und der nervöse Magen-Darm-Trakt beruhigt sich schon wieder von allein. Die Hauptsache ist, dass der Mensch so funktioniert, wie es vorgesehen ist, und er irgendwie den Tag übersteht. Auf das persönliche Befinden kann man da keine Rücksicht nehmen.

Um das übliche Tempo durchzuhalten und bei Laune zu bleiben, haben wir zahlreiche Helfer gefunden: Süßigkeiten, Kaffee, Tabak,

Alkohol, Zigaretten, Fernsehen, Smartphone … Sie können die Liste beliebig fortführen. All jene Dinge, die wir täglich brauchen und konsumieren, sind nichts anderes als Alltagsdrogen, wir sind süchtig nach ihnen. Sie stimmen uns froh, wenn es eigentlich nichts zu lachen gibt, spenden Trost, lenken uns ab oder betäuben uns. Wenn Sie das für einen Scherz halten, dann probieren Sie doch einmal, für nur einen Tag auf eine Ihrer Drogen zu verzichten …

Stress gehört ebenfalls zu diesen Alltagsdrogen. Ohne ihn geht nichts mehr, die Angst vor dem Stillstand ist viel zu groß. Außerdem geben uns Stresshormone das Gefühl, mächtig und unbesiegbar zu sein, alles unter Kontrolle zu haben, sie putschen auf. Wir wollen immer mehr davon und so wird die Dosis stetig erhöht, auch wenn der Körper schon lange nicht mehr mitmacht. Im fortgeschrittenen Stadium tritt Panik ein, sobald etwas Ruhe einkehrt. Das ist wie ein Entzug. Als Reaktion darauf zieht der Betroffene schnell los, um etwas zu machen, etwas zu unternehmen, ein neuer Schuss Stress muss her. In der Drogenszene bezeichnet man solche Menschen als Junkies.

Wie bei einem echten Junkie werden Nebenwirkungen nicht beachtet. Neben Schlafstörungen, Schmerzen unklaren Ursprungs, einem schwachen Immunsystem, Verdauungs- und Magenbeschwerden treten zum Beispiel folgende Symptome auf: nervöses Augenzucken, Nägelkauen, Zähneknirschen, Unruhe, Kopfschmerzen, Gereiztheit, Nackenverspannungen und vieles mehr.

Trotzdem nehmen wir den Stress und seine gesundheitsschädlichen Auswirkungen hin, versuchen vielleicht, die Symptome einzudämmen, tun aber nichts gegen die Ursachen. In der Regel werden unsere körperlichen Symptome, unser Alltag und der Konsum von Ersatzbefriedigungen nicht einmal miteinander in Verbindung gebracht. Doch der Zusammenhang ist da. Lassen Sie nachfolgendes Gedankenmodell einmal auf sich wirken:

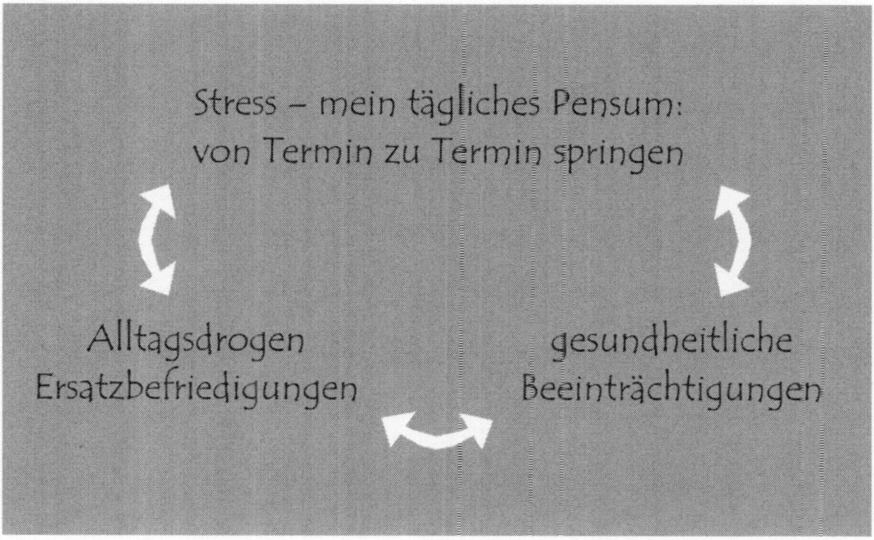

Tatsächlich dringt dieser fatale Kreislauf solange nicht in unser Bewusstsein, bis die Situation eskaliert. Deshalb wird auch nicht rechtzeitig mit präventiven Maßnahmen gegengesteuert, dafür ist ohnehin keine Zeit. Es ist wie bei einem Patienten, der durch einen Herzinfarkt berufsunfähig wurde und sehr treffend formulierte: „Ich dachte immer, ich habe keine Zeit. Jetzt habe ich welche."

Stress war nie als Dauerbelastung gedacht. Wer das konsequent ignoriert, fällt irgendwann einfach um, in der Regel ganz plötzlich. Die Menschen im näheren Umfeld wundern sich dann darüber, dass der Herzinfarkt oder der Nervenzusammenbruch „aus heiterem Himmel" eingetreten sind, denn von dem vorangegangenen jahrelangen Raubbau haben sie nichts mitbekommen. Nach außen hin sind wir alle kerngesund – bis der große Knall kommt. So sieht es momentan in unserer Gesellschaft aus. Ist das der positive Stress, der uns allen angeblich so guttut?

Sucht wirkt sich für niemanden vorteilhaft aus, und die Abhängigkeit vom Stress führt nicht in den Flow, sondern in den Burnout. Sonst hätten wir ja überall beschwingte Menschen um uns herum, doch das Gegenteil ist der Fall. Die Zahl der Burnout-Fälle ist in den letzten Jahren exorbitant gestiegen, inzwischen fühlt sich jeder dritte Berufstätige in Deutschland regelmäßig erschöpft und ausgebrannt.[7]

Das richtige Maß: ein Thermometer für alle Fälle

Stress kann man nicht messen und finden lässt er sich oft da, wo man ihn nicht vermutet. Es wäre sehr praktisch, eine Art Fieberthermometer zu haben, das unseren aktuellen Stresspegel anzeigt. Damit hätten wir eine Möglichkeit, unseren individuellen Gefährdungszustand abzulesen (siehe Zeichnung rechts). Da wir ein solches nun mal nicht zur Hand haben, müssen wir uns auf unsere Erfahrung verlassen.

Stressfeld oder Ruheinsel?

Wer denkt, Stress gibt es nur in der Arbeitswelt, und dort hauptsächlich in Managerkreisen, liegt falsch! Es ist nicht immer nur der Chef, der Druck macht, wir selbst tragen unseren Anteil dazu bei. Stress betrifft alle unsere Lebensbereiche, wird aber gerade im privaten Umfeld nicht

[7] Vgl. *Entspann Dich Deutschland – TK-Stressstudie 2016*, Hamburg. https://www.tk.de/centaurus/servlet/contentblob/921466/Datei/3654/TK-Stressstudie_2016_PDF_barrierefrei.pdf

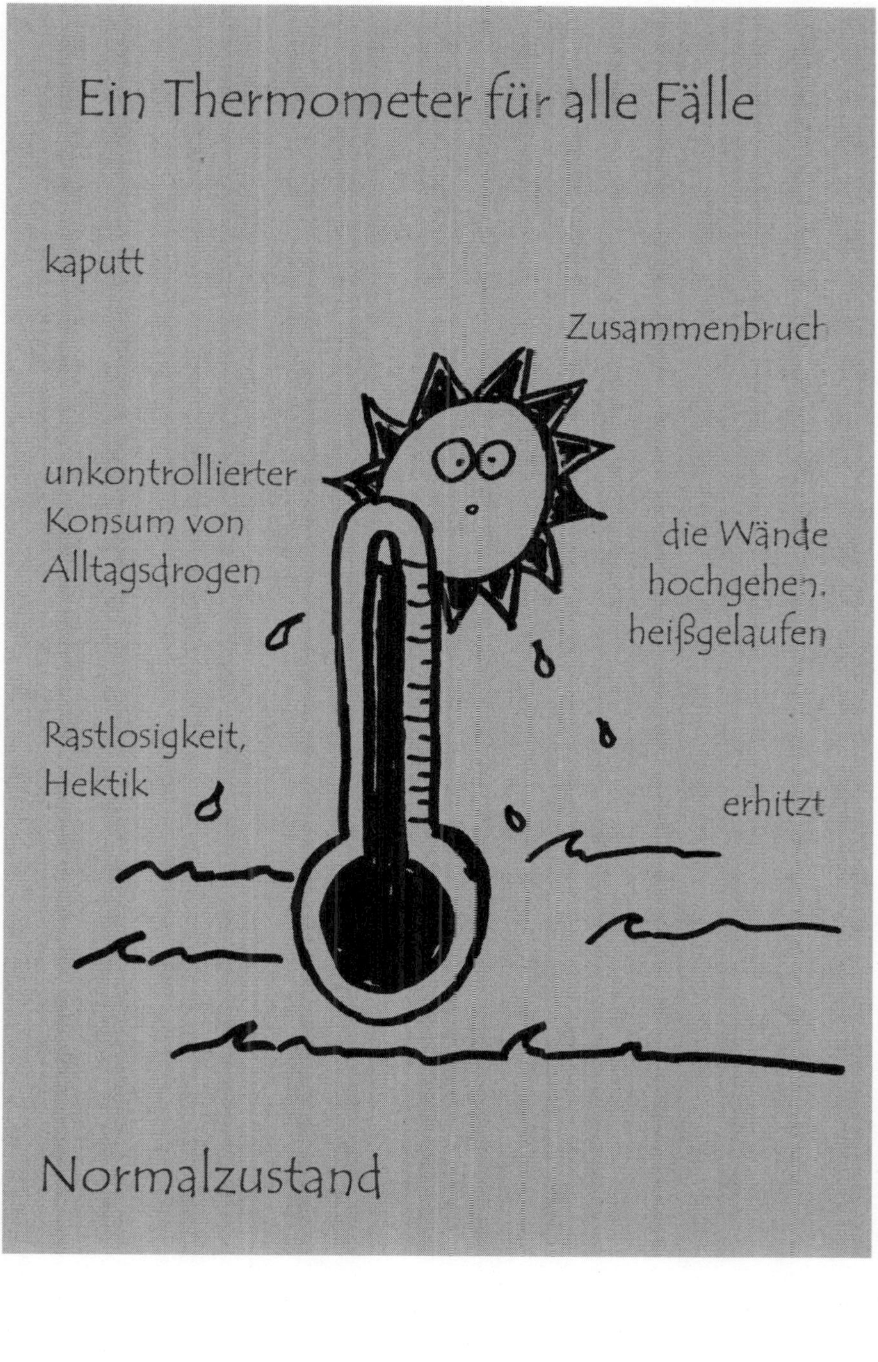
Ein Thermometer für alle Fälle
kaputt
Zusammenbruch
unkontrollierter Konsum von Alltagsdrogen
die Wände hochgehen, heißgelaufen
Rastlosigkeit, Hektik
erhitzt
Normalzustand

als solcher eingeordnet. Es ist wichtig, sich darüber klar zu werden, wie viele Termine und Verpflichtungen Sie eigentlich in Ihren Tag packen. Dazu können Sie sich Ihre verschiedenen Lebensbereiche anschauen. Gibt es dort Ruheinseln für Sie oder ist das Muster „Stress“ bereits in Gebiete eingezogen, wo Sie ihn gar nicht vermutet hätten und die eigentlich der Regeneration dienen sollten?

Wenn Sie die einzelnen Bereiche Ihres Lebens anschauen, bekommen Sie eine Idee, wann Sie in stressige Situationen und wann Sie in Erholungsphasen gehen. Wenn zu viele Hände an Ihnen ziehen, ist es kein Wunder, dass Sie angespannt und gestresst sind.

! Der erste Schritt ist, sich einzugestehen, dass Sie Stress haben und dass er Ihnen nicht guttut.

Wenn Sie das für sich erkannt haben, können Sie beginnen, den Kurs zu korrigieren und Wege aus dem Stress zu finden. Dabei kann es durchaus sinnvoll sein, einen Arzt oder Psychologen hinzuziehen, um sich über präventive Maßnahmen beraten zu lassen. Denn wenn Sie erst im Burnout sind, ist es sehr schwer, Hilfe zu bekommen. Freunde, Arbeitskollegen und die Familie nehmen die Situation oft nicht ernst, so wie Sie selbst den Stress die ganze Zeit vielleicht zu sehr auf die leichte Schulter genommen haben.

Das Umfeld bringt wenig Verständnis für den Zustand eines Burnout-Patienten auf. Zudem erkennen Krankenversicherungen Burnout bislang nicht als Krankheitsbild an, und selbst Ärzte tun sich schwer mit der Diagnose sowie entsprechenden Therapiemaßnahmen. Das Krankheitsbild ist wohl zu neu, zu unklar, und natürlich fürchtet das Gesundheitssystem die Kosten, die dadurch entstehen können, dass ein Drittel der arbeitenden Bevölkerung ausgebrannt ist. Der erschöpfte

Stressfeld oder Ruheinsel?

Wo erleben Sie Zeitdruck?

Was gibt Energie?
Was kostet Kraft?

Wo gehen Sie gerne hin
und was ist lästig?

Mensch, mit dem keiner so richtig umzugehen weiß, gerät in die zermürbenden Mühlen der Bürokratie und muss beweisen, dass er nicht simuliert, sondern tatsächlich krank ist. In diesem Prozess wird er von Arzt zu Arzt, von Termin zu Termin geschickt und bekommt mehr von dem, was eben seine Krankheit ausgelöst hat. Lassen Sie es gar nicht erst so weit kommen!

Leben unter Hochspannung

Ständig unter Strom zu stehen, nimmt Einfluss auf Ihren Körper und Ihren Geist. Lassen Sie uns gemeinsam betrachten, wie sich die permanente Spannung auf Ihr Leben auswirkt.

Festgefahren

In der Regel machen wir von unserer Kindheit bis zum jungen Erwachsenen viele neue Erfahrungen, wir sind auf körperlicher und geistiger Ebene in Bewegung. Alle paar Jahre wechselt unser Umfeld. Während der ersten Zeit ist die Umgebung vom Elternhaus, dem Kindergarten und der Grundschule geprägt, dann kommt die höherführende Schule, gefolgt von der Ausbildung oder einem Studium. Die Möglichkeiten sind vielfältig und werden eifrig genutzt. In jungen Jahren sind wir der Traum eines jeden Arbeitgebers, sind wir doch dynamisch, voller Tatendrang, flexibel und in jederlei Hinsicht formbar.

Das ändert sich im Laufe unseres Erwachsenenlebens. In den späten 20er oder frühen 30er Jahren werden wir sesshaft. Mit unseren täglichen

Pflichten, unseren festgefahrenen Strukturen im Privatleben und am Arbeitsplatz erschaffen wir Lebensbedingungen, die uns zunehmend einschränken. Ganz nebenbei werden wir älter, aus flexibel wird fest, und aus beweglich wird steif. Unser Umfeld ändert sich jetzt so gut wie gar nicht mehr, unsere Aktivitäten sind immer die gleichen.

Die starren Abläufe in unserem Leben spiegeln sich auf der körperlichen Ebene wider. Denn auch unsere Bewegungsabläufe sind immer die gleichen. Wenn zusätzlich Stress unsere Körperspannung erhöht, kommt uns nicht nur das natürliche Bewegungsverhalten abhanden, der Stress drückt sich auch in unserer Haltung aus.

Das, was wir den ganzen Tag über tun, formt uns. So können zum Beispiel eine oder beide Schultern dauerhaft hochgezogen oder beide nach vorne gebeugt sein, was unseren Brustkorb einengt und dadurch die Atembewegung einschränkt. Diese Haltung ist typisch für Menschen, die einen großen Teil des Tages am Rechner verbringen. Sie erschwert es nicht nur, tief durchzuatmen, sondern behindert auch das natürliche Bewegungsverhalten des Kopfes.

Im Sitzen haben sich viele Menschen angewöhnt, nur den Kopf allein zu drehen, wenn sie zur Seite oder nach hinten schauen. Die Drehung erfolgt in diesem Fall ausschließlich in der Halswirbelsäule. Das ist aber nur eine von mehreren möglichen Varianten und entspricht nicht der ursprünglichen Veranlagung des Körpers. Die übrige Wirbelsäule wird dabei vollkommen außer Acht gelassen.

Bei Babys können wir uns anschauen, wie wir alle diese Bewegung früher einmal ausgeführt haben. Wenn ein Baby zum Beispiel auf dem Arm seiner Mutter sitzt und sich umschaut, dreht es nicht nur den Kopf, sondern die gesamte Wirbelsäule bis hinab zum Becken. Drehen wir allein den Kopf, erschaffen wir unbewusst eine Schonhaltung, die wir oft erst viel später bemerken.

Der Feldenkrais-Ausbilder und Bewegungswissenschaftler Roger Russell beschreibt, dass unser Körper in Situationen von Schmerz, Stress oder Angst nach Erleichterung sucht. Leider wählen wir dazu unbewusst eine verspannte oder steife Bewegung, statt einer leichten und wohltuenden Alternative. Die einmal gewählten Schonhaltungen behalten wir dann oft jahrelang bei und schränken uns damit immer weiter selbst ein. Dieses Phänomen tritt bei allen gleichförmigen Tätigkeiten auf, ob im Büroalltag, bei der Arbeit am Fließband oder auch im Sport, was Russell an zahlreichen Fällen aus seiner Behandlungspraxis belegt. Die hohe Körperspannung führt dazu, dass wir uns festfahren. Meist fällt uns das erst auf, wenn Schmerzen auftreten, doch soweit muss es nicht kommen.[8]

Ein Blick genügt

Wenn unser Geist beschäftigt ist, neigen wir dazu, unseren Körper zu vergessen, und das oft stundenlang, Tag für Tag und Woche für Woche. Verspannungen sowie eine Ansammlung von Gewohnheiten und Schmerzen deuten darauf hin, dass irgendetwas gerade schief läuft. Aber was?

Um das herauszufinden, beginnen Sie, sich selbst zu beobachten. Denn nur das, was Ihnen bewusst ist, können Sie verändern. Wenn sich bestimmte Beobachtungen nach einigen Tagen häufen, haben Sie schon erste Anhaltspunkte.

[8] Vgl. Russell, Roger: „*Dem Schmerz den Rücken kehren*", 2. Auflage, Junfermann Verlag, Paderborn 2005.

Zum Ausprobieren

Beginnen Sie mit Ihrem Sitzen, etwas, das Sie täglich tun. Dazu zählt nicht nur das herkömmliche Sitzen auf dem Stuhl, auch das Herumhängen, Fläzen oder Lümmeln im Sessel gehören dazu. Beobachten Sie, welche Position Ihre Lieblingsvariante ist. Gibt es Unterschiede je nachdem, in welchem Raum oder an welchem Ort Sie gerade sind? Was machen Ihre Füße, sind Sie auf dem Boden oder anderswo? Wenn Sie Ihre Beine überschlagen, ist es immer nur das gleiche oder wechseln Sie ab?

Beobachten Sie sich von morgens bis abends immer mal wieder für einen kurzen Moment. Wenn Sie einige Eindrücke von Ihrem eigenen Sitzverhalten bekommen haben, fangen Sie an, auf das Sitzverhalten der Menschen in Ihrer Umgebung zu achten, am Arbeitsplatz, im Restaurant, wo immer Sie wollen.

Eine Sitzvariante mit beiden Füßen auf dem Boden kann eine sehr symmetrische und stabile Position sein. Wie oft wird diese Haltung von Ihnen und anderen Menschen gewählt? Wenn wir davon ausgehen, dass unsere Füße das Fundament unserer Körperhaltung sind, können wir uns mit unseren Beobachtungen ein Bild davon machen, wie sehr kopflastig und wie wenig körperbetont unser gesellschaftliches Leben geworden ist.

Darüber hinaus sind natürlich viele Sitzvarianten möglich, die wir ebenfalls nutzen sollten. Wichtig ist, dass der Mensch nicht dazu geschaffen ist, den ganzen Tag in einer starren Position zu verweilen oder wie ein Kranich mit nur ein und demselben Bein auf dem Boden der Tatsachen zu stehen. Es geht darum, immer wieder zu variieren und Alternativen zu nutzen.

Ein weiterer Anhaltspunkt ist unser Gehen. Ob Sie durch den Park, die Stadt, am Arbeitsplatz, beim Einkaufen oder im Wald laufen, beobachten Sie Ihr Tempo. Sind Sie schnell und eilig unterwegs oder ruhen Sie in sich selbst und schlendern entspannt Ihres Weges daher? Haben Sie die Möglichkeit, ein anderes Tempo zu wählen? Ist das im Moment Ihre normale Gehgeschwindigkeit und wenn nicht, was ist Ihr natürliches Tempo? Ist Ihnen Ihr schnelles Gehen schon zur Gewohnheit geworden? Nehmen Sie beim Gehen überhaupt Ihre Umgebung wahr oder sind Sie mit den Gedanken woanders? Ganz gleich wie schnell Sie laufen, Sie werden Ihre Gedanken nicht einholen. Von Ihrem Gehen lässt sich ableiten, wie sehr der Stress und die Hektik schon in Ihren Körper eingezogen sind. Gibt es Situationen, in denen Sie entspannter laufen als in anderen? Öffnen Sie Ihre Sinne und lassen Sie sich auf Ihre Beobachtungen ein. Und genau wie am Beispiel des Sitzens können Sie nach einigen Selbstversuchen schauen, wie andere Menschen laufen und welche Unterschiede es gibt.

Stress macht alt

Zu Anfang des Kapitels haben wir das Thema angesprochen, dass wir in unserer Jugend jung und flexibel sein möchten. Die dynamische Energie, die wir im Stress freisetzen, hält für uns die Illusion aufrecht, dass wir „für immer jung“ sein können, wenn wir es nur schaffen, im selben Rhythmus weiterzugehen wie mit zwanzig. Zusätzlich achten wir auf die Fitness und helfen mit Wellness- und Beauty-Programmen nach. Was wir dabei übersehen, ist, dass die hektische Lebensweise einen unmittelbaren Einfluss auf unseren Alterungsprozess nimmt.

Durch Stress sowie unser Gedankenkarussell, mit dem wir allzu gerne fahren, und die fortwährende Spannung in unserem Körper schüttet dieser zu viel von dem Stresshormon Cortisol aus. Laut der Nobelpreisträgerin und Molekularbiologin Prof. Dr. Blackburn und der Psychologin Prof. Dr. Epel verhindert dieser Prozess die Reparatur der sogenannten Telomere. Telomere sind die Schutzkappen unserer Chromosomen. Wenn diese kürzer werden, werden wir anfälliger für Krankheiten und altersbedingte Beschwerden.

Die Forschungsarbeiten der beiden Professorinnen belegen, dass durch eine gesunde, ausgeglichene Lebensweise der Alterungsprozess bis zu zwölf Jahre hinausgeschoben werden kann. Umgekehrt verkürzen negativ wirkende Faktoren wie Stress unsere gesunde Lebenszeit.[9] Das bedeutet, wer ständig unter Druck steht, senkt nicht nur seine Lebensqualität, sondern beschleunigt auch den Alterungsprozess.

! Stress macht alt – und wir tun alles dafür, noch mehr davon zu bekommen.

Unterwegs mit Tunnelblick

Spannungen, die sich in den Schultern und im Nacken festsetzen, wirken sich auch auf zwei unserer wichtigsten Organe aus: das Gehirn und die Augen. Das Gehirn wird von drei großen Arterien mit Blut versorgt, die durch den Hals zum Kopf führen. Versteifen sich nun die Muskeln

9 Vgl. Prof. Dr. Blackburn, Elisabeth und Prof. Dr. Epel, Elissa: *„Die Entschlüsselung des Alterns: Der Telomer-Effekt"*, Mosaik Verlag. München 2017.

im Schulter-, Hals- und Nackenbereich, sind die Blutgefäße in ihrer Funktion beeinträchtigt und die Blutzufuhr zum Gehirn wird gestört. Im Extremfall gelangt nur noch ein Viertel der normalen Blutmenge in das Gehirn, so dass es nicht mehr optimal arbeiten kann. Unter diesen schlechten Bedingungen wird klares, vernünftiges Denken erschwert oder unmöglich gemacht. Dazu können körperliche Beschwerden wie Kopfschmerzen, Schwindel und Übelkeit auftreten und sogar die Ausschüttung von Hormonen eingeschränkt werden, was wiederum Depressionen nach sich ziehen kann.

Funktioniert die Blutzufuhr zum Gehirn nicht ungehindert, so ist auch die Versorgung der Augen beeinträchtigt und es kann zu einer Verschlechterung der Sehkraft kommen. Das Problem verschärft sich in Verbindung mit der zunehmenden Nutzung von Computern, Tablets und Smartphones im Berufs- wie im Privatleben. Denn die ständige Fokussierung auf Bildschirme im Nahbereich überlastet die Augenmuskulatur weit über das normale Maß hinaus, was Kurzsichtigkeit und im weiteren Verlauf Grünen und Grauen Star sowie eine Degeneration der Netzhaut hervorrufen kann.[10] Die permanente Anspannung der Augenmuskulatur überträgt sich umgekehrt wieder auf Schultern und Hals mit den oben beschriebenen Auswirkungen. Ein Teufelskreis wird in Gang gesetzt, der das Arbeiten anstrengender macht, die Konzentration schwächt und somit den Stresspegel weiter nach oben treibt.

Das ständige Starren auf Displays und die daraus resultierende Spannung schränkt außerdem die Beweglichkeit der Augen ein, das Gesichtsfeld verengt sich. Wir bekommen einen Tunnelblick, nehmen nicht mehr wahr, was links und rechts von uns geschieht. Es wurden schon

[10] Vgl. Dr. Nakagawa, Kazuhiro: „*Augenyoga*", 3. Auflage, Goldmann Verlag, München 2017.

sehr viele Menschen in Unfälle verwickelt, weil sie auf der Straße in ihr Handy blickten, statt auf den Verkehr zu achten.

Interessanterweise wirkt sich das Phänomen des Tunnelblicks nicht nur auf der körperlichen, sondern auch auf der geistigen Ebene aus. Um das nachzuvollziehen, lassen Sie sich doch einmal auf die folgende Erfahrung ein:

Zum Ausprobieren

Legen Sie beide Hände rechts und links neben Ihre Augen, und zwar so, dass die Handflächen zueinander zeigen. Sie haben nun Scheuklappen neben Ihren Augen, Ihr Gesichtsfeld ist eingeschränkt. Schauen Sie sich um und laufen Sie eine Weile im Raum herum. Was sehen Sie? Und vor allem: Was sehen Sie nicht? Klappen Sie nun Ihre Hände wie an einem Scharnier nach außen, so dass sich die Scheuklappen öffnen. Wie verändert sich Ihre Sicht? Wie nehmen Sie Ihre Umgebung nun wahr?

Sie werden schnell feststellen, dass Sie jeweils nur einen schmalen, sehr fokussierten Ausschnitt des Raumes wahrnehmen können. Die Sicht auf die Dinge ist eingeschränkt, Sie bekommen keinen Gesamteindruck von Ihrer Umgebung und dem, was darin passiert. Wenn ein Teil der Wirklichkeit ausgeblendet ist, sehen Sie vielleicht nur das, was Sie sehen wollen, und es ist schwierig, sich ein realistisches Urteil zu bilden. Durch den Tunnelblick fällt nicht nur die Orientierung schwerer, es besteht auch eine gewisse Ungewissheit darüber, was sich gerade außerhalb Ihres Gesichtsfeldes abspielt. Auf unbekanntem Terrain verursacht das Unsicherheit. Dadurch macht sich ein diffuses Gefühl der Angst breit. Die natürliche Reaktion darauf ist der uns wohlbekannte Stress.

Wenn die Scheuklappen fallen, weitet sich das Gesichtsfeld. Ihre Augen haben zwar immer noch einen klaren Fokus, nehmen aber in den Außenbereichen viele zusätzliche Informationen wahr. Mit diesem „Eulenblick" bekommen Sie ein zuverlässiges Gesamtbild von der Situation, in der Sie sich befinden. Das schafft Sicherheit, denn drohende Gefahren würden Sie im Augenwinkel erkennen.

! Im Stress geht der Überblick verloren.

Stress fördert den Tunnelblick auf der geistigen Ebene. Oft ist unsere Aufmerksamkeit so darauf fixiert, die tagesaktuellen Aufgaben abzuarbeiten, dass wir unsere Umgebung nur noch eingeschränkt wahrnehmen. Zur selektiven Wahrnehmung gibt es ein schönes Experiment, das von den amerikanischen Wissenschaftlern Daniel Simons und Christopher Chabris durchgeführt wurde: In einem Hörsaal voller Studenten wird ein Video von anderthalb Minuten Dauer gezeigt. Darauf ist zu sehen, wie sich zwei Teams aus jeweils drei Personen einen Basketball zuwerfen. Bevor der Film anfängt, bekommen die Studenten die Aufgabe, die Ballkontakte zu zählen. Dazu werden die Beobachter in zwei Gruppen eingeteilt: Eine Gruppe soll erfassen, wie oft das weiße Team im Ballbesitz ist, die andere zählt die Ballkontakte der schwarz gekleideten Mannschaft. Das Spiel läuft und die Studenten konzentrieren sich auf ihre Aufgabe. Nach einiger Zeit betritt eine Person im Gorillakostüm das Spielfeld. Der schwarze Gorilla läuft zwischen den Spielern durch, hält in ihrer Mitte an, klopft sich auf die Brust und verlässt das Spielfeld wieder.

Anschließend werden die Studenten aufgefordert, die Anzahl der Ballkontakte ihres Teams zu nennen. Die meisten haben die Werte korrekt erfasst. Doch nach dem Gorilla gefragt, können nur 8 % derjenigen Studenten, die das weiße Team beobachten sollten, seine Anwesenheit auf dem Spielfeld bestätigen. 92 % haben ihn einfach übersehen! Sie waren so auf die Geschehnisse fokussiert, die mit der Farbe Weiß in Verbindung stehen, dass sie alle Impulse, die von der Farbe Schwarz ausgingen, einfach ausgeblendet haben. Unter den Beobachtern des schwarzen Teams haben immerhin 67 % den Gorilla wahrgenommen.[11] Wer sich das Video ansehen möchte, findet es auf YouTube.[12]

Die zentrierte Aufmerksamkeit führt einerseits dazu, dass wir eine bestimmte Aufgabe präzise und schnell erledigen können, ohne uns von Ereignissen ablenken zu lassen, die dafür irrelevant sind. Diese Funktionalität unseres Gehirns hat also durchaus ihren Sinn. Wenn wir andererseits aber nur noch auf unsere To-do-Liste fokussiert sind und den Blick nicht mehr weiten, werden uns wesentliche Eindrücke und Informationen entgehen.

Übertragen auf den größeren Kontext unseres Lebens kann das bedeuten, dass zwar alle anstehenden Aufgaben effizient erledigt, die wirklich wichtigen Dinge jedoch außer Acht gelassen werden. Darunter leiden neben persönlichen Interessen vor allem zwischenmenschliche Beziehungen.

! Stress macht einsam.

[11] Vgl. Anderson, John R. und Funk, Joachim: *„Kognitive Psychologie"*, 7. Auflage, Springer VS, Wiesbaden 2013, zit. n.: https://1001erfolgsgeheimnisse.com/2014/01/22/gorilla-experiment-aufmerksamkeit/

[12] https://www.youtube.com/watch?v=vJG698U2Mvo

Wird der Stresstunnel kurzfristig einmal verlassen, hat so manch einer schon festgestellt, dass die Kinder groß geworden sind, ohne dass er richtig an ihrem Leben teilgenommen hat, oder dass sich der Partner und Freunde enttäuscht zurückgezogen haben. Wer immer nur im Stress um das eigene Überleben kämpft, dem fällt es schwer, für andere Menschen da zu sein und echten Kontakt zu ihnen herzustellen. Es geht nur noch darum, hart gegen sich selbst zu sein und durchzuhalten. Diese Härte spiegelt sich auch im Umgang mit anderen wider. Wenn wir die eigenen Bedürfnisse und Gefühle ständig unterdrücken, werden wir kaum Mitgefühl für andere empfinden und ein Stück Menschlichkeit geht verloren.

Damit verabschiedet sich vieles, was im Wesentlichen das Leben interessant und sinnvoll macht. Nachts und im Tunnel sind alle Katzen grau; was zuvor bunt und schön war, erscheint nun fahl und schemenhaft, hat an Intensität verloren.

Wer im Tunnel unterwegs ist, hat keine Möglichkeit, nach links oder rechts auszuweichen. Er hält die Spur, folgt einem festen Plan, um alles zu schaffen, was ansteht, und die Lasten so schnell wie möglich ans andere Ende zu tragen. Die Handlungsmöglichkeiten beschränken sich auf die eingefahrenen Muster und Gewohnheiten.

Für spontane Reaktionen bleibt da kein Platz, und Gelegenheiten am Wegesrand werden einfach verpasst. Das macht auch etwas mit dem eigenen Denken. Das Kopfkino mag auf Hochtouren laufen, aber die Gedanken fahren immer nur im Tunnel vor oder zurück, bleiben auf den eingefahrenen Pfaden. In Kombination mit fehlenden Impulsen von außen, die nicht mehr durch die Tunnelmauer dringen, geht die Kreativität verloren.

! **Stress blockiert neue Ideen und den Erfindungsreichtum.**

Statt einfallsreiche Lösungen für Probleme zu finden, begeben sich die Gedanken in eine unproduktive Endlosschleife, zumal wir bereits gesehen haben, dass das Gehirn unter Spannung nicht mehr optimal versorgt ist. Es wird unflexibel, greift nur noch auf alte Patentrezepte zurück. Mit anderen Worten: Das Kopfkino ist angeworfen und zeigt ständig den gleichen Film.

Wenn Sie also den Überblick behalten möchten und auf der Suche nach kreativen Ideen sind, weiten Sie Ihren Blick und gehen Sie in die Ruhe. Dann werden sich wieder neue Möglichkeiten auftun und die Welt bekommt ihre Farbe zurück.

Von der Zeit in die Mangel genommen

Wie wir gesehen haben, führt Stress zu Verspannungen und anderen gesundheitlichen Problem, die Zeit sitzt uns buchstäblich im Nacken. Der ewige Zeitmangel hat noch weitere Folgen. Wer ständig unter Druck steht, kann nicht mehr frei agieren, sondern reagiert nur noch auf Reize, die im Außen auf ihn zukommen. Beim Tennis würde man sagen: Wir schlagen nicht mehr selbst auf, sondern bedienen nur noch die Bälle unseres Gegners, der das Spiel und seine Dynamik bestimmt. Es fehlt uns einfach die Zeit innezuhalten, um eine eigene Strategie auszuarbeiten und zu überlegen, wie wir das Spiel gestalten und in welchem Tempo wir vorgehen wollen. Bevor wir einen klaren Gedanken fassen können, ist schon der nächste Ball da und wir müssen vor ans Netz.

! **Wenn zu viele Bälle in zu kurzer Folge auf Sie einprasseln, hilft nur eins: Time out – Sie müssen das Spiel unterbrechen.**

Doch wie sieht es in der Praxis oft aus: Wir reißen uns zusammen und machen weiter wie bisher, obwohl wir längst erschöpft sind. Wenn das kräftezehrende Spiel einmal angeworfen wurde, muss es weiterlaufen. So bedienen wir fleißig ein selbst erschaffenes System, auch wenn wir uns im Stillen längst die Frage stellen, wie lange wir das irrsinnige Tempo noch durchhalten können. Bevor wir zu tief in uns gehen können, kommt aber zum Glück schon wieder der nächste, der etwas von uns will. So können wir die wichtigen Sinnfragen wieder zurückdrängen. Das kann auch eine Erleichterung sein, denn das Reagieren befreit uns von der Last, Verantwortung für das zu übernehmen, was wir täglich tun. Doch egal wie schnell wir laufen, um die Bälle zu schlagen, irgendwann wird uns die Frage nach dem tieferen Sinn einholen, dann nämlich, wenn uns die letzten Kraftreserven ausgehen. Und das werden sie irgendwann, egal wie stark wir sind.

In eine solche Krise zu geraten, können Sie schon im Vorfeld verhindern. Nehmen Sie sich rechtzeitig Pausen und Auszeiten, insbesondere wenn wichtige Entscheidungen anstehen, mit denen Sie Weichen für Ihr Leben stellen. Bestimmen Sie selbst, wie lange Sie dafür brauchen, und lassen Sie sich dabei nicht unter Druck setzen.

Welchen Einfluss der Zeitmangel auf Ihre Entscheidungen nimmt, lässt sich sehr anschaulich an der erfolgreichen Verkaufsstrategie beobachten, Angebote zeitlich zu befristen. Wer „nur diese Woche" ein Schnäppchen machen kann, wird gedrängt, schnell zu handeln. Die Vor- und Nachteile eines Produktes werden nicht mehr klug abgewägt, die Zeit reicht nicht, um die Angebote anderer Händler zu prüfen, geschweige denn, in sich hineinzuhorchen, was das Bauchgefühl sagt. So steigt die Wahrscheinlichkeit, nicht im eigenen Interesse, sondern in dem des Verkäufers zu handeln, schließlich soll die gute Gelegenheit nicht ungenutzt verstreichen. Das führt uns zum nächsten Punkt: Stress kann teuer werden. Wer wenig Zeit hat, kauft oft das erstbeste Produkt, das ihm zwischen die Finger oder unter den Mauszeiger gerät. Ob dieses Produkt unseren Bedarf optimal deckt und deshalb langfristig von Nutzen sein wird oder ob es das beste Preis-Leistungs-Verhältnis hat, diese Fragen stellen sich oft gar nicht. Hauptsache, der Kauf ist schnell abgewickelt, es warten ja noch so viele andere Dinge, die zu erledigen sind. So findet man sich zum Beispiel zum Skiurlaub schnell in Ischgl oder St. Anton wieder, einfach, weil man diese Namen schon mal gehört hat und keine Zeit zum Überlegen blieb, welche anderen Orte man vielleicht in die Suchmaschine eingeben könnte. Einige Kilometer weiter sind vielleicht die Pisten schön frei, der Skipass kostet nur die Hälfte und die Unterkunft ist viel günstiger zu haben. Aber was soll's: Bei dem ganzen Stress kann man sich ja ruhig mal etwas gönnen. Wofür nimmt man das sonst alles auf sich? Da wird der Luxusurlaub schnell zur Ersatzbefriedigung, um sich für all das zu entschädigen, was das restliche Jahr über schiefläuft.

Schon diese einfachen Beispiele zeigen, wie wichtig es ist, frei und aus der Ruhe heraus zu agieren. Natürlich ist es nicht weiter tragisch, wenn Sie mal einen Toaster im Sonderangebot kaufen, nur weil er günstig ist, oder Sie Ihren Urlaub in diesem Jahr am „falschen" Ort verbracht haben. Aber wenn es um Entscheidungen mit weitreichenden Konsequenzen geht, sieht die Sache schon anders aus. Einen neuen Job zu ergreifen, sich vielleicht selbständig zu machen, zu heiraten und eine Familie zu gründen, sich scheiden zu lassen oder in eine neue Stadt zu ziehen – diese Schritte werden die nächsten Monate oder Jahre Ihres Lebens maßgeblich beeinflussen und wollen wohl überlegt sein.

Manchmal spüren wir intuitiv, dass Dinge, die vom Verstand her eigentlich auf der Hand liegen, für uns in diesem Moment oder überhaupt nicht richtig sind. Ein anderes Mal ist die Zeit einfach noch nicht reif, um einen neuen Schritt zu wagen; dann wieder stehen alle inneren Ampeln auf grün und es kann losgehen. Was in welchem Fall für Sie richtig ist, finden Sie nur heraus, wenn Sie Zeit haben, in sich zu gehen, um sich zu fragen, was Sie wirklich wollen und was gut für Sie ist.

! Unter Stress und Zeitdruck neigen die Menschen dazu, Fehlentscheidungen zu treffen, die sie später bereuen.

Diese Fehlentscheidungen später zu korrigieren, dauert länger und ist viel kraftraubender, als sich im Vorfeld Zeit zu nehmen. Auch wenn Sie feststellen, dass Sie bereits die falsche Richtung eingeschlagen haben, gilt: innehalten, sich einen Überblick verschaffen und sich die Zeit gönnen, besonnene Schritte für eine Kurskorrektur einzuleiten. Das lohnt sich immer! Wenn Sie einfach die Augen verschließen und weitermachen wie bisher, geraten Sie immer weiter hinein in ein Leben, das Sie so nie gewollt haben.

Stress führt zu nichts

Stress ist also ein Problem – übrigens nicht nur für Sie. Die Weltgesundheitsorganisation (WHO) stuft Stress als die größte Gesundheitsgefahr des 21. Jahrhunderts ein. Es ist höchste Zeit, uns davon zu befreien.[13]

[13] Vgl. World Health Organization (Hrsg.): „*Mental Health – A Call For Action by World Health Ministers*“. Genf 2001.

Doch Stress ist heute so selbstverständlich geworden, dass wir uns automatisch die Frage stellen: Kann es denn überhaupt funktionieren, keinen Stress zu haben? Wenn Sie Ihr Tempo drosseln und langsamer werden, wird dann nicht alles zusammenbrechen, Ihr persönliches Gerüst aus Berufs- und Privatleben sowie – wenn noch andere auf die Idee kommen – die Wirtschaft insgesamt?

An dieser Stelle möchten wir ausdrücklich betonen, dass Stressreduktion nicht bedeutet, dass plötzlich alles stillsteht. Es heißt zunächst, dass Sie sich nicht mehr bis zur Erschöpfung verausgaben. Geben Sie sich einfach mal mit 100 % zufrieden, statt permanent 150 % zu leisten. Falls Sie Arbeitnehmer sind, werden Sie auch nicht für mehr bezahlt. Allein dieser Gedanke klingt für viele Menschen schon revolutionär.

Zum Ausprobieren

Überlegen Sie einmal, was Sie in den letzten fünf Jahren alles vollbracht und geleistet haben, am besten stellen Sie eine Liste zusammen. Denken Sie dabei nicht nur an Ihren Beruf, sondern auch an Leistungen im privaten Bereich. Eine Freundin in einer Trauerphase zu begleiten, die Kinder bei den Hausaufgaben zu unterstützen oder die Eltern während und nach einem Krankenhausaufenthalt zu betreuen, all das darf in Ihre Liste einfließen. Es geht nicht nur um konkrete Ergebnisse, sondern einfach um alle Aufgaben, die Sie erfüllt haben. Wenn Sie unter Stress leiden, wird diese Aufstellung vermutlich lang werden.

Lassen Sie die Liste auf sich wirken. Wenn eine andere Person Ihnen die Aufstellung vorlegen würde, wären Sie tief beeindruckt, oder? Seien Sie einfach mal stolz auf sich und klopfen sich selbst auf die Schulter, Sie haben sich das wahrlich verdient. Am besten belohnen Sie sich einmal für alles, was Sie getan haben und gehen zum Beispiel mit Ihrem Partner oder einem guten Freund richtig schick essen.

Ihre hervorragenden Leistungen haben es Ihnen ermöglicht, eine gute Ausbildung oder ein Studium zu absolvieren, Sie haben beruflich Fuß gefasst, vielleicht sogar Karriere gemacht. „Nebenbei" haben Sie eventuell eine Familie gegründet und das Leben mit Ihren Lieben gestaltet, Freundschaften gepflegt, sich fit gehalten und sich in einem Verein oder für ein Hobby engagiert. Das alles haben Sie gemanagt, dabei oft Ihre Grenzen überschritten und spüren nun, dass Sie nicht dauerhaft so weitermachen können. Es ist wichtig zu würdigen, wie weit Sie mit Ihrem Stressmodell gekommen sind, aber der negative Einfluss, den die dauernde Anspannung auf Ihr persönliches Leben hat, dürfte inzwischen klar geworden sein. Wenn Sie Ihr Stressmodell weiterhin leben, wird es Sie nirgendwo mehr hinführen außer in den Burnout.

Trotzdem flüstert sicher noch eine Stimme in Ihrem Kopf: „Reiß dich zusammen. Du kannst nicht einfach schlapp machen. Wie soll es dann weitergehen?" – Um Ihre innere Stimme zu beruhigen, schauen wir uns doch einmal an, wie sich der Stress auf die Volkswirtschaft auswirkt. Bereits jeder fünfte Arbeitnehmer in Deutschland ist von Stresssymptomen in seiner Gesundheit beeinträchtigt. Das *„Manager Magazin"* verweist auf eine Studie des Schweizer Instituts sciencetransfer in Kooperation mit der Bertelsmann Stiftung, nach der psychische Belastungen im Beruf allein in Deutschland mehr als sechs Milliarden Euro jährlich betragen. Dieser Betrag verteilt sich je ungefähr zur Hälfte auf die Krankheitsbehandlung und den Produktionsausfall.[14] Allein

[14] Vg. http://www.manager-magazin.de/lifestyle/artikel/a-763235.html

diese Zahlen legen den Verdacht nahe, dass wir einen Punkt erreicht haben, an dem eine weitere Steigerung von Effizienz und der damit verbundenen Belastung der Mitarbeiter in den Unternehmen keine positive Wirkung mehr haben wird. Im Gegenteil:

! Jede weitere Steigerung des Stressniveaus wirkt sich kontraproduktiv aus.

Auch diese Idee scheint zunächst befremdlich. Kann das wirklich sein? Jahrzehntelang haben wir gelernt, dass die Wirtschaft wachsen muss. Ziel ist es, immer mehr Güter in immer kürzerer Zeit herzustellen und zu verkaufen, also effizienter zu werden. Diese Botschaft haben wir wie ein Mantra verinnerlicht. Das soll jetzt alles Unsinn gewesen sein, die ganze Anstrengung war umsonst?

Nein, es war nicht vergeblich. Es trifft durchaus zu, dass uns unser unermüdlicher Fleiß und die Produktivität zu Wohlstand und einem gehobenen Lebensstandard verholfen haben. Gerade in der Nachkriegszeit ging es darum, das Land wieder aufzubauen, und neue technische Errungenschaften haben unser Leben angenehmer gestaltet, von der Waschmaschine bis zum eigenen Auto. Doch die dahinter stehenden Bedürfnisse sind bereits erfüllt. Wer ein Auto haben will, hat längst eins, wir alle haben genug anzuziehen und auch die technische Ausrüstung ist auf dem aktuellen Stand. Macht es uns wirklich glücklicher, einen noch größeren Wagen zu kaufen und das funktionierende Smartphone gegen ein neueres Modell auszutauschen? Heute schicken wir Bilder per WhatsApp auf das Handy statt per Email von Rechner zu Rechner. Die Fernseher sind größer und flacher geworden, aber das Programm bleibt dasselbe. Ist das echter Fortschritt? Erhöht das unsere Lebensqualität? Ist es den ganzen Stress wert?

Im deutschsprachigen Raum haben die meisten Menschen alles, was sie brauchen. Die Bedürfnisse, die sie noch haben, sind künstlich erzeugt, durch Marketingstrategien sowie durch den sozialen Druck, sich ein Stückchen besser zu stellen, als der Rest des eigenen Umfeldes. Was uns wirklich fehlt, sind zunehmend elementare Dinge wie saubere Luft, ein gesunder Boden, der gute Nahrungsmittel hervorbringt, sozialer Zusammenhalt und Freude am Leben. Damit wäre uns sehr viel mehr geholfen als mit noch mehr Konsumgütern, deren Produktion und Lieferaktivitäten unsere wertvollen Ressourcen vergeuden, den CO_2-Ausstoß nach oben treiben und die Straßen verstopfen.

! Wir sind damit beschäftigt, ein System zu bedienen, das längst überholt ist.

Schon vor zwanzig Jahren wurde im Studium der Betriebswirtschaft gelehrt, dass wir den Übergang von einer Produktions- in eine Dienstleistungs- und Informationsgesellschaft erleben. Das ist ein alter Hut. Um diesen Wandel zu beobachten, muss man kein Experte sein, er lässt sich schon daran ablesen, dass sich der Einzelhandel inzwischen zu einem sehr großen Prozentsatz auf das Internet verlagert hat. Laut einer Studie der GfK (Gesellschaft für Konsumforschung) lag der Online-Anteil im Non-Food-Bereich bereits im Jahr 2014 bei 19 %, Tendenz steigend.[15] Trotzdem tun weite Teile der deutschen Wirtschaft so, als fände diese Entwicklung nicht statt.

[15] Vgl. http://handelsjournal.de/2016/01/06/markt/dwolf/onlinehandel-grenzen-des-wachstums-in-sicht/

Deutschland im Dornröschenschlaf

Das Lieblingskind der Politik und eines der größten Standbeine der Wirtschaft ist nach wie vor die Automobilindustrie. Mehr als 800.000 Arbeitsplätze in Deutschland hingen in 2016 direkt oder indirekt mit dieser Branche zusammen.[16] Doch was macht dieser Wunderknabe? Bemüht er sich um Innovation und echten Fortschritt? Wohl kaum. Die Konzerne legen ihren Schwerpunkt darauf, immer größere Autos zu designen, die zu breit für unsere Straßen und zu lang für die Garagen sind. Wichtige Entwicklungen wie das Elektroauto hingegen werden einfach verschlafen. Spätestens 2019 will China eine feste Quote für Elektroautos einführen, 2025 sollen in Norwegen keine Autos mit Benzin- und Dieselmotoren mehr zugelassen werden, in den Niederlanden ist dieser Schritt bis 2035 geplant.[17] Unabhängig von der strittigen Frage, ob ein Elektroauto tatsächlich umweltfreundlicher ist als ein PKW mit Verbrennungsmotor, findet dieser Wandel statt, und zwar im Hier und Jetzt, nicht in ferner Zukunft. Doch die deutsche Automobilindustrie schafft es einfach nicht, mit neuen Ideen für bezahlbare Elektroautos mit hoher Reichweite aufzuwarten. Sie produziert stattdessen fleißig Auslaufmodelle, aber das mit vollem Einsatz. Die ganze Branche ist mit Tunnelblick unterwegs, der längst überholte Effizienzgedanke macht es unmöglich, neue Entwicklungen ernsthaft wahrzunehmen, geschweige denn mitzugestalten.

[16] Vgl. https://de.statista.com/statistik/daten/studie/30703/umfrage/beschaeftigtenzahl-in-der-automobilindustrie/

[17] Vgl. Alt, Franz: *„Öko-logisch! Auto-Terrorismus in Deutschland"*. In: *Lebens|t|räume Magazin*, Ausgabe September 2017.

Unter diesen Vorzeichen wirkt unser Stress geradezu absurd. Wir preschen mit Vollgas in die falsche Richtung. Wollen Sie dafür Ihre Gesundheit aufs Spiel setzen?

Leider ist die Automobilindustrie kein Einzelfall. Der blinde Produktionswahn spiegelt sich auch in anderen Branchen wider, wie zum Beispiel in der Lebensmittelindustrie. Die Umweltorganisation WWF (World Wildlife Fund) hat eine Studie veröffentlicht, derzufolge ein Drittel aller Nahrungsmittel in Deutschland weggeworfen werden, das sind 18 Mio. Tonnen im Jahr. Das bedeutet, dass alle Lebensmittel, die in den ersten 122 Tagen im Jahr erzeugt werden, im Müll landen. Alle Anstrengungen, die für ihre Produktion unternommen werden, sind buchstäblich „für die Tonne“. Laut WWF gelangen 60 % der Nahrungsmittel erst gar nicht bis in die Haushalte der Konsumenten, sondern gehen schon vorher verloren, sei es direkt in der Landwirtschaft, in der Produktion oder bei den Großabnehmern wie Gaststätten und Kantinen.[18] Für diesen Wahnsinn vergiften wir nicht nur die Äcker und Bienen mit Pestiziden oder quälen Tiere in der Massenhaltung, um möglichst viel Ertrag zu erzielen. Wir nehmen auch die gesundheitlichen Folgen in Kauf, die einerseits aus dem Verzehr von minderwertiger, billiger Nahrung resultieren, andererseits durch den Stress bei ihrer Produktion, Transport und Verpackung entstehen. Und da denken wir ernsthaft darüber nach, wie wir noch schneller und günstiger produzieren und damit den Druck auf die Mitarbeiter und die Umwelt erhöhen können?

Mit den klassischen Effizienzgedanken kommen wir keinen Schritt weiter. Es ist einfach so, dass Geschäftsmodelle nur für einen begrenzten Zeitraum funktionieren und dann nicht mehr den Anforderungen

[18] Vgl. http://schrotundkorn.de/ernaehrung/lesen/lebensmittel-wegwerfen.html

der modernen Welt gerecht werden. Das müssen wir akzeptieren. Die Entwicklungen zu ignorieren oder sich dagegen zu stemmen, bringt nichts. Deutschland ist Meister darin, wichtige Trends zu verschlafen, wie zuletzt die Digitalisierung der Wirtschaft, und damit den USA und Asien den entsprechenden Markt zu überlassen. Das Land blickt dabei auf eine lange Tradition zurück: Zum Beispiel wurden erst 1853 die ersten deutschen Banknoten ausgegeben, rund 100 Jahre später als in England. Fast ebenso lange wurde die Industrialisierung von Deutschland nicht ernst genommen. Während England schon im 18. Jahrhundert damit begann, seine Produktion von menschlichen Arbeitskräften auf Maschinen umzustellen, war Preußen noch im Jahr 1815 ein altmodischer Agrarstaat, der seinen Rückstand erst durch den Klau britischer Erfindungen aufholen konnte.[19]

! Was wir brauchen, sind echte Innovationen, die die Menschheit weiterbringen, die nachhaltig und zukunftsträchtig sind. Stress verhindert aber genau die Kreativität, die dafür erforderlich ist.

Die moderne Hirnforschung weiß inzwischen, dass Stresshormone die Bildung neuer Nervenverbindungen hemmen. Damit behindern sie die Lernfähigkeit sowie das kreative Denken, zudem werden die Fähigkeiten zum strategischen Planen und zur Lösungsfindung blockiert.[20]

[19] Vgl. Herrmann, Ulrike: „*Der Sieg des Kapitals*“. Piper Verlag GmbH, München/Berlin, 2015.

[20] Vgl. Goewey, Don Joseph: „*Stress für immer besiegen*“, Windpferd Verlag, Oberstdorf 2015, zit. n. „*Stress entsteht im Kopf*“, In: *natürlich gesund und munter*, Ausgabe 6/2017.

Entsprechend sind die meisten Jobs, die wir heute ausführen, „Fließbandarbeiten“. Sie finden vielleicht nicht mehr in der Fabrikhalle statt, aber vom Supermarkt bis zum Paketdienst, vom Büro bis zum Bau sind doch die meisten im Takt statt im Flow. Durch den Sparwahn stehen uns nicht einmal genug Zeit und Geld zur Verfügung, um Endkontrollen durchzuführen, so dass fehlerhafte Produkte auf den Markt kommen, mit denen sich die Käufer anschließend herumärgern dürfen.

Wir kommen nicht mehr zum Nachdenken und zu weisen Entscheidungen, neue Lösungen sind nicht in Sicht. Wenn tatsächlich einmal Ideen im Unternehmen gefragt sind, berufen Vorgesetzte gern ein Meeting ein, in dem sie „jetzt sofort“ Vorschläge von ihren Mitarbeitern einfordern. Ganz spontan und aus dem Stand sollen dann sinnvolle Maßnahmen formuliert werden, die dazu geeignet sind, ein akutes Problem zu lösen. Aus Effizienzgründen muss das natürlich schnell gehen, die Aufgaben des Tagesgeschäftes warten ja im Hintergrund auf die Teilnehmer der Besprechung. Zeit für vorbereitende Überlegungen und Recherchen oder ein gründliches Abwägen von Alternativen bleibt da nicht. Auf diese Weise werden natürlich keine tragfähigen Strategien erarbeitet oder grundlegende Veränderungen in die Wege geleitet. Wieder hat der Stress zu nichts geführt, und doch arbeiten alle unter Hochdruck weiter.

Bis der Dampfkessel pfeift

Wenn Wasser in einem klassischen Dampfkessel erhitzt wird, baut sich allmählich Druck auf, das Wasser gerät in Bewegung und beginnt zu kochen. Der Kessel pfeift, womit er für einen Druckausgleich sorgt und uns das Signal gibt, ihn von der Kochplatte zu nehmen. – In der

Druck von allen Seiten

Arbeitswelt wird dieses Signal ganz bewusst ignoriert. Es herrscht die gängige Meinung, dass Menschen unter Druck am besten arbeiten, ein Ausgleich ist nicht erforderlich. Viele Vorgesetzte betrachten es deshalb als ihre Aufgabe, Druck auszuüben. Wem das nicht gefällt, der stößt auf taube Ohren, denn schließlich stehen ja genug Menschen vor der Tür, die gerne einen Arbeitsplatz haben möchten. Der Druck mündet schnell in Drohungen und den Verlust des Arbeitsplatzes vor Augen, tragen die Mitarbeiter fleißig dazu bei, den Dauerstress aufrecht zu erhalten.

Das Spiel geht so lange gut, bis es nicht mehr geht. Und derzeit geht es gewaltig nach hinten los. Längst ist klar, dass man die Schraube nicht endlos fester drehen kann, denn irgendwann dreht ihr Gewinde durch und sie ist kaputt.

So ist es auch beim Menschen. Unter Druck zu arbeiten, funktioniert so lange, bis die Spannung zu viel wird und die Angst zu versagen die Regie übernimmt. Dadurch nimmt die Leistung des Arbeitnehmers dramatisch ab, da der Mitarbeiter nun mehr damit beschäftigt ist, seine Angst und seine Erschöpfung zu bekämpfen, als damit, produktiv zu arbeiten. Zeitmangel begünstigt diese Entwicklung.

! **Wer seine Mitarbeiter ständig nur unter Druck setzt, ist nicht auf gute Leistungen, sondern auf Machtspiele aus.**

Die folgenden Beispiele zeigen, wie diese Spiele ablaufen und wie wichtig es ist, sich und seine Gesundheit davor zu schützen.

Wenn das Management lacht

Eines dieser Spiele nennt sich „Zielvereinbarungen“, ein wichtiges Instrument in der Mitarbeiterführung. Im Jahres- oder Quartalsgespräch schauen Vorgesetzte und Mitarbeiter gemeinsam, ob die zuvor festgelegten Ergebnisse erreicht wurden und es werden die Vorgaben für die kommende Periode definiert.

Ziele und Träume zu haben, ist grundsätzlich positiv. Es ist gut zu wissen, wo wir im Leben stehen, wohin wir wollen und was wir erreichen möchten. Im privaten Bereich kann uns das motivieren und die Richtung anzeigen, in die wir uns entwickeln möchten. Ob wir das Ziel dann zwei Monate früher oder später erreichen, ist nicht so wichtig und vielleicht fällt das Ergebnis auch anders aus, als wir es uns vorgestellt haben. Im Geschäftsleben sind die Ziele jedoch quantifiziert und zeitlich eingegrenzt, es bleibt kein Spielraum für Abweichungen. Damit sind sie wunderbar geeignet, um Druck auf die Mitarbeiter auszuüben.

Stellen Sie sich einmal vor, Sie sitzen mit der Geschäftsführung zusammen und Sie formulieren klar und selbstverständlich Ihr eigenes Ziel: Sie möchten in den nächsten fünf Jahren Ihr Gehalt verdoppeln und keine Mehrarbeit dafür leisten. Das klingt vollkommen widersinnig, oder?

Doch wenn Sie die Situation umdrehen, ist sie auf einmal gar nicht mehr so fremd. Die Geschäftsführung möchte gerne, dass die Angestellten Jahr für Jahr ihre Leistung steigern. Nach fünf Jahren arbeiten sie dann doppelt so produktiv – für das gleiche Gehalt. Solche Gespräche werden in Deutschland jeden Tag geführt. Der Anspruch wird in schöne Worte verpackt und den Mitarbeitern vorgehalten wie eine Karotte dem Esel. Der Karotte beziehungsweise dem Bonus laufen sie nun Jahr für Jahr hinterher, denn das einmal erreichte Ziel legt nun den neuen Standard für die kommende Periode fest. Den Bonus, den sie im ersten Jahr für das Erreichen der Zielvereinbarung bekommen haben, erhalten sie im Folgejahr nur, wenn der Umsatz weiter anwächst. So werden die Ziele ständig höher gesteckt – und mit ihnen steigen Druck und Stress. Da hat es ein 100-Meter-Läufer einfacher: Er braucht bei der nächsten Meisterschaft nicht 200 Meter zu laufen, um sein Ziel zu erreichen.

Das Fatale an Zielvereinbarungen ist, dass sie lediglich in eine Richtung angewandt werden. Gewinnen kann da nur der Arbeitgeber, sonst gäbe es sie nicht.

Ebenfalls sehr vertraut ist der Sachverhalt, dass Mitarbeiter in Unternehmen, in denen viel Stress herrscht, krank zur Arbeit gehen, um ihre Kollegen nicht noch mehr zu belasten. Denn die anstehende Arbeit muss ja getan werden, und wenn sie selber ausfallen, verteilt sich das ohnehin hohe Arbeitspensum auf noch weniger Mitarbeiter und steigt für jeden Einzelnen weiter an.

Das Prinzip kennen vielleicht einige Leser aus ihrer Zeit bei der Bundeswehr: für einen Fehler oder ein Vergehen einer Person wird die ganze Gruppe bestraft. Um die Kameraden zu schützen, folgt jeder Soldat brav den Regeln. So haben die Offiziere ein hervorragendes Instrument, um Abweichler zu ächten, Gruppen zu lenken und für die Interessen der Armeeführung einzusetzen.

Das macht die Teamarbeit in Unternehmen so beliebt, nur wird die Strategie hier noch ausgereifter angewendet als beim Militär. Natürlich weiß die Geschäftsführung, dass das Personal im Team knapp ist, und dieser Engpass ist kein Zufall. Personalmangel wird mit Absicht erzeugt, um die Gewinnspanne zu erhöhen. Die Strategie appelliert an unsere Gutmütigkeit sowie an unser Pflichtgefühl. Dabei ist die Mehrarbeit, die Mitarbeiter aus Schuldgefühlen gegenüber ihren Kollegen heraus leisten, fest einkalkuliert. Und die Rechnung geht auf, weil niemand sein Team im Stich lassen will.

Die Mitarbeiter geben ihr Bestes. Bei Krankheitsausfällen oder in der Urlaubszeit der Kollegen arbeiten sie für zwei, oft bis zum Ende ihrer Kräfte. Am Ende gibt es dafür kein Lob, keine Anerkennung. Stattdessen ist im Management die Freude groß. Während man hier die zusätzlichen Gewinne einstreicht, lacht man über die emsigen Mitarbeiter, die so dumm sind, sich für ihre Kollegen zu verausgaben und dafür nicht einmal mehr Geld oder einen Freizeitausgleich zu bekommen. Diese Mitarbeiter haben nicht verstanden, dass sie mit ihrer großartigen Leistung keinen Schritt weiterkommen. Ganz im Gegenteil, es wird noch mehr Druck aufgebaut.

! **Mitarbeiter, die immer alles möglich machen, zeigen der Geschäftsleitung, dass die Arbeit auch mit wenig Personal erledigt werden kann.**

Für Neueinstellungen gibt es also keinen Grund und das Prinzip: „Bei einem Esel, der gut zieht, da lohnt sich jeder Schlag“, hat sich als richtig erwiesen.

Auf lange Sicht gefährdet der Dauerstress die Gesundheit der Arbeitnehmer und der Burnout lässt schon aus der Ferne grüßen. Viele Arbeitgeber stört das nicht weiter. Wenn ein Mitarbeiter nicht mehr kann, wird er als „nicht belastbar“ eingestuft und durch einen „frischen“ ersetzt. Das gleiche Spiel beginnt von vorn, und so wird es weiter gehen, solange es jemanden gibt, der gerne spielt, und einen zweiten, der sich auf das Spiel einlässt. Solche Firmen haben eine hohe Fluktuation, und diese ist immer ein Indikator dafür, dass im Unternehmen einiges schief läuft. Auch wenn das Management gern behauptet, das Personal verlasse die Firma, um sich weiterzuentwickeln, lässt der stete Wechsel auf ein ausgeprägtes Fluchtverhalten der Mitarbeiter schließen. Wenn es so schön wäre, würden sie ja bleiben.

Wenn die Geschäftsführung die Augen vor den Auswirkungen verschließt oder diese bewusst in Kauf nimmt, kann das Verheizen der Angestellten über Jahre und Jahrzehnte weiterlaufen. Doch sobald die Mechanismen offen liegen, beginnt das Spiel, an Attraktivität zu verlieren. Deshalb muss man sich als Mitarbeiter in einem solchen Unternehmen zunächst darüber klar werden, dass man Opfer einer Manipulation ist. Die hingegebene Leistung wird nicht wertgeschätzt, sondern die Angestellten werden für ihren Einsatz verspottet.

Falls Sie von diesem Spiel betroffen sind, werden Sie sich über Ihre eigene Position klar. Als Mitarbeiter tragen Sie nur die Verantwortung für Ihren eigenen Arbeitsbereich. Sie haben weder die Entscheidungskraft noch die Übersicht oder die Mittel, die es braucht, um den Gesamtbetrieb des Unternehmens zu gewährleisten. Es gibt in der Firma Menschen, die genau dafür bezahlt werden, und wenn diese ihren Job nicht machen, ist das nicht Ihre Schuld.

Wenn Sie arbeitsunfähig sind, ist es absolut richtig, zum Arzt zu gehen und sich krankschreiben zu lassen. Genesung braucht Zeit. Übernehmen Sie Verantwortung für sich und Ihre Gesundheit. Niemand kann von Ihnen verlangen, Ihre eigene Gesundheit zu ruinieren, damit das Unternehmen Einsparungen vornehmen und die Gewinnspanne vergrößern kann. Das ist Selbstschutz, außer Ihnen wird keiner auf Ihre Gesundheit achten. Ihre Arbeitskollegen müssen diese Entscheidungen ebenfalls für sich treffen und sich abgrenzen, wenn die Arbeit zu viel wird. Sagen Sie klar, was Sie leisten können und was nicht, dann können Ihre Vorgesetzten andere Lösungen finden. Sofern diese nicht reagieren, müssen wichtige Aufgaben unerledigt bleiben, und spätestens wenn sich unzufriedene Kunden beschweren, besteht die Chance, dass sich die Situation verbessert. Wenn Sie den Stress aushalten und bei dem Spiel mitmachen, bleiben Sie in einer Endlosschleife stecken, der ganze Stress führt zu nichts. Das einzige, was Sie damit erreichen, ist, dass Sie den Druck mit nach Hause nehmen und sich aus reiner Gewohnheit auch in Ihrer freien Zeit weiter Stress bereiten. Und da wir eingangs über eigene Ziele gesprochen haben:

! Machen Sie sich klar, dass der Dauerstress Sie ganz weit wegführt von Ihren Träumen. Sie rücken zunächst in weite Ferne und geraten dann in Vergessenheit.

Welche Aufgabe ist denn Ihre Aufgabe?

Ein ständig hetzender, verspannter Mensch, der immer das Gleiche tut, scheint im Moment die Krönung unseres Schaffens zu sein. Wir haben Angst, im Beruf und in der Gesellschaft den Anschluss zu verpassen, wenn wir aus dem Spiel aussteigen. Doch mit der ganzen Anstrengung verbessern wir nicht etwa unseren Marktwert, um mit den Worten der Geschäftswelt zu sprechen. Ganz im Gegenteil: Wir begeben uns in eine Abwärtsspirale, in der unsere Attraktivität sinkt und wir kräftezehrenden Prozessen ausgesetzt sind, die unsere Lebensenergie schwächen. Zusätzlich ziehen wir noch unser ganzes Umfeld mit hinein. Die Folgen reichen von gesundheitlichen Beeinträchtigungen bis zum Burnout, vom Genussmittelmissbrauch bis zum Verlust des Ehepartners, des Eigenheims und der Freude im Leben. Hat dieser Strudel einmal zugepackt, dreht er sich scheinbar endlos weiter.

Warum tun wir das? Führen wir dieses Leben nur, weil wir es so gewohnt sind und nicht mehr wissen, wie wir in uns ruhen können? Dem Chef oder „den Umständen" die Schuld zu geben, bringt uns nicht weiter.

! Es wird höchste Zeit, dass jeder von uns die Verantwortung für seinen Stress übernimmt und etwas verändert.

Stress ist nichts anderes als ein Muster. Wie stark dieses Muster ist, zeigt sich zum Beispiel an den Besitzern einer Ferienwohnung, in der wir kürzlich zu Gast waren. Die Wohnung lag in einer beschaulichen Kleinstadt in einer Weingegend, die mit ihren alten Fachwerkhäusern ein beliebtes Ausflugsziel in der Umgebung ist. Man sollte meinen, dass hier alles gemütlich seinen Gang geht. Bei den Vermietern handelt es sich um ein Ehepaar, das bereits im Ruhestand ist. Er war früher bei der lokalen Bank beschäftigt, sie war für die Stadtverwaltung tätig. Doch die beiden wollen nicht einfach nur in Ruhe ihre Rente genießen, sondern weiterhin am Leben teilhaben. So erwarben sie in der Fußgängerzone ein Wohn- und Geschäftshaus, in dem sich besagte Ferienwohnung befindet, und eröffneten im Erdgeschoss einen Geschenkartikelladen. Eigentlich eine gute Idee, so können sie weiterhin mit Menschen in Kontakt kommen und etwas Sinnvolles tun. Doch was wurde aus dem ursprünglichen Gedanken? Nach einiger Zeit ergab sich die Gelegenheit, drei Häuser weiter ein zweites Ladenlokal zu mieten, und sie wurde genutzt. So gibt es nun zwei Geschäfte, die unterhalten werden müssen. Schon bei der Anreise bemerkten wir, dass aus der Liebhaberei längst eine Tretmühle geworden war. Es hieß, wir könnten im Laden jederzeit den Schlüssel für die Ferienwohnung in Empfang nehmen. „Wir sind fleißig, wir machen keine Mittagspause", sagte der Vermieter stolz.

Warum kann er seine Läden nicht einmal für eine Stunde mittags schließen, wenn er doch bereits im Ruhestand ist? Die Geschichte ging sogar noch weiter: Da die Stadt als Touristenziel gilt, dürfen hier die Geschäfte auch am Sonntag öffnen. Auch diese Gelegenheit nutzt das Ehepaar gewissenhaft, und die ursprünglich als sinnvolle Freizeitaktivität gedachten Läden sind nun sieben Tage in der Woche für die Kunden da, ein Wochenende ist nicht vorgesehen.

Auch wenn das Ehepaar längst ausgesorgt hat und sich seinen Lebensunterhalt nicht mehr verdienen muss, ist es nicht vom Stress befreit. Die beiden haben nur diesen einen Weg kennengelernt, ihr Leben zu führen, und dem folgen sie sogar jetzt, wo sich die äußeren Umstände geändert haben. Der Stress ist hausgemacht. Wie am Beispiel des Rentnerpaares zu erkennen ist, wird ein einmal verinnerlichter Lebensrhythmus nicht mehr so leicht unterbrochen. Um auszusteigen, müssen Sie eine bewusste Entscheidung treffen, ansonsten laufen Sie im Hamsterrad bis zum Ende Ihrer Tage, ganz einfach weil Sie es so gewohnt sind.

! Was Sie täglich tun, formt Sie als Menschen, bis Sie zu dem werden, was Sie tun.

Wenn man vergangene Generationen betrachtet, sind deren Aufgaben vom Wiederaufbau geprägt. Die Gesetze, gesellschaftlichen Zwänge, Lebensanschauungen, Ideale und Arbeitseinstellungen, nach denen wir heute leben, sind in der Nachkriegszeit entstanden. Wir sind in einem Gefüge aufgewachsen, das von unseren Eltern und Großeltern geschaffen wurde, und haben ganz selbstverständlich ihre Vorstellungen übernommen, wie etwas zu tun ist. Doch diese Strukturen waren niemals unsere. Das wird ganz deutlich bei Menschen, die im Unternehmen ihrer Eltern arbeiten und hier deren Ideen fortführen, statt etwas Eigenes zu entwickeln. Das Prinzip beschränkt sich aber keineswegs auf die

Familie, sondern zieht sich durch die gesamte Arbeitswelt und den Aufbau der Gesellschaft. Wir sind in die alten Geschäfts- und Lebensmodelle hineingeschlüpft, ohne sie kritisch zu beleuchten. Ergibt das für uns einen Sinn im Leben? Welches Modell ist denn unseres? Es wurde uns immer ein Traum verkauft, den es nicht mehr gibt, dem wir aber Zeit unseres Lebens hinterherlaufen. Wir leisten mit Hochdruck, verausgaben uns und führen dabei nur die Prinzipien der vorangegangenen Generationen fort, die heute überholt sind. Mittlerweile glauben wir selbst nicht mehr daran. Oder kennen Sie jemanden, von dem Sie behaupten würden, er hätte „es geschafft"? Wir wissen längst, dass unser Engagement ins Leere läuft, es füllt uns nicht mehr aus, und das erschöpft uns zutiefst. Trotzdem machen wir weiter, weil wir es so gewohnt sind und weil uns die Alternativen fehlen.

Da uns das Leistungsdenken kein Stück weitergebracht hat, stellen sich die Fragen: Was ist denn die Aufgabe unserer Generation im Leben? Womit wollen wir unseren Nachkommen ein Vorbild sein? Bis jetzt beschränkt sich unser Vermächtnis darauf, Geld zu verdienen, die Zähne zusammenzubeißen und joggen zu gehen, wenn der Stress zu groß wird!

Wir alle haben großartige Talente und Ideen, die in uns schlummern. Diese öffnen uns vielfältige Möglichkeiten, etwas grundlegend Neues mitzugestalten. Doch der Zugang zu unseren Fähigkeiten bleibt uns verwehrt, solange uns das Stress-Programm blockiert.

! **Eine unserer großen Aufgaben ist es, das Muster „Stress" ausgiebig kennenzulernen, zu hinterfragen und ein für alle Mal aus unserem Leben zu verabschieden.**

Dann ist für uns und die folgenden Generationen der Weg frei in eine Zukunft, in der Deutschland wieder seinem Ruf des Landes der Dichter und Denker gerecht werden kann.

Stress hat Methode

Wer bin ich ohne meinen Stress?

Obwohl wir es nicht mögen, uns auf Hochtouren im Hamsterrad zu drehen, kann das wesentlich angenehmer sein, als innezuhalten. Viele Menschen laufen wie angestochen durch die Gegend, damit sie sich diese eine Frage nicht stellen müssen: „Wer bin ich ohne meinen Stress?"

Die Betroffenen erlauben sich selbst keine Pause, denn dann würde das Kopfkino einsetzen und sie mit unangenehmen Fragen konfrontieren. Frei nach dem Motto: „Lieber das alte Unbehagen, als das Unbekannte wagen" werden die kritischen Stimmen gern verdrängt. Sobald diese darauf aufmerksam machen, dass sich etwas verändern muss, geht es schnell wieder zurück in das Hamsterrad. So wird selbst im Urlaub jeden Tag ein volles Programm absolviert, um bloß nicht herunterzuschalten. Wer sich zu Hause nie Ruhe gönnt, der ist im Urlaub nicht plötzlich die Ruhe selbst, sondern weiterhin auf der Flucht.

Die Eile ist sogar schon in unseren Sprachgebrauch übergegangen. Wollen wir etwas erledigen, sagen wir häufig: „Ich gehe noch schnell einkaufen." oder: „Ich flitze rasch beim Bäcker vorbei." Und wenn wir uns unterwegs treffen, heißt es: „Ich muss gleich weiter, ich habe keine Zeit." Unser Bedürfnis nach fortwährender Beschäftigung ist lückenlos in den Tagesablauf integriert, ob im Restaurant, beim Arzt oder am Flughafen. Überall gibt es Bildschirme, die uns von den eigenen Gedanken ablenken, wenn wir einige Minuten warten müssen. Wo das nicht der Fall ist, haben wir zum Glück unsere private Mulitmediathek, das Smartphone, stets dabei. Damit verhindern wir den äußersten Notfall, nämlich uns selbst überlassen zu sein.

! Auf einer verborgenen Ebene unseres Bewusstseins ist uns klar, dass viele unserer Anstrengungen vollkommen sinnlos sind. Deswegen schöpfen wir nicht aus dem, was wir tun, sondern erschöpfen uns.

Wenn wir vor der Frage „Wer bin ich ohne meinen Stress?“ davonlaufen, geraten wir in einen Teufelskreis. Der Stress raubt uns Kraft und doch übertragen wir ihn in all unsere Lebensbereiche. Damit entziehen wir uns selbst die Energie, die wir brauchen, um etwas zu verändern.

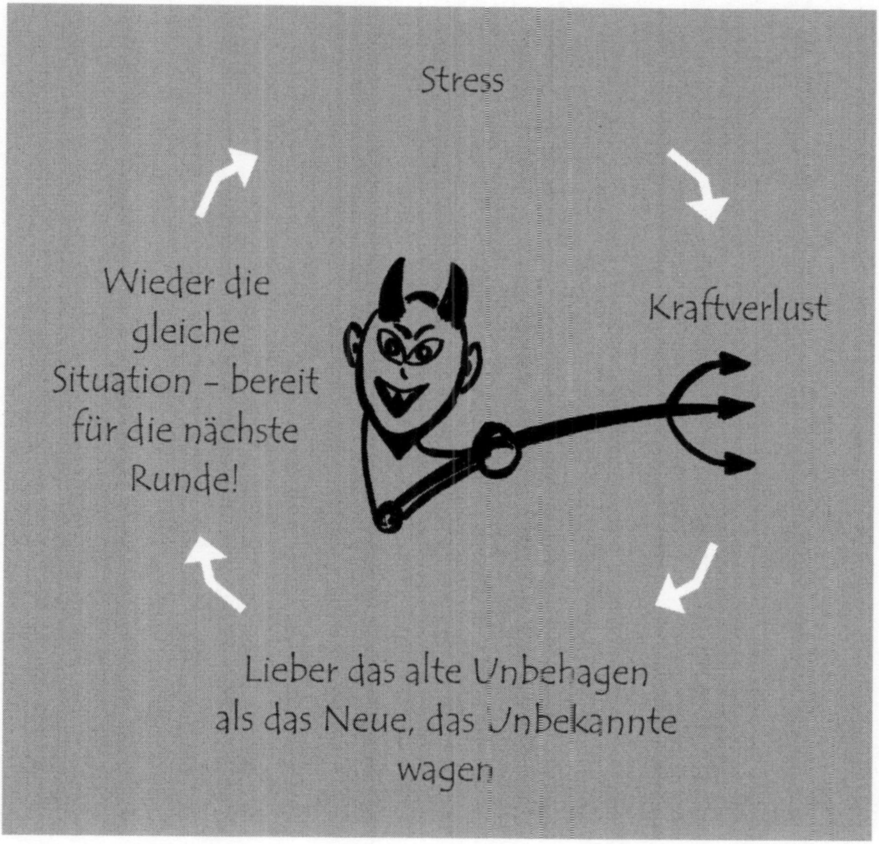

Wir können diesen Kreislauf durchbrechen, indem wir innehalten und uns unseren Themen und unserer Angst davor stellen. Wir können nicht für immer davonlaufen. Es ist wie in dem Kultfilm „Matrix", in dem der Held Neo gefragt wird, ob er weiter wie bisher in seiner Traumwelt leben oder sich der Wahrheit stellen möchte. Dazu muss Neo eine Pille schlucken. Er hat die Wahl: Nimmt er die blaue Tablette, kann er seine Erkenntnisse verdrängen und wieder in seine vertraute Scheinwelt eintauchen. Alles bleibt so, wie es war. Schluckt er die rote Pille, wird er sich mit einigen unangenehmen Tatsachen auseinandersetzen müssen, aber dafür ein echtes Leben führen.[21]

Wenn Sie sich für Ihre Wahrheit entscheiden, dann kann sich viel, vielleicht sogar alles verändern.

Wir haben eine gewaltige Kraft und Energie in uns. Mit diesem Potential drehen wir uns permanent nur im Kreis, und das schon seit Generationen. Wenn wir diese Energie für die Neugestaltung nutzen, wird das, was wir tun, endlich einen Sinn ergeben. Die Neugestaltung ist mit all dem, was kommen wird, so neu, dass noch keiner weiß, wie sie aussehen soll.

! **Wir alle haben die gemeinsame Aufgabe, an der Neugestaltung mitzuwirken. Dazu wird jeder Einzelne gebraucht, auch Sie.**

[21] Vgl. Wachowski, Lana und Lilly: *„Matrix"*. USA 1999.

Warum Stress so beliebt ist

Der Gedanke, dass sich die alten Strukturen in Wirtschaft und Gesellschaft grundlegend ändern werden, macht vielen Menschen Angst. Dank des bisherigen Systems sind sie dahin gelangt, wo sie heute sind, haben gesellschaftliche Anerkennung, Einfluss und materiellen Besitz erworben. Diesen Besitzstand möchten sie um jeden Preis wahren. Sie haben Sorge, alles zu verlieren, was sie erreicht haben, wenn es zu Veränderungen kommt. Um die Kontrolle zu behalten und den Fortschritt zu blockieren, halten sie andere Menschen davon ab, sich weiterzuentwickeln. Es ist Stillstand angesagt. Denn wenn zu viele Personen auf die Idee kommen, Dinge zu hinterfragen, und beginnen, ihre Talente und Fähigkeiten sinnvoll einzusetzen, wird genau die Veränderung eintreffen, die sie fürchten. Unser System funktioniert nur so lange, wie es ein Fußvolk gibt, das mitspielt. Dem einen nutzt es, dem anderen nicht.

In unserem Buch *„Leben als Freigeist"* haben wir vier Mechanismen beschrieben, die uns im Alltag manipulieren und davon abhalten, unseren eigenen Zielen und Idealen zu folgen.[22]

! Das Geniale am Stress ist: Er dient als Werkzeug, um die vier Mechanismen der Manipulation gleichzeitig anzuwenden: Mangel, Angst, Gruppenzwang und ein niedriger Selbstwert. Das macht den Stress so beliebt.

Schauen wir uns das genauer an: Durch den hohen Zeitdruck werden wir dauerhaft im Mangel gehalten. Es spielt keine Rolle, was wir alles

[22] Vgl. Pliester, Petra und Bräscher, Jürgen: *„Leben als Freigeist"*. Verlag Zeitenwende, Dohna 2016.

erledigen, es ist nie genug. Immer warten im Hintergrund schon die nächsten Aufgaben, beispielsweise die Ziele des kommenden Quartals, die es zu erfüllen gilt. So sind wir ständig beschäftigt und kommen nicht dazu, uns um die Dinge zu kümmern, die wirklich wichtig sind. Immer sitzt uns die Angst im Nacken, den Anforderungen nicht gerecht zu werden. Und wenn wir das nicht hinbekommen, überholen uns andere, so dass wir im Wettbewerb unterliegen. Es droht der Verlust des Arbeitsplatzes oder die Kunden wandern ab, unsere Existenz ist gefährdet.

Damit nicht genug: Anerkennung ist in unserer Gesellschaft daran gekoppelt, dass wir bestimmten Maßstäben und den Erwartungen anderer Menschen gerecht werden. Gelingt uns das nicht, weil wir Fehler machen, lieber eigene Vorstellungen in die Tat umsetzen oder schlicht das gewaltige Arbeitspensum nicht schaffen, bleiben uns Liebe und Ansehen versagt. Das schwächt das Selbstwertgefühl. Wer das gewaltige Arbeitspensum nicht schafft, taugt nichts. Wir machen also die Erfahrung, dass es sich mehr lohnt, das zu tun, was andere vorgeben, und lassen uns dazu verleiten, fremde Ziele zu verfolgen. Und da unsere ganze Umgebung ebenfalls im Stress ist, fällt das gar nicht weiter auf. Der Gruppenzwang bewirkt, dass wir uns konform verhalten. Wir wollen ja dazu gehören und wer das Tempo verringert oder gar aussteigt, läuft Gefahr, von der Gruppe ausgeschlossen zu werden. Am Ende drehen wir alle gehorsam unsere Runden auf der festgelegten Spur. So bewirkt das Stressmuster, dass wir fremdbestimmt werden.

! **In der Ruhe liegt die Kraft, im Stress eben nicht. Geschwächt sind wir optimal lenkbar und bedienen das alte, ausgediente System.**

Deshalb wird alles getan, damit wir nicht zur Ruhe kommen. Denn wenn wir in unsere Kraft kommen, machen wir vieles nicht mehr mit und der alte Besitzstand ist in Gefahr.

Den Bereitschaftsdienst aufgeben

Die Fremdbestimmung bewirkt, dass wir ständig in Bereitschaft sind. Stellen Sie sich einen Arbeitsplatz in einem Betrieb vor, der an sieben Tagen die Woche geöffnet ist, etwa im Hotelgewerbe oder am Flughafen. Im Sinne des Kunden muss hier jederzeit ein reibungsloser Ablauf gewährleistet sein, auch wenn unvorhergesehene Ereignisse eintreten. Den Kunden ist es egal, dass zum Beispiel einige Mitarbeiter die Grippe haben, sie möchten natürlich trotzdem im Hotel ein Abendessen genießen oder pünktlich ihr Flugzeug besteigen. Also werden die Mitarbeiter verpflichtet, stets für ihren Arbeitgeber erreichbar zu sein, was ja heutzutage technisch kein Problem mehr ist. Es gibt zwar Dienstpläne, aber auch an ihren freien Tagen sind die Mitarbeiter ständig in Habachtstellung. Jederzeit kann das Telefon klingeln und sie müssen alles stehen und liegen lassen, um spontan zur Arbeit zu gehen. Unter diesen Bedingungen ist es gar nicht so einfach, sich im Privatleben etwas vorzunehmen oder zur Ruhe zu kommen. Schließlich besteht immer die Gefahr, dass die eigenen Belange wieder hinten anstehen müssen, um auf die aktuellen Anforderungen des Arbeitgebers zu reagieren.

An diesem Beispiel wird das Ausmaß der Fremdbestimmung besonders deutlich. Aber auch wenn Sie selbst nicht in einer solchen Branche arbeiten, kennen Sie sicher Situationen, in denen keine echte Entspannung eintreten kann. Wenn der Partner, die Freunde, die Eltern oder die Kinder ständig etwas von Ihnen wollen, sind Sie immer in Alarmbereitschaft. Dann entsteht das Gefühl, die Dinge nicht selbst in der Hand zu haben und ohnmächtig zu sein.

! Stress hält uns in alten Mustern fest und hindert uns daran, in die Selbstbestimmung zu gelangen.

Wenn Sie bereits erkannt haben, dass Sie etwas ändern müssen, es aber nicht tun, führen Sie ein Leben im Widerspruch. Das kostet Kraft, denn Sie müssen sich jeden Tag immens anstrengen, um nicht nur Ihre Pflichten zu erfüllen, sondern zusätzlich Ihren inneren Widerstand zu überwinden.

Mit Feldenkrais in die Veränderung gehen

Spüren ist der Schlüssel

Um aus dem negativen Stress-Kreislauf auszusteigen, ist es zunächst notwendig, zu spüren, wann sich Spannung in Ihnen aufbaut, damit Sie rechtzeitig reagieren und gegensteuern können. Denn wenn Ihr innerer Antrieb erst auf Hochtouren läuft, ist ein Spüren nur noch schwer möglich. Sie brauchen also eine Art Thermometer, das Ihnen anzeigt, wann Ihre Belastung den kritischen Bereich erreicht.

! **Wenn Sie lernen zu spüren, können Sie Ihr inneres Stress-Thermometer ablesen.**

Ein Konzept, das einst von Moshé Feldenkrais (1904-1984) entwickelt wurde, bietet uns die Möglichkeit dazu. Aufgrund einer Knieverletzung, bei der ihm die damalige medizinische Fachwelt nicht weiterhelfen konnte, begann der Physiker und Judomeister mit der Erforschung der menschlichen Bewegungs- und Handlungsabläufe. So erarbeitete er im Laufe der Jahre die Feldenkrais-Methode, die ihn international bekannt machte.

Mit seiner Verfahrensweise wollte er jedem Menschen ein Handwerkszeug zur Verfügung stellen, um Entscheidungen für sich selbst zu treffen. Dahinter steckt die Idee, auf persönliche Erfahrungen und das eigene Wissen zurückgreifen zu können, statt auf die Expertise anderer angewiesen zu sein.

Feldenkrais erkannte, dass der Mensch seinen Gewohnheiten erliegt. Bewegungen nehmen wir immer auf die gleiche Art und Weise vor. So haben wir zum Beispiel alle eine eigene Art zu stehen, zu gehen, zu sitzen oder uns die Zähne zu putzen. Genauso wie sich Gewohnheiten in unser Bewegungsverhalten eingeschlichen haben, gibt es ein Schema F in unserem Denken und Handeln, in unserem Miteinander oder unserem Streiten. Wir haben ein bestimmtes Bewegungs- oder Denkmuster für uns gefunden und weichen kaum noch davon ab. Je älter wir werden, umso festgefahrener werden unser Körper und unser Geist.

Es ist gar nicht so einfach, seine Gewohnheiten zu verändern, sind sie uns doch nach jahrelangem täglichen Gebrauch in Fleisch und Blut übergegangen. Feldenkrais hat erkannt, dass der leichteste Weg, seine gewohnten Handlungs- und Denkmuster aufzulösen, über die Bewegung läuft. Dabei arbeitete er nicht mit Ausdauer- oder Krafttraining für unsere Muskulatur, die körperliche Fitness im klassischen Sinn steht im Hintergrund. Seine Methode spricht vielmehr das Nervensystem an. Dieses können wir nicht nur umprogrammieren, sondern wir können sogar neue Verknüpfungen herstellen, indem wir zum Beispiel alternative Bewegungsabläufe erkunden und abspeichern. Das Ziel ist ein flexibler, gut koordinierter und frei beweglicher Körper mit einem Gehirn, das voller Möglichkeiten steckt und eine Vielfalt an neuen Handlungsmustern und Ideen für uns selbst kennt.

Das Wichtigste, das wir dazu brauchen, ist unsere Wahrnehmung. Was wir nicht wahrnehmen oder wissen, können wir nicht verändern. Jeder, der schon einmal umgezogen ist oder renoviert hat, weiß das. Aus Zeitgründen oder weil ein bestimmtes Material fehlt, wird eine Ecke im Wohnzimmer nicht fertig. Zunächst ist die Stelle ein Störfaktor, doch jeden Tag gewöhnen wir uns etwas mehr an ihren Anblick. Nach einem Monat sehen wir die unfertige Ecke gar nicht mehr richtig, sie ist unserer Aufmerksamkeit entglitten. Doch nur weil wir sie nicht mehr wahrnehmen, ist sie nicht verschwunden. Der Schönheitsfehler ist immer noch da und wartet darauf, bemerkt und behoben zu werden.

Genauso blenden wir Störfaktoren in unserem eigenen Körper und Geist aus, es sei denn, wir schulen unsere Aufmerksamkeit für uns selbst. Dann stehen uns Möglichkeiten zur Verfügung, in die Veränderung zu gehen. Das Schema F wird an geeigneter Stelle unterbrochen, um eine neue Handlungsweise zu integrieren.

Wir alle erleben Ereignisse oder Gespräche, nach denen es uns nicht gut geht. Doch oft bemerken wir die Auswirkungen erst am Abend oder am nächsten Tag, so dass wir keinen Zusammenhang mit den vorausgegangenen Ereignissen herstellen. Mit einer geschulten Aufmerksamkeit nehmen Sie zeitnah wahr, was Ihnen nicht guttut oder wann für Sie eine Grenze erreicht ist. Indem Sie lernen zu spüren, bekommen Sie ein klares Bild, wie Sie sich gerade in Ihrer aktuellen Umgebung fühlen.

Und plötzlich haben Sie Handlungsoptionen. Sie haben die Wahl, ob Sie die Situation aushalten und dableiben möchten, oder ob Sie lieber weggehen und sich das nächste Mal nicht mehr darauf einlassen. Indem Sie diese zweite Möglichkeit erkennen und nutzen, können Sie Ihr Wohlbefinden steigern und Ihr Stressniveau reduzieren.

! Mit einer geschulten Aufmerksamkeit nehmen Sie ein Finetuning für Ihren Körper und Ihren Geist vor.

Mit der Zeit lernen Sie, Situationen rechtzeitig einzuschätzen und entsprechend zu handeln. Sie sind in der Lage, den Blick nach innen zu richten und Ihr Stress-Thermometer abzulesen. Auf diese Weise können Sie es vermeiden, allzu lange und zu häufig mit Energieräubern in Kontakt zu kommen.

Was es heißt, bei sich zu sein

Wo aber sind Sie im Alltag mit Ihrer Aufmerksamkeit? Sicher haben Sie sich schon einmal dabei ertappt, dass Sie nicht bei der Sache sind und Ihre Gedanken abschweifen. Vielleicht denken Sie an eine Nachricht oder ein Bild, das Ihre Freunde gerade geschickt haben, an den Streit mit dem Nachbarn oder an das neue Auto, das sich Ihr Kollege gekauft hat. All diese Gedanken haben einen gemeinsamen Nenner: Sie richten sich nach außen, zu anderen Menschen und Dingen. Das ist Ihnen zur Gewohnheit geworden. Sie beschäftigen sich viel mit anderen, können davon berichten, was sie tun und lassen, wo sie sich hervorgetan oder blamiert haben. Doch was wissen Sie über sich selbst?

Um mehr über sich selbst zu erfahren, ist es wichtig, seine Gedanken und seine Aufmerksamkeit nach innen zu richten. Damit ist nicht gemeint, zu grübeln, sondern in sich hineinzuspüren. Oft machen erst Schmerzen auf unseren Körper aufmerksam, das verbinden wir in der Regel mit Spüren. Doch abgesehen von Schmerzen gibt es noch sehr viel mehr wahrzunehmen. Da wir die ganze Zeit im Kopf sind, schenken wir unserem Körper kaum noch Aufmerksamkeit. Er wird einfach vergessen. Hauptsache, er bringt uns zu einer Verabredung oder zur Arbeit. Dort setzen wir uns hin und können gleich wieder in unserem Kopf sein. Dabei ist es egal, was der Körper macht, wie er sich hält, wie starr oder verspannt er ist.

Dieser Effekt wird durch die virtuelle Welt noch verstärkt. Vieles spielt sich nur noch digital ab und wir kommen nicht mehr ins echte Handeln, wir benutzen unsere Hände nur noch, um Tasten oder Touchscreens zu bedienen. Dabei vergessen wir gerne, dass es der Körper ist, der unsere Gedanken zu Handlungen werden lässt und in die reale Welt bringt. Er ist das Vehikel für unseren Verstand, mit allem, was ihn ausmacht, von unserem Rücken, den Armen und Beinen, unserer Stimme, dem Atem oder den Verdauungsorganen, um nur einige Beispiele zu nennen.

In der modernen Welt setzen wir uns selbst sehr einseitig ein, und so ist es kein Wunder, dass unser Kopf so manches Mal heiß läuft und die Gedanken kreisen. Wenn wir nicht mehr in der Lage sind, etwas anderes als den Verstand wahrzunehmen, ist ein Kurzschluss nur eine Frage der Zeit.

! Um optimal Gebrauch von uns selbst zu machen, müssen wir denjenigen Teil besser kennenlernen, der uns in dieser Welt Bewegung, Handlung und Ausdruck verleiht: unseren Körper.

Lernen durch Unterschiede

Persönliche Weiterentwicklung beginnt also damit, die umherschweifenden Gedanken zurückzuholen und nach innen zu richten, um den eigenen Körper zu spüren. Wenn Sie Ihren Körper besser kennenlernen, werden Sie bemerken, wie er auf bestimmte Situationen reagiert. Wie fühlt es sich an, wenn Sie gestresst sind? Wie empfinden Sie es, entspannt zu sein? Die Grundlage des Stressabbaus ist es, die körperliche Reaktion darauf bewusst wahrzunehmen.[23]

Machen Sie es sich zunächst zur Aufgabe, körperliche Unterschiede zu erkennen und wahrzunehmen. In anderen Situationen ist das ganz

[23] Vgl. *„Stress entsteht im Kopf"*, In: *natürlich gesund und munter*, Ausgabe 6/2017.

normal für Sie, zum Beispiel wenn es um Preisvergleiche oder um die Leistung und Qualität eines Produktes geht. Bei Ihrem Körper ist es genauso. Im ersten Schritt geht es nur darum, Empfindungen bewusst wahrzunehmen. Sammeln Sie Eindrücke und Unterschiede, ohne zu bewerten. Damit sind Sie schon mitten im Spüren.

! Spüren ist essenziell. Es ist der Anfang der Veränderung.

Zum Ausprobieren
Legen Sie gleich das Buch zur Seite und experimentieren Sie mit folgenden Positionen im Sitzen:

Arme verschränken
Zuerst wiederholen Sie das Experiment, das Sie bereits vom Anfang des Buches kennen: Verschränken Sie Ihre Arme, ohne nachzudenken, so wie Sie es immer tun. Wie fühlt sich das an? Vertraut, angenehm, bequem, neutral oder sind Sie dabei etwas angespannt?
Und jetzt nehmen Sie die gleiche Position umgekehrt ein. Der Arm, der oben war, ist jetzt unten. Stellen Sie sich wieder die gleichen Fragen. Was ist nun anders? Lassen Sie sich Zeit dabei.

Hände verschränken
Verschränken Sie Ihre Hände beziehungsweise Finger so, wie Sie es gewohnt sind. Das ist eine Position, die Ihnen vertraut ist. Versuchen Sie nun, die Finger genau anders herum zu verschränken. Der Daumen, der jetzt oben liegt, tauscht seinen Platz mit dem darunter. Genauso wechseln alle Finger ihre Position, sie rücken

gewissermaßen einen Platz weiter. Spüren Sie hinein: Welche Unterschiede nehmen Sie wahr? Was fühlt sich genauso an, und was kommt Ihnen anders oder fremd vor? Nehmen Sie sich Zeit für Ihre Eindrücke.

Beine überschlagen

Schlagen Sie bitte im Sitzen ein Bein über das andere und spüren Sie hin. Stellen Sie sich die gleichen Fragen wie zuvor und dann vertauschen Sie die Positionen Ihrer Beine, so dass das obere nach unten gelangt. Wie ist es jetzt?

Bei diesen drei Experimenten fallen einige Unterschiede größer aus, andere sind kleiner und feiner. Und genau das ist der Sinn: durch Übung die immer feineren Unterschiede wahrzunehmen.

Sie können die genannten Beispiele natürlich jederzeit für sich wiederholen, dabei werden Sie bemerken, dass die neuen Varianten allmählich vertrauter werden. Allein durch das Ausprobieren findet bereits ein Lernprozess statt.

Bitte bedenken Sie stets, dass im Vordergrund das Spüren und Ihre Wahrnehmung stehen, nicht die Übung als solche. Es geht nur um Ihre Eindrücke, weshalb es nicht darauf ankommt, die Übung möglichst viele Male hintereinander auszuführen. Es ist wie beim Essen: Wenn Sie zum ersten Mal ein neues Gericht probieren, machen Sie eine Erfahrung. Sie wissen bereits nach einer kleinen Portion, wie es schmeckt. Sie brauchen die Gabel nicht hundert Mal zum Mund zu führen, denn Sie haben den Geschmack sofort wahrgenommen und einen Sinneseindruck bekommen.

Richtig interessant wird es, wenn Sie die Übung auf Ihren Alltag übertragen und bei ganz selbstverständlichen Tätigkeiten Ihre Gewohnheiten auf den Kopf stellen: Nehmen Sie die Kaffeetasse oder gar die Zahnbürste mal in die andere Hand, löffeln Sie Ihre Suppe mit links statt mit rechts, legen Sie die Computermaus auf die „falsche" Seite. Ihrer Fantasie sind hier keine Grenzen gesetzt – außer beim Autofahren –, probieren Sie unterschiedliche Varianten aus und entdecken Sie ganz nebenbei neue Handlungsalternativen.

Bestandsaufnahme

Während Sie die oben aufgeführten Anregungen überall ausführen können, benötigen Sie für die folgenden Wahrnehmungsübungen einen geschützten Rahmen, zum Beispiel zu Hause einen Raum, in dem Sie ungestört sind.

Sinn der folgenden Übungen ist es, eine Bestandsaufnahme durchzuführen, das heißt, wahrzunehmen, wie es Ihnen und Ihrem Körper gerade geht. Lassen Sie sich darauf ein, das wahrzunehmen, was da ist. Die folgenden Ideen zum Spüren können Sie nach und nach ausprobieren. Es ist nicht nötig, eine Reihenfolge einzuhalten oder das ganze Programm zu absolvieren. Beginnen Sie mit dem, was Sie interessiert, und erstellen Sie Ihr eigenes Konzept, um die Aufmerksamkeit in Ihren Körper zu lenken. Um mit Feldenkrais-Ideen ins Spüren zu kommen, gibt es eine Anleitung im mp3-Format auf der Website des Verlages Zeitenwende. Sie können die Datei dort kostenlos herunterladen: **www.verlag-zeitenwende.de/Vom-Kopfkino-zum-Freigeist**. Wenn Sie die Hinweise hören statt lesen, können Sie sich noch besser auf die Erfahrungen des Spürens einlassen.

Zum Ausprobieren

Im Stehen

Beobachten Sie, wie Sie stehen. Auf welchem Bein ist im Augenblick mehr Gewicht? Oder verteilt sich Ihr Gewicht gleichmäßig auf beide Beine? Stehen Sie in Ihrer Mitte? Wo sind Ihre Gedanken? Nehmen Sie Ihre Aufrichtung wahr: Wie groß sind Sie im Augenblick von Ihren Füßen bis zu Ihrem Scheitel?

Nehmen Sie Ihre Fußsohlen auf dem Boden wahr: Wie verteilt sich Ihr Gewicht auf die Füße? Übt Ihr Fuß einen gleichmäßigen Druck auf den Boden aus oder sind nur die Fußballen oder die Ferse in Ihrer Aufmerksamkeit? Wie ist es rechts und wie ist es links?

Verlagern Sie nun Ihr Gewicht langsam nach rechts und anschließend nach links. Gibt es eine Seite, die für Sie angenehmer oder bequemer ist, oder sind beide Seiten gleich?

Wie nehmen Sie Ihren Atem wahr? Wo sind Ihr Atem oder Ihre Atembewegungen für Sie deutlich zu spüren? Atmen Sie mehr in den Bauch oder in Ihren Brustkorb?

Schauen Sie sich achtsam einige Male nach rechts um. Bitte nur so weit, wie es leicht und angenehm ist. Anschließend schauen Sie einige Male nach links. Vergleichen Sie die Bewegungseindrücke, die Sie von beiden Seiten gewonnen haben.

Wohlgemerkt, es geht nicht darum, welche Seite weiter geht, sondern, welche Seite für Sie angenehmer, leichter oder harmonischer ist. Führen Sie alle Bewegungen langsam und achtsam aus und holen Sie Ihre Gedanken immer wieder zurück in Ihren Körper und zu Ihren Wahrnehmungen.

Im Sitzen

Für diese Übung nehmen Sie bitte auf dem vorderen Drittel Ihres Stuhles Platz (nicht als Dauersitzhaltung geeignet). Stellen Sie beide Füße so auf den Boden auf, dass sie unter Ihren Knien sind. Beginnen Sie, Ihre Aufrichtung wahrzunehmen.

Anschließend machen Sie eine Pause, verlassen Sie dabei diese Sitzhaltung und lehnen sich bequem an. Durch die Pausen können Sie bei der nächsten Position, die Sie einnehmen, wieder frische Eindrücke sammeln.

Strecken Sie nun beide Füße so nach vorne aus, dass sie weiterhin im Kontakt mit dem Boden sind, und spüren Sie hin.

Nehmen Sie dann wahr, wie es sich anfühlt, beide Füße etwas unter den Stuhl zu nehmen.

Probieren Sie auch andere Sitzvarianten aus, die Sie gerne einnehmen. Beobachten Sie dabei Ihre Haltung und Ihre Körperspannung. Überprüfen Sie, ob Sie eher stabil oder gar instabil sitzen. Durch das Ausprobieren verschiedener Varianten bekommen Sie ein Gefühl für eine gute Sitzposition.

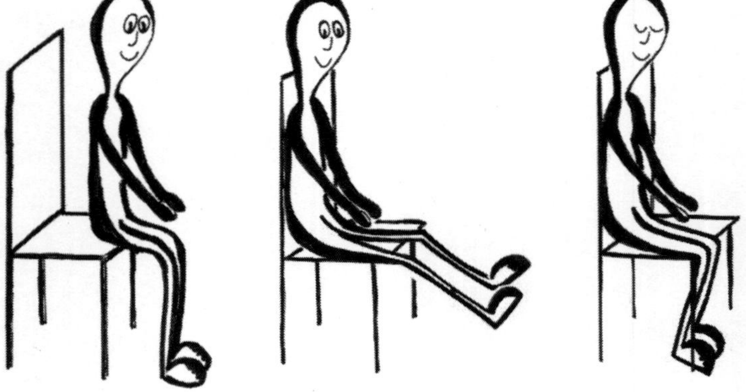

Dabei kann es hilfreich sein, Ihre Sitzhöcker zu spüren. Nehmen Sie dafür wieder auf dem vorderen Drittel der Sitzfläche Platz und legen Sie eine Hand unter Ihre rechte Gesäßhälfte. Ertasten Sie Ihren Sitzknochen, dazu können Sie Ihr Becken etwas nach rechts und links bewegen oder nach vorne und hinten. Sobald Sie Ihren Sitzknochen gefunden haben, bleiben Sie für circa zwei Minuten so sitzen, natürlich nur, wenn es bequem geht. Danach nehmen Sie Ihre Hand wieder weg und spüren hin, wie Sie rechts und links sitzen. Danach können Sie den Vorgang mit Ihrem Sitzhöcker in der linken Gesäßhälfte wiederholen, damit Sie beide Seiten wieder gleichermaßen deutlich spüren.
Indem Sie Ihr Becken etwas vor und zurück bewegen, können Sie verschiedene Sitzpositionen ausprobieren und eine ideale Haltung für sich auswählen.

Ob im Stehen oder im Sitzen, auf einmal sind Alternativen da, die zuvor nicht in Ihrem Repertoire waren. Wenn Sie feststellen, dass Sie immer nur rechts stehen, können Sie bewusst Ihr Gewicht nach links oder auf beide Beine verlagern. Genauso verhält es sich im Sitzen, Sie können jetzt Varianten in Ihr tägliches Sitzen einfügen. Indem Sie Ihre Sitzhöcker bewusst wahrnehmen, lenken Sie Ihre Aufmerksamkeit vom Kopf in den Körper.
Grundsätzlich geht es hierbei nicht darum, wie Sie richtig stehen oder sitzen, sondern darum, Ihre Starre zu lösen und in die Bewegung und damit in die Handlung zu gehen. Was Sie zunächst noch bewusst ausführen, wird bald automatisiert gehen. Dann sucht sich Ihr Körper ganz von selbst immer wieder neue Positionen.

Im Liegen

Machen Sie es sich auf dem Boden auf einer Matte oder einem dicken Teppich so bequem wie möglich. Unterlagern Sie Ihren Kopf so, dass er weder zu hoch noch zu niedrig liegt. Benutzen Sie dafür kein Kissen, sondern ein zusammengelegtes Handtuch oder eine Wolldecke, da eine flache Ebene hilfreich beim Spüren und Bewegen ist. Wenn Sie auf der Suche nach der komfortabelsten Position sind, verabschieden Sie sich von dem Gedanken „geht schon". Sich notdürftig mit den Dingen zu arrangieren, ist ein Muster, und Sie können an dieser Stelle damit beginnen, es aufzulösen. Finden Sie heraus, was angenehm ist und was nicht, machen Sie es wirklich passend für sich. Sie werden feststellen, dass sich das Prinzip später auch in Ihrem Alltag widerspiegelt und Sie viel leichter Umstände verändern oder verlassen, die für Sie ungeeignet sind.

Verfahren Sie ebenso mit der Position Ihrer Beine. Entscheiden Sie jedes Mal neu, ob es angenehmer ist, die Beine aufzustellen oder ausgestreckt liegen zu lassen.

Beginnen Sie, Ihren Kontakt mit dem Boden wahrzunehmen. Sie können zunächst beobachten, welchen Abdruck Ihr Körper als Ganzes auf dem Boden hinterlässt. Dann spüren Sie zu Ihrem Hinterkopf hin und stellen fest, wie groß oder klein die Fläche ist, mit der er auf dem Boden aufliegt. Das gleiche machen Sie mit Ihrem Becken. Wie viel von Ihrem Becken liegt auf? Liegt es mehr rechts oder links oder gleichmäßig? Von Ihrem Hinterkopf bis zu Ihrem Becken verläuft Ihre Wirbelsäule. Beobachten Sie, welche Bereiche Ihrer Wirbelsäule Kontakt mit dem Boden haben und welche nicht.

Um Unterschiede wahrzunehmen, können Sie beide Seiten vergleichen, indem Sie auf der rechten Seite Ihr Schulterblatt oder Ihre Rippen im Kontakt mit dem Boden spüren und Ihre Erfahrungen mit der linken Seite vergleichen.
Genauso wie im Stehen, können Sie Ihre Aufmerksamkeit auf Ihren Atem richten und hinspüren, wo er für Sie deutlich ist. Das kann im Brustkorb sein, wo sich Ihre Rippen heben oder senken, oder im Bauchraum. Atmen Sie dazu ganz normal weiter. Zur Unterstützung Ihrer Wahrnehmung legen Sie Ihre Hände dahin, wo Ihr Atmen für Sie besonders klar ist.
Beschäftigen Sie sich so lange mit dem Spüren, wie es Ihnen guttut. Wichtig ist, dass Sie sich dabei immer wieder Pausen nehmen. Machen Sie sich frei von einem Zeitlimit oder einem Soll, das Sie zu erfüllen haben.

! Allein das Liegen auf dem Boden und damit das Einlassen auf sich selbst ist bereits eine Übung.

Das Liegen stellt einen Gegenpol zu unserem kopflastigen Agieren dar. Gerade wenn die Gedanken sich zu überschlagen drohen, kann auf dem Boden eine Erdung stattfinden, ganz wie ein Blitzableiter bei einem Gewitter funktioniert. Indem Sie Ihre Aufmerksamkeit nach innen richten, zentrieren Sie sich, Sie nehmen mehr von Ihrem Körper wahr und kommen in Ihre Mitte. Es findet ein Ausgleich statt, der Ihren Körper und Ihren Geist wieder in die Balance bringt, ähnlich wie bei leichten körperlichen Tätigkeiten wie etwa der Arbeit im Garten, die von vielen Menschen als sehr erdend und angenehm empfunden wird.

! Sie werden bemerken, dass viele Dinge, die es zu erledigen gilt, ihre Dringlichkeit verlieren, wenn Sie in Ihrer Mitte sind.

Auf die Qualität kommt es an

Vieles, was wir tun und denken, ist von immer gleichen Glaubenssätzen geprägt, die wir wie Mantras wiederholen. Oft sind wir uns dieser Überzeugungen gar nicht bewusst. Zu diesen Glaubenssätzen gehören zum Beispiel Aussagen wie: „Nur was anstrengend ist, ist etwas wert." oder: „Je mehr, desto besser." Um etwas einzuordnen, haben wir uns daran gewöhnt, Dinge oder Erlebnisse zu messen. Wir fragen: „Wie viel? Wie weit? Wie hoch?" und vergessen dabei völlig, dass es häufig viel mehr auf die Qualität als auf die Menge ankommt. Kein Wunder also, dass uns manchmal die Lebensqualität abhanden kommt.

Von Feldenkrais können wir lernen, uns wieder mehr mit der Qualität dessen, was wir tun, zu beschäftigen. Wiederum setzt die Methode ganz praktisch bei dem eigenen Bewegungsverhalten an. In Fitnessprogrammen ist es üblich, zum Beispiel fünfzig Liegestütze oder Sit-ups zu machen, aber eine Bewegungsqualität dabei zu entdecken, klingt zunächst wenig vertraut. Doch ist es wirklich fremd? Sie brauchen sich nur ein Auto vorzustellen, dessen Motor stottert und beim Fahren etwas ruckelt. In diesem Moment haben Sie kein fließendes Fahrverhalten mehr, Ihre Bewegungsqualität ist deutlich eingeschränkt. Was Sie bei einem Auto sofort stören würde, nehmen Sie bei sich selbst und Ihrem Bewegungsverhalten täglich in Kauf. Stress und Spannungen stören Ihre Bewegungsqualität und schränken schleichend Ihr Bewegungsverhalten ein. Sie merken es nur nicht.

Zum Ausprobieren

Sie können sich in der Bewegung erfahren, indem Sie es sich wieder auf dem Boden in Rückenlage bequem machen, am besten auf einer Matte. Rollen Sie langsam und behutsam Ihren Kopf im Wechsel nach links und nach rechts, wiederum nicht, so weit wie es geht, sondern so, wie es für Sie leicht und angenehm ist. Lassen Sie sich Zeit. Machen Sie einige Wiederholungen, um einen Eindruck von Ihrer Bewegung zu bekommen. Beobachten Sie, ob Ihr Kopfrollen fließend oder holprig, leicht oder zäh ist und ob es Unterschiede zwischen beiden Seiten gibt. Bleiben Sie dabei in dem Bereich, der angenehm für Sie ist, und erforschen Sie den Spielraum, der Ihnen im Augenblick zur Verfügung steht. Lassen Sie Ihre Bewegungen ganz bewusst leicht und einfach sein, respektieren Sie Ihre Grenzen. Anstrengung stört unsere Fähigkeit zu spüren. Das bedeutet im Umkehrschluss:

! Je weniger Anstrengung in Ihren Bewegungsabläufen ist, umso leichter fällt Ihnen das Spüren. Weniger ist mehr!

Machen Sie eine Pause und probieren Sie es nochmal. Befreien Sie sich von dem ehrgeizigen Ziel, den Kopf so weit wie möglich zu rollen. Fragen Sie sich stattdessen, ob Ihre Bewegung fließender oder harmonischer geworden ist. Es ist nicht wichtig, wie viele Bewegungen Sie machen, sondern es geht darum, einen Eindruck von der Qualität der Bewegung zu bekommen.

Darf es einmal leicht gehen?

Das Prinzip, das Sie beim Kopfrollen kennengelernt haben, können Sie auf andere Bewegungen übertragen. Wenn Sie feststellen, dass Sie mit einer Bewegung an Ihre Grenze stoßen oder sie vielleicht sogar schmerzhaft ist, bleiben Sie in dem Bereich, der leicht geht, statt in die Anstrengung zu gehen. Wenn Sie Ihre Grenzen überschreiten, erreichen Sie damit nur, dass Sie sich unter Stress setzen und wieder vom Spüren abkommen. Sie haben die Möglichkeit, eine andere, leichtere Handlungsoption zu wählen. Wie lange ist es schon her, dass Sie ein Gefühl von Leichtigkeit hatten? Wissen Sie überhaupt noch, was Leichtigkeit bedeutet? Über die Bewegung haben Sie die Möglichkeit, wieder in dieses wunderbare Gefühl einzutauchen.

! Entdecken Sie Ihre Leichtigkeit.

Beobachten Sie, wie Ihre Reaktionen darauf sind. Ist das, was leicht geht, überhaupt etwas wert oder stellt es Ihre Glaubenssätze in Frage?

Im Alltag ist es normal geworden, über die eigenen Grenzen hinauszugehen und sich durchzukämpfen, auch wenn der Körper deutliche Warnsignale gibt. Was Sie mit Ihren Bewegungen erfahren, lässt sich genauso auf Gespräche und das tägliche Miteinander übertragen. Auch hier haben Sie die Wahl, in den Widerstand zu gehen und den Kampfmodus zu aktivieren, oder Sie bleiben in der Leichtigkeit und schauen, ob dabei nicht viel mehr herauskommt.

Atemberaubende Erfahrungen

Das Atmen betrachten wir als so selbstverständlich, dass wir den Vorgang kaum beachten. Es ist ein automatisierter Prozess, der ohne unser Zutun abläuft. Und doch ist er die Grundvoraussetzung dafür, dass wir überhaupt am Leben bleiben. Es lohnt sich also, auch den eigenen Atem einmal bewusst zu erfahren.

Zum Ausprobieren

Machen Sie es sich wieder im Liegen bequem. Diesmal lenken Sie Ihre Aufmerksamkeit auf Ihren Atem. Geben Sie den Anspruch auf, jetzt besonders tief ein- oder auszuatmen, sondern atmen Sie einfach normal weiter. Nehmen Sie wahr, wo in Ihnen eine Atembewegung stattfindet: im Brustkorb oder im Bauchraum? Um Ihre Wahrnehmung zu unterstützen, legen Sie Ihre Hände dort auf, wo Sie Ihren Atem spüren. Nehmen Sie sich dafür etwas Zeit. Wechseln Sie öfter einmal die Position Ihrer Hände, vielleicht ist der Atem noch an ganz anderen Stellen wahrzunehmen, als Sie ursprünglich vermutet haben. Zum Abschluss nehmen Sie Ihre Hände wieder weg und spüren dorthin, wo sie sich zuvor befanden. Hat sich etwas verändert?

Sie können auch im Stehen und im Sitzen Ihren Atem beobachten und wahrnehmen, ob er fließt oder stockt, ob Sie tief oder flach atmen. Den Atem zu spüren, ist eine gute Möglichkeit, vom Denken in den Körper zu kommen. Grundsätzlich gilt:

! **Lassen Sie Ihren Atem fließen.**

Beobachten Sie, in welchen Situationen oder mit welchen Personen sich Ihr Atem verändert. Kann er frei fließen oder stockt Ihnen der Atem? Bleibt Ihnen gar die Luft weg oder geht Ihnen die Puste aus? Ihr Atem ist ein wichtiger Indikator dafür, ob Sie sich gerade wohlfühlen und in Ihrer Mitte sind oder ob Sie sich gerade nicht im Reinen mit Ihrer Umgebung befinden.

Die Regeln beugen

Wenn wir spüren, dass uns eine Bewegung oder Übung nicht guttut, macht es Sinn, diese nicht auszuführen. Das erscheint logisch, doch wie schwer fällt es uns in der Praxis, danach zu handeln? Wenn sich alle anderen bewegen, ist es gar nicht so einfach, für sich zu sorgen, indem wir zum Beispiel nur die Hälfte der Zeit mitmachen oder bei einer Übung ganz aussetzen. Sogar in Feldenkrais-Stunden, in denen der Übungsleiter die ausdrückliche Erlaubnis gibt, sich einmal aus dem Geschehen herauszunehmen, tun das viele Menschen nicht.

Wir stecken so tief in unseren Mustern, dass wir uns selbst schaden, obwohl wir doch eigentlich die Absicht hatten, uns etwas Gutes zu tun.

Wenn Sie sich auch dabei ertappen, ungeschriebenen Verhaltensregeln zu folgen, selbst dann, wenn das gar nicht von Ihnen gefordert wird, hilft nur eins: in einem vertrauten Rahmen zu üben, wo Sie sich abgrenzen können. An dieser Stelle gilt es, Abstand von Ihrer Verbissenheit und den selbst auferlegten Regeln zu nehmen, die Ihnen nicht weiterhelfen oder gar schaden. Ansonsten gehen Sie in den Widerstand, interessanterweise hauptsächlich gegen sich selbst.

Zum Ausprobieren

Wenn Sie spüren, dass Ihnen etwas nicht guttut, liegt es an Ihnen, sofort zu handeln, nicht morgen oder irgendwann, sondern gleich. Das bezieht sich nicht nur auf eine Bewegungsübung, sondern auf ganz normale Alltagssituationen, zum Beispiel Begegnungen mit anderen Personen oder Orte, an denen Sie sich aufhalten. Handeln heißt hier, die Situation so zu verändern, dass Sie nicht gegen sich selbst handeln.

Es darf und es soll Ihnen gut gehen. Sie können sich freundlich, aber bestimmt abgrenzen, Sie können „Nein" sagen und dürfen sich mit etwas nicht einverstanden erklären, Sie können das Thema wechseln oder gehen. All das sind Handlungsoptionen, Sie sind Ihrem Gegenüber nicht alternativlos ausgeliefert, sondern können selbst entscheiden, ob Sie sich für etwas zur Verfügung stellen. Beginnen Sie den Prozess zunächst mit unbedeutenden Dingen, die keine großen Konsequenzen für Sie haben werden. Das kann beim Einkaufen schon die Antwort „Nein" sein auf die Frage: „Darf es ein bisschen mehr sein?"

Solche kleinen Rebellionen bereiten auf größere Schritte vor und sind wichtige Übungen für den „Ernstfall", wenn es zum Beispiel darum geht, sich am Arbeitsplatz einfach einen Tag mehr Zeit zu nehmen, um eine bestimmte Aufgabe zu erfüllen, oder sich nicht schon wieder die ungeliebte Aufgabe aufdrängen zu lassen, die jährliche Vereinsfeier zu organisieren.

Vom Wert der Pause

Unser Nervensystem benötigt Zeit, um Erfahrungen und Eindrücke zu verarbeiten. Entsprechend gibt es in Feldenkrais-Stunden nach jedem Bewegungsablauf eine Pause. In dieser kann das Erfahrene in die Tiefe dringen und es können sich neue Verknüpfungen im Gehirn bilden. So verändert sich nicht nur die Sicht auf die Dinge, sondern die Teilnehmer können oft nach einigen Pausen interessante Unterschiede wahrnehmen.

Jeder von uns kennt den klärenden Effekt, den es hat, eine Nacht über ein Problem zu schlafen. Am nächsten Tag wissen wir oft, wie die schwierige Situation behoben werden kann. Im Schlaf hatte das Gehirn Zeit, Ordnung in die Gedanken zu bringen, und wir können die Lösung beim Aufwachen abrufen.

Im Stress neigen wir dazu, uns in ein Problem zu verbeißen. Doch je krampfhafter wir uns um eine Lösung bemühen, desto mehr scheint sie sich uns zu entziehen. Deshalb:

! Nehmen Sie sich regelmäßig Pausen. So geben Sie Ihrem Nervensystem die Möglichkeit, Informationen zu verarbeiten und die Dinge für Sie neu zu sortieren.

Selbst kleine Unterbrechungen können schon Wunder wirken.

Zum Ausprobieren

Wenn Sie das nächste Mal mit einer Aufgabe einfach nicht weiterkommen, legen Sie eine Pause ein. Stehen Sie auf, machen Sie fünf Minuten lang etwas anderes, gehen Sie ins Bad oder an die frische Luft, vielleicht schildern Sie auch einer Kollegin das

Problem. Eventuell haben Sie sogar die Möglichkeit, die Aufgabe über Nacht ruhen zu lassen und sie am nächsten Tag wieder anzugehen.

Dabei kann sich so mancher Tunnelblick weiten und Licht in Angelegenheiten bringen, die zuvor verworren erschienen. Schauen Sie, was passiert, wenn Sie den Griff lockern und die Zeit für sich arbeiten lassen.

Der Weg ist das Ziel

Ein weiteres Prinzip, das wir in Sachen Selbstorganisation von Feldenkrais übernehmen können, wird am Aufbau einer Unterrichtsstunde deutlich. Sich Ziele zu setzen, kann Stress bereiten, besonders dann, wenn sie zu hoch gesteckt oder zeitlich zu knapp bemessen sind. Wir neigen dazu, uns so sehr auf unsere Ziele zu fixieren, dass wir nicht mehr mitbekommen, wie es uns geht oder was links und rechts von uns geschieht.

Deshalb ist eine klassische Feldenkrais-Stunde so strukturiert, dass Sie zu Beginn nicht erkennen, zu welchem Ziel Sie am Ende der Einheit geführt werden. Das hat den Vorteil, dass Sie weder vorgreifen können, noch gedanklich die ganze Zeit mit dem Ziel beschäftigt sind. Auf diese Weise wird das Muster unterbrochen, sich konsequent auf das Leistungsdenken auszurichten. Der innere Zwang, sich dem Wettbewerb stellen und als Erster durchs Ziel gehen zu müssen, entfällt. Unterstützt wird dieser Prozess durch einen Rahmen ganz ohne Zeitdruck und Stress.

In der Feldenkrais-Stunde sind Sie auf einmal bei dem, was im Moment geschieht, Sie befinden sich im Hier und Jetzt. Sie können sich

Ihrer Wahrnehmung und dem, was Sie spüren, widmen und auf Ihre Bedürfnisse in diesem Augenblick eingehen. Damit sind Sie auf dem besten Weg, bei sich selbst und Ihren Potentialen anzukommen. Die Grundlage für Ihre persönliche Weiterentwicklung ist gelegt.

Zum Ausprobieren

Versuchen Sie immer mal wieder, Zeitfenster und messbare Ziele aus dem zu streichen, was Sie gerade tun. Dazu ein paar Anregungen: Wenn Sie Freude daran haben, Fahrrad zu fahren, zu joggen oder spazieren zu gehen, nehmen Sie sich kein festes Pensum vor, etwa zwei Stunden oder 20 km durchzuhalten. Betätigen Sie sich einfach so lange, wie es Ihnen echte Freude bereitet. Auf diese Weise wird eine neue Verhaltensweise in Ihnen angelegt. Wenn Sie weitermachen würden, sobald es anstrengend wird, aktivierten und bedienten Sie wieder Ihr vertrautes Stressmuster.

Wenn Sie eine Verabredung haben, planen Sie dafür so viel Zeit ein, dass die Dauer keine Rolle mehr spielt. Zumindest im privaten Bereich oder wenn Sie selbständig sind, haben Sie diese Freiheit. Vielleicht verdienen Sie weniger Geld oder arbeiten weniger Punkte auf Ihrer To-do-Liste ab, weil Sie sich erlauben, großzügig mit Ihrer Zeit umzugehen, dafür gewinnen Sie aber an Lebensqualität.

Vermeiden Sie den Anspruch an sich selbst, möglichst viel in möglichst kurzer Zeit erledigen zu wollen. Um das zu üben, nehmen Sie sich am Samstag oder am Sonntag nur eine Sache am Tag vor. Dadurch setzen Sie sich automatisch Prioritäten. Dabei ist Ihr wichtigstes Auswahlkriterium, das zu tun, was Ihnen heute in Ihrer derzeitigen Stimmung am meisten Freude bereitet. Unterm Strich widmen Sie dadurch denjenigen Tätigkeiten, die Sie lieben, und haben mehr Zeit, statt sich aus Pflichtbewusstsein mit lauter Dingen zu beschäftigen, die Sie eigentlich gar nicht tun wollen.

Die beschriebenen Feldenkrais-Strategien sollen Ihnen dabei helfen, ins Spüren zu kommen, um Spannungen rechtzeitig wahrzunehmen und zu erkennen, was Stress in Ihnen auslöst. Feldenkrais in einem Buch zu erläutern, hat jedoch enge Grenzen. Es handelt sich um eine Methode, die sich nahezu ausschließlich durch ihre Praxis erklärt. Wenn Sie neugierig geworden sind und mehr erfahren wollen, macht es Sinn, Feldenkrais praktisch zu erleben. Eine Körpererfahrung ist etwas anderes, als darüber zu lesen, und etwas tatsächlich zu spüren, ist anders, als nur eine Vorstellung davon zu haben. Deswegen unsere Empfehlung: Probieren Sie eine Einzel- oder Gruppenstunde in Ihrer Nähe aus. Sicherlich hat jeder Feldenkrais-Lehrer seine eigenen Gesichtspunkte entwickelt, jedoch vereinen sie alle das Wahrnehmen und Spüren.

Im Fluss sein

Anhand der Feldenkrais-Methode lernen Sie zum Beispiel, über die Bewegung Unterschiede wahrzunehmen. Sie erfahren, wie es ist, Bewegungen nicht mit Anstrengung und viel Kraftaufwand auszuführen, sondern die Muskeln im ganz normalen Aktivitätsmodus einfach ihre Aufgabe erfüllen zu lassen. Dieses Prinzip ist nicht auf die Körperarbeit beschränkt, sondern lässt sich auf Ihre Handlungen im Alltag übertragen.

Um den Stress zu lindern, ist es richtig und wichtig, immer wieder Pausen einzulegen, in denen Sie neue Kraft sammeln. Das haben Sie sicher bereits für sich erkannt. Wenn Sie jedoch in Ihr altes Stressmuster zurückfallen, sobald Sie wieder aktiv werden, ist die Erholung nicht nachhaltig. Sie agieren dann nach demselben Schema, das zuvor den Stress ausgelöst hat.

Es ist also notwendig, Ihre Stressmuster zu erkennen, aufzulösen und Handlungsoptionen zu finden.

! Das Ziel ist, mit Leichtigkeit und in einem natürlichen Fluss zu handeln.

Erinnern Sie sich an Situationen, in denen ein Gespräch wie von selbst floss oder die Arbeit leicht von der Hand ging, fast von allein und ohne dass Sie sich besonders anstrengen mussten. Diesen wohltuenden Aktivitätsmodus streben wir an. Im natürlichen Fluss bekommt Ihr Tun eine völlig andere Qualität, als wenn Sie aus dem Stressmodus heraus handeln.

Wie wir bereits gesehen haben, ist Stress nicht als Dauerzustand geeignet. Ebenso kann auch das genaue Gegenteil, nämlich in der Entspannung zu sein, nur vorübergehender Natur sein. Der Feldenkrais-Trainer Roger Russell vergleicht diesen Status mit einer Qualle, die völlig ohne Körperspannung auf dem Sofa liegt. Diese Qualle kommt nicht in die Bewegung, weil ihr jeglicher Antrieb fehlt.[24] Genauso würden Sie in Ihrem Leben nichts mehr erreichen und verwirklichen, wenn Sie nur noch entspannt sind. Deshalb ist das Ziel: „Take it easy, but take it."[25]

Lassen Sie uns die drei Zustände – Entspannung, Stress und im Fluss sein – noch einmal anhand eines Beispiels erforschen: Stellen Sie sich

[24] Vgl. Russell, Roger: „*Dem Schmerz den Rücken kehren*". 2. Auflage, Junfermann Verlag, Paderborn 2005.
[25] Übersetzung: Nimm es leicht, aber nimm es.

vor, Sie stehen vor einem steilen Berg und wissen, dass Sie oben ein phantastischer Blick über die Landschaft erwartet, den Sie gern erleben möchten. Sie haben nun drei Möglichkeiten, sich zu verhalten:

Sie können sich dafür entscheiden, dass es zu mühevoll ist, auf den Berg zu steigen. Nach dem Motto: „Ich gehe doch nicht da rauf, um zu schauen, wie schön es hier unten ist. Da kann ich auch gleich hierbleiben." wählen Sie den Quallenmodus. Tief in Ihrem Inneren wissen Sie aber, dass Ihnen dadurch eine wundervolle Erfahrung entgeht. Sie belügen sich selbst – und das macht unzufrieden.

Die zweite Möglichkeit ist, Sie richten sich auf, spannen Ihre Muskeln an, entfachen Ihren Ehrgeiz und machen sich auf, um den Berg zu bezwingen. Sie stellen sich auf einen Kampf ein und geben alles, um so schnell wie möglich oben anzukommen. Auf diese Weise wenden Sie Ihr gewohntes Wettbewerbsmuster an: Es kann nur einen geben – Sie oder der Berg. In der Folge strengen Sie sich wahnsinnig an, verbrauchen übermäßig viel Kraft und gelangen wahrscheinlich fix und fertig ans Ziel. Sie haben den Gipfel zwar in Bestzeit erreicht, aber können Sie oben die Aussicht wirklich genießen?

Zum Glück gibt es noch eine dritte Option: Sie können für den Aufstieg ein Tempo wählen, das Ihnen und Ihrer Kondition entspricht, Ihre Schrittlänge verringern und zwischendurch Pausen machen. Mit dieser Strategie brauchen Sie zwar länger, um den Berg zu erklimmen, dafür haben Sie aber Zeit, um während des Aufstiegs nach links und rechts zu schauen, vielleicht am Wegesrand ein Reh zu entdecken und die milde Sonne auf Ihrer Haut zu fühlen. Ihre Sinne sind offen und Sie entdecken, dass der Weg ebenso schön ist wie oben anzukommen. Auf dem Gipfel haben Sie noch genug Energie, um das Panorama auf sich wirken zu lassen. Es liegt auf der Hand, dass die beiden Arten, auf den Berg zu gelangen, zu vollkommen unterschiedlichen Erlebnissen führen.

Wenn Sie es schaffen, Ihr Stressmuster aufzulösen und ohne Verbissenheit oder Zeitvorgaben zu handeln, wird Ihr Leben eine ganz neue Qualität gewinnen. Steigen Sie den Berg hinauf, lassen Sie sich nicht entmutigen, aber gehen Sie mit Ruhe voran, in Ihrem eigenen Rhythmus. Ruhe bedeutet in diesem Zusammenhang einfach, dass Sie die Hektik, den Druck, den Dauerstress aus Ihren Aktivitäten herausnehmen. Statt auf der Flucht zu sein oder zu kämpfen, schreiten Sie einfach in Frieden und mit Freude voran.

Leben im Widerspruch

Warum wählen wir eigentlich so oft die Handlungsoption Stress, statt in die Leichtigkeit zu gehen? Wie kommen wir überhaupt auf die Idee, dass wir uns bei allem, was wir tun, anstrengen müssen? Selbst in Situationen, in denen es um nichts geht und wir keinen Druck von außen bekommen, agieren wir nach diesem Muster.

Ein Grund liegt in dem eingangs schon beschriebenen Wettbewerbsmodell. Danach zu handeln, ist so selbstverständlich geworden, dass wir es gar nicht mehr bemerken. So streben wir auch dann danach, der Schnellste und Beste zu sein, wenn es nichts zu gewinnen gibt. Selbst wenn niemand da ist, gegen den wir kämpfen können oder von dem wir Anerkennung bekommen, müssen wir uns immer noch selbst beweisen, was wir alles schaffen können. Häufig definieren wir uns über die eigene Leistung und müssen uns anstrengen, um uns selbst zu respektieren. Glaubenssätze wie: „Ohne Fleiß, kein Preis" feuern den inneren Antreiber weiter an.

Schwäche zu zeigen ist nicht akzeptabel. In der Gesellschaft herrschen feste Vorstellungen davon, welche persönlichen Eigenschaften als Stärken beziehungsweise als Schwächen anzusehen sind. Wir wollen

„dazugehören" und streben danach, uns diesen Maßstäben anzupassen. Entsprechend unternehmen wir große Anstrengungen, um eventuelle Defizite auszugleichen. Dadurch liegt unsere Aufmerksamkeit auf den eigenen Unzulänglichkeiten statt auf unseren Talenten. Es ist sehr viel sinnvoller, die ohnehin schon in uns angelegten Fähigkeiten weiterzuentwickeln und zu nutzen. Doch dieser Prozess kommt in unserem Bemühen, die Erwartung anderer zu erfüllen, oft zu kurz, besonders, wenn unsere Stärken in Bereichen liegen, die kein hohes Ansehen genießen. Wir gelangen dann oft zu der Überzeugung: Das, was leicht geht, ist nichts wert. Nur wenn wir uns richtig anstrengen, können wir Erfolg haben und etwas erreichen.

Stellen Sie sich selbst die Frage, aus welcher Motivation heraus Sie Ihren derzeitigen Beruf ergriffen haben. Gehen Sie einer Tätigkeit nach, die Ihnen leicht fällt, weil Sie hier Ihre persönlichen Stärken und Vorlieben einsetzen können? Oder üben Sie einen Beruf aus, der Ihnen keine Freude bereitet und in dem Sie sich sehr anstrengen müssen, um die Anforderungen zu erfüllen? Haben Sie ihn damals nur gewählt, weil er ein gutes Einkommen, Sicherheit und ein hohes Ansehen versprach?

Auch im privaten Bereich lohnt es sich, genauer hinzuschauen: Leben Sie wirklich gern in der Großstadt oder strengt es Sie sehr an, immer viele Menschen und Verkehrslärm um sich zu haben? Vielleicht wäre Ihnen ein Häuschen am Waldrand lieber? Ist es Ihr Herzenswunsch, die aktuelle Sonderausstellung im Museum zu besuchen, damit Sie später im Freundeskreis darüber reden können, oder bringt es Ihnen viel mehr, Ihre Freizeit für einen schönen Spaziergang zu nutzen?

Wenn Sie beruflich oder privat ständig etwas tun, das Ihnen gegen den Strich geht, leben Sie in einem ewigen Widerspruch. Das erzeugt Stress, denn Sie müssen sich jeden Tag aufs Neue dazu überwinden, Ihrer Tätigkeit nachzugehen. So sind Sie permanent im Kampf mit sich selbst: Sie täuschen vor, jemand zu sein, der Sie nicht sind.

Besonders schwer wird der Konflikt, wenn Sie in Ihrem Beruf gezwungen sind, anderen Menschen oder der Umwelt zu schaden. Wenn die Unternehmensleitung zum Beispiel von Ihnen verlangt, Kunden etwas zu verkaufen, das sie nicht brauchen, einen Konkurrenten auszuschalten, der Ihnen als Person sehr sympathisch ist, oder Giftstoffe kostengünstig in der Natur zu entsorgen, macht das Stress. Handelt jemand gegen seine Ideale, hilft es ihm nicht, seinem Chef die Schuld zuzuweisen und sich damit zu rechtfertigen, dass er nur Anweisungen befolgt habe. Sein Gewissen wird ihm keine Ruhe lassen, ihn rastlos machen und ihm den Schlaf rauben. Er weiß, was er getan hat, und in seinem Kopfkino laufen Filme in Überlänge. Das, was wir aussenden, kehrt zu uns zurück, und sei es nur in Form von Schuldgefühlen.

Unter solchen Umständen funktioniert es nur bedingt, den Stress mit Entspannungstechniken, QiGong oder Feldenkrais usw. zu lindern. Das sind sehr wirksame Methoden, um Körper und Geist zur Ruhe zu bringen und in die eigene Mitte zu kommen. Wenn Sie aber nach dem Kurs wieder in einen Alltag gehen, der Ihnen widerstrebt, baut sich der Stress erneut auf. Sie können nicht zwei verschiedene Personen sein: In der Yogastunde üben, achtsam und im inneren Frieden zu sein, und anschließend wieder in den Kampf ziehen. Die Methoden sind nicht dazu gedacht, uns im Anschluss besser selbst belügen zu können. Genauso wenig zielführend ist es übrigens, wenn Entspannungstrainer ihren Schülern Techniken zur Stressreduktion beibringen möchten, selbst aber 12-Stunden-Tage haben. Auch diese Menschen sind nicht authentisch und wissen, dass in ihrem Leben außerhalb des Seminarraumes einiges schief läuft.

Ziel aller Übungsmethoden muss es sein, das, was wir uns in einem Seminar an Wissen und Erkenntnissen erarbeiten, im Alltag umzusetzen und zu leben. Das gilt ebenso für Einsichten, die Sie durch das Lesen dieses Buches gewinnen. Nur so kann es gelingen, die negativen Stress-

und Widerspruch-Kreisläufe zu durchbrechen, statt weiter Runde um Runde zu drehen. Die wenigsten von uns wollen ihr Leben mit Meditation in einem Kloster verbringen, um sich vor den Herausforderungen der Welt zu verstecken und auf diese Weise dem Stress ein Ende zu setzen. Was wir wollen, ist doch, mitten im Leben zu stehen und an diesem teilzuhaben, und zwar so, dass es uns damit gut geht. Das ist die hohe Kunst.

! Im Einklang mit den eigenen Idealen und Talenten zu sein und zu handeln, bringt Sie in Ihre Mitte und heraus aus dem Stress.

Um diesen Zustand zu erreichen, ist ein Lernprozess notwendig. Als Menschen haben wir das Privileg, ein Leben lang lernen zu können. Im Unterschied zu vielen Tierarten kommen wir nicht vollständig entwickelt zur Welt, sondern bilden im Laufe des Heranwachsens das volle Spektrum unserer Fähigkeiten aus. Babys und Kinder probieren zum Beispiel viele verschiedene Möglichkeiten aus, wie sie sich bewegen können. Sie versuchen zunächst, zu krabbeln und sich im Vierfüßlerstand zu bewegen. Irgendwann entdecken sie dann, dass Laufen die bessere Methode ist, und wenden diese immer häufiger an, bis sie die alten Varianten schließlich einstellen. Nach diesem „Trial-and-Error"-Prinzip erwerben sie immer neue Kompetenzen, nicht nur in ihrem Bewegungsverhalten, sondern auch im Umgang mit Situationen und Menschen. Nach und nach stellt sich durch das Ausprobieren heraus, was gut und was weniger gut funktioniert. Die besten Varianten werden zu festen Gewohnheiten. Als Erwachsene nutzen wir dann nur noch diejenigen Muster, die sich einmal bewährt haben. Auch wenn sie unter neuen Voraussetzungen nicht mehr die besten sind, verzichten wir darauf, andere Varianten einzusetzen. Wir verfallen in Automatismen, auf einen bestimmten Reiz folgt immer dieselbe Reaktion.

Feldenkrais zeigt uns jedoch, dass dieser Prozess umkehrbar ist. Wenn wir uns dafür öffnen, wieder zu lernen, können wir unsere Flexibilität zurückgewinnen. Genauso wie Sie in der Körperarbeit neue Bewegungsvarianten ausprobieren können, können Sie im Alltag Handlungsalternativen für sich testen.

Der erste Schritt zur Veränderung ist, eine Bestandsaufnahme zu machen: In welchen Situationen haben Sie Stress und wie reagiert Ihr

Körper darauf? Ziel ist es, ins Spüren zu kommen und Unterschiede wahrzunehmen. Dazu haben Sie bereits Ideen an die Hand bekommen. Im zweiten Schritt treffen Sie bewusst die Entscheidung, andere Möglichkeiten zu erforschen. Sie sind kraft Ihres Bewusstseins in der Lage, das zu tun. Wenn sich zwei Hunde an der Leine im Park begegnen, verfallen sie oft in den Kampfmodus und geifern sich an. Sie handeln aus einem Instinkt heraus. Ihre Besitzer können sich nun ebenfalls beschimpfen und sich dadurch wie ihre Hunde verhalten, oder aber sie entscheiden sich dafür, ein freundliches Gespräch zu führen. Als Mensch sind Sie Ihren Gewohnheiten nicht machtlos ausgeliefert, sondern können eine andere Option wählen.

Es geht darum, diese Alternativen kennenzulernen und tatsächlich anzuwenden. Mit dem Spüren und Erkennen beginnt die Veränderung. Anschließend steht das eigene Erleben im Zentrum. Wenn Sie einmal etwas Neues ausprobiert haben und es hatte Erfolg, wird das Belohnungszentrum Ihres Gehirns aktiviert. Das motiviert, die neu angelegten Nervenverbindungen auch in Zukunft wieder zu nutzen. Auf diese Weise können Erwachsene genau wie Kinder allmählich neue Verhaltensweisen und Fähigkeiten erwerben und in ihr Leben integrieren.

Wichtig ist, dass diese Lernprozesse ohne Druck stattfinden können. Versuchen Sie, sich von dem Leistungsgedanken frei zu machen, wenn Sie eine neue Handlungsvariante anwenden. Es gibt kein Richtig und kein Falsch, was für Sie funktioniert, klappt bei anderen nicht, und umgekehrt. Das Ergebnis ist nicht festgelegt, sondern offen. Jeder muss seinen eigenen Weg finden, indem er immer wieder ausprobiert, verwirft, neu ansetzt und verfeinert.

Stellen wir zum Abschluss noch einmal gegenüber, was wir von Feldenkrais lernen können, um Alternativen für unsere stressbehafteten Handlungsmuster zu finden (siehe nächste Seite):

Feldenkrais-Strategien	**gewöhnliche Handlungsmuster**
Leichtigkeit; nicht gegen den Widerstand angehen	Anstrengung; nur das, was schwer ist, ist etwas wert
offene Sichtweise / Überblick	Scheuklappen / Tunnelblick
Qualität; weniger ist mehr	Hauptsache schnell und billig; je mehr, desto besser
Raum zur freien Entfaltung	andere zusammenfalten, wenn Zeit- und Zielvorgaben nicht erfüllt werden
stressfreie Zone fördert Kreativität und Neugestaltung; es darf sich etwas entwickeln	Druck blockiert jede Weiterentwicklung, alles bleibt beim Alten
der Weg ist das Ziel; offenes Ergebnis	ein Ziel fixieren und erreichen, egal wie und zu welchem Preis (und damit ist nicht Geld gemeint)
Aufmerksamkeit und Achtsamkeit bei dem, was wir im Moment tun	die Gedanken eilen voraus und sind woanders
aus der Mitte heraus handeln; Entscheidungen treffen, die sich richtig anfühlen	Kurzschlusshandlungen
Spüren; den Körper miteinbeziehen; sich erden	denken; nur im Kopf sein
etwas verändern und ins Handeln kommen	ausharren; in der Starre bleiben
Pausen machen	immer im roten Bereich fahren
selbstbestimmt sein	in ständiger Alarmbereitschaft sein

Vom Kopfkino zum Freigeist

Um aus dem Stress herauszukommen, ist es also notwendig, eingefahrene Verhaltensmuster zu verändern. Mit den Feldenkrais-Ideen haben Sie bereits Anregungen bekommen, wie Sie solche Veränderungen auf der körperlichen Ebene einleiten können:

- spüren
- Unterschiede wahrnehmen
- Alternativen finden und anwenden.

Diese Prinzipien beschränken sich nicht auf einen Übungsraum, sondern eignen sich wunderbar, um Ihrem „ganz normalen Leben" eine neue Richtung zu geben.

! Machen Sie sich zunächst bewusst, dass Ihr bisheriges Verhalten kein festgeschriebenes Gesetz ist.

Was für Sie selbstverständlich ist, gilt längst nicht für alle Menschen. Ein Blick über den Tellerrand kann hier sehr hilfreich sein. Oft sind wir nämlich in ein Umfeld eingebunden, in dem alle dasselbe tun. Dann kommen wir gar nicht erst auf die Idee, dass es Alternativen gibt. So kann es zum Beispiel auf dem Land selbstverständlich sein, ein Haus zu bauen und ein Leben lang darin zu wohnen. Für viele Eigenheimbesitzer ist es undenkbar, ihr Haus irgendwann wieder zu verkaufen, selbst wenn es gar nicht mehr den aktuellen Bedürfnissen entspricht, weil es etwa nach dem Auszug der Kinder viel zu groß ist oder im Alter die Fahrt zum weit entfernten Supermarkt immer mühsamer wird.

In der nächsten Stadt, nur 25 Kilometer weiter, mag die Mentalität eine ganz andere sein. Hier wohnen vielleicht viel mehr Menschen zur

Miete, und zwar nicht, weil sie sich kein Eigentum leisten können, sondern weil sie flexibel sein möchten. Wenn eine Wohnung nicht mehr passt, ist es das Normalste auf der Welt, umzuziehen und sich eine Bleibe zu suchen, die der gegenwärtigen Lebenssituation besser gerecht wird.

Am Arbeitsplatz ist es ähnlich: Abläufe, die in einer Firma üblich sind, werden in einem Konkurrenzbetrieb völlig anders gestaltet. Auch wenn vom Geschäftsführer bis zum Arbeiter alle demselben Schema folgen, gibt es alternative Formen, sich zu organisieren. Was in dem einen Umfeld unumstößlich erscheint, löst in einer anderen Umgebung Verwunderung aus und umgekehrt.

Die Verhaltensweisen anderer zu beobachten, kann uns die eigenen Muster klarer vor Augen führen.

! Wie im Feldenkrais beginnt der Veränderungsprozess damit, sich selbst und seine Umgebung zu beobachten, um auf diese Weise Unterschiede zu erkennen.

Was tun Sie jeden Tag oder jede Woche? Welchen Routinen folgen Sie? Wie reagieren Sie in bestimmten Situationen? Und: Wie verhalten sich andere Menschen in derselben Lage? Was machen sie genauso und was gehen sie anders an?

Ein neues Umfeld kann Sie in diesem Prozess unterstützen. Wenn Sie in eine andere Stadt ziehen oder eine neue Arbeitsstelle annehmen, werden sich diese Veränderungen natürlich auf Ihr Leben auswirken. Sie wohnen und arbeiten mit anderen Menschen zusammen, integrieren neue Arbeitsweisen in Ihre vertrauten Abläufe, lassen sich von alternativen Lebensstilen oder Denkweisen inspirieren. So erhalten Sie eine Vielzahl von Impulsen, die Sie bereichern. Nachdem der Reiz des

Neuen und die erste Begeisterung abgeklungen sind, werden Sie jedoch feststellen, dass Sie in vielen Bereichen wieder auf altbekannte Probleme stoßen, die Sie mit der Veränderung eigentlich hinter sich lassen wollten. Mit anderen Worten: Die Kulisse hat sich verändert, aber es läuft immer noch derselbe Film.

Was ist passiert? Nun, Sie haben vielleicht den Wohnort oder den Arbeitsplatz gewechselt, aber sich selbst mitgenommen. Im Idealfall haben Sie es geschafft, einige alte Gewohnheiten durch neue zu ersetzen, doch die Anpassungen waren eher oberflächlich und nur der erste, wenn auch sehr hilfreiche Schritt. Ein großer Teil der Veränderung hat nur im Außen stattgefunden, das eigene Verhalten blieb weitgehend gleich. Deshalb ertappen wir uns auch in der neuen Umgebung dabei, wieder nach denselben Mustern zu handeln wie zuvor. So hat der neue Chef schnell die Knöpfe gefunden, die er drücken muss, um bei Ihnen Stress auszulösen, und in der neuen, sonnigen Wohnung werden die Nachbarn ausgerechnet dann aktiv, wenn Sie gerade Ihre Ruhe haben möchten.

In der Praxis können Sie nicht jedes Mal umziehen oder sich einen neuen Job suchen, sobald sich in Ihrem Umfeld Stressauslöser zeigen. Und trotzdem sind Sie stressigen Situationen nicht hilflos ausgeliefert. Es liegt in Ihrer Hand, anders mit ihnen umzugehen, indem Sie Ihr Verhalten ändern. Sie können sich bei allem, was Sie tun, entscheiden, ob Sie in Ihr gewohntes Stressmuster zurückfallen und auf das Gedankenkarussell aufspringen oder ob Sie jetzt sofort anders handeln, und sei es nur in einer Nuance.

! **In jedem Augenblick Ihres Lebens haben Sie die Wahl: Kopfkino oder Freigeist?**

Allein die Erkenntnis, dass Sie nicht ohnmächtig sind, kann den inneren Druck schon mindern. Denn wenn Sie aktiv eine Entscheidung treffen, kommen Sie ins Handeln und erhalten so die Macht über Ihr Leben zurück. Jedes Mal, wenn Sie sich bewusst die Frage: „Kopfkino oder Freigeist?“ stellen, öffnen Sie sich für mögliche Alternativen zu Ihrem gewohnten Verhalten. Sie beginnen damit, diese Möglichkeiten auszuprobieren und neu anzusetzen. Einige Varianten werden sich bewähren, andere nicht. Sie können neue Handlungsweisen verwerfen, verfeinern oder übernehmen. Damit sind Sie schon mitten in einem Veränderungsprozess, der auf einmal gar nicht mehr kompliziert erscheint, sondern sich ganz natürlich durch das vollzieht, was Sie tun. Die folgenden Kapitel geben Ihnen Beispiele, die Sie auf diesem Weg inspirieren und begleiten können. In all den vorgestellten Situationen haben Sie die Wahl zwischen Kopfkino und Freigeist. Probieren Sie aus, wie es ist, einen gesunden Abstand zu erfahren oder in anderen Umständen zu sein.

Der Abstand macht’s

Ganz gleich, ob wir gedanklich, zeitlich oder räumlich Abstand von einem Erlebnis oder Menschen haben: Aus einer gesunden Distanz heraus betrachtet ist so mancher Vorfall halb so schlimm. Deswegen ist das Thema Abstand zentral für unser Stresserleben beziehungsweise für einen unbekümmerten Freigeist-Zustand.

Wie viel Abstand jemand benötigt, um sein Stresslevel zu senken, ist ganz individuell. Stellen Sie sich folgendes Szenario vor: Sie nähern sich einer Klippe, hundert Meter unter Ihnen tost das Meer. Es gibt kein Geländer und am Rand der Klippe geht es steil in die Tiefe. Sie verkürzen den Abstand zur Klippe bis Sie ganz vorne sind und in die Tiefe blicken. Dann gehen Sie so weit zurück, dass Sie sich wieder sicher fühlen.

Wie ist es Ihnen ergangen, als Sie auf den Abgrund zugelaufen sind? Wann hat der Stress eingesetzt? Waren Sie in Habachtstellung, angespannt und vielleicht in Ihrem Inneren nur noch mit der drohenden Gefahr beschäftigt? Kurz gesagt, war Ihr Kopfkino aktiv? Und was ist passiert, als der Abstand wieder groß genug wurde? War dann plötzlich Ihr Kopf wesentlich freier und hatten Sie Ihre Aufmerksamkeit wieder bei sich?

! Mit dem richtigen Abstand lassen sich viele Situationen angenehmer gestalten. Sie können entscheiden, ob Ihr Gehirn das Kopfkino oder den Freigeist-Modus einschaltet.

Ein simpler Kinobesuch kann zum Übungsfeld in der täglichen Praxis werden. Sicherlich sind Sie schon einmal zu spät zu einer Vorstellung gekommen und haben nur noch vorne in der zweiten oder dritten Reihe einen Platz bekommen. Erinnern Sie sich daran, wie es für Sie war, die Leinwand direkt vor der Nase zu haben. Es gibt Menschen, die im Kino durchaus gern vorn sitzen, weil sie auf diese Weise das Gefühl haben, unmittelbar in die Handlung einzutauchen. Trifft das auf Sie zu oder brauchen Sie einen anderen Abstand? Denken Sie eher an Ihren schmerzenden Nacken und das Gefühl, einen Teil des Films verpasst zu haben? Dann war der Abstand nicht passend für Sie. In den ersten Sitzplatzreihen sehen Sie den Ausschnitt der Handlung, der sich direkt vor Ihnen abspielt. Dagegen fällt es schwer, die Aktion rechts und links Ihres Blickfeldes zu verfolgen. Sie haben nur eine eingeschränkte Sicht, weil es Ihnen aufgrund der kurzen Distanz nicht möglich ist, das Gesamtbild zu erfassen. Möglicherweise waren Sie froh, als der Film zu Ende war.

Wählen Sie einen Platz, der wirklich für Sie passt, weil Sie sich dort gut fühlen und einen idealen Blick auf die Leinwand haben. Ist es die Mitte oder sind es doch die hinteren Sitzreihen? Wenn Sie das für sich herausfinden, haben Sie beim nächsten Kinobesuch die Wahl: Ist die Vorstellung wieder fast ausgebucht und Ihr Wunschplatz nicht verfügbar, seien Sie flexibel und machen Sie etwas anderes. Es ist Ihre Entscheidung.

Auch Autofahrer suchen Nähe

Auch beim Autofahren können Sie das Thema Abstand sehr gut erforschen. Im Idealzustand können Sie auf der Landstraße einen großzügigen Abstand zum vor Ihnen fahrenden Auto halten und Ihrem eigenen Fahrrhythmus folgen. Sie haben Platz für sich und freie Sicht, können vergnügt sein und den Überblick über die Situation genießen. Der Stresspegel geht gegen null. Mit dem passenden Abstand ziehen Sie sich ein Stück weit aus dem allgemeinen Verkehrstrubel heraus. Der Fahrstil und die Belange der anderen Autofahrer sind dann zweitrangig und betreffen Sie in diesem Moment nicht.

Und jetzt stellen Sie sich vor, aus irgendwelchen Gründen sind Sie dicht hinter einen LKW geraten. Die Rückseite des LKWs türmt sich vor Ihnen auf wie eine große Wand. Wie geht es Ihnen damit? Plötzlich haben Sie keine freie Sicht mehr, Ihr Platz ist deutlich eingeschränkt. Ihre Aufmerksamkeit ist nicht mehr bei Ihnen, sondern Sie sind jetzt mit dem LKW beschäftigt. Sie ärgern sich, zu gerne wollen Sie überholen, doch es geht nicht. Die nächsten Minuten verbringen Sie damit, voller Unruhe ein- und auszuscheren, um zu prüfen, ob sich nicht doch eine Lücke im Gegenverkehr auftut. Der Gedanke, dass Sie wohl nicht pünktlich zu Ihrem Termin kommen werden, trägt sein Übriges dazu bei, den Stresspegel ansteigen zu lassen.

Der dichte Abstand heizt Ihr Kopfkino an. Anscheinend gibt es keine Handlungsoption, Sie sind der Situation ausgeliefert. Doch das ist ein Irrtum. Sie haben jederzeit die Möglichkeit, das Kopfkino zu beenden. Sie müssen lediglich aus der Gewohnheit ausbrechen, so schnell wie möglich überholen zu wollen. Stattdessen lassen Sie sich ganz einfach zurückfallen, um wieder einen gesunden Abstand herzustellen. Schon haben Sie freie Sicht und einen guten Überblick, die Aufmerksamkeit ist wieder bei Ihren eigenen Belangen, statt bei den anderen Fahrzeugen. Sie steigen im Handumdrehen aus dem Stress aus und haben wieder einen klaren Kopf. Nun kommen Sie zwar zu spät zu Ihrem Termin, was aber ohnehin passiert wäre. Jetzt telefonisch anzukündigen, dass Sie ein wenig später kommen, schafft Klarheit für Ihren Geschäftspartner und sorgt dieses Mal dafür, dass Sie den Rest der Fahrt in Ruhe fortsetzen können. Für die Zukunft schauen Sie, wie Sie sich besser strukturieren können, um ähnliche Situationen zu vermeiden.

Schwierig wird es, wenn auf der Autobahn ein Drängler von hinten anrauscht und kuscheln will. Wenn er seine Motorhaube quasi in den Kofferraum Ihres Autos schieben will, handelt es sich wohl um einen Menschen, dem jedes Gefühl für eine gesunde Distanz abhanden gekommen ist. Das wirkt nicht nur bedrohlich, sondern macht sofort Stress. Ihr Hintermann will sich rabiat freie Bahn verschaffen und reißt sofort Ihre Aufmerksamkeit an sich. Mit seinen Drohgebärden aus geringem Abstand, Lichthupe und Blinker überschreitet er nicht nur geltendes Gesetz, sondern bringt Sie komplett aus Ihrem Rhythmus.

Auf Autobahnen lässt sich immer wieder beobachten, dass diese Drängler einem Muster folgen. Nachdem sie ihren Vordermann erfolgreich aus dem Weg geräumt haben, schließen sie sofort wieder zum nächsten Kofferraum auf, in den sie am liebsten reinkriechen würden, wie von einem Urinstinkt getrieben. Beobachtet man so einen Drängler länger, sieht man, dass er erstaunlich viel Zeit darauf verwendet, am Kofferraum seines Vordermannes zu kleben. Man könnte fast auf die Idee kommen, dass einige angesagte Automarken per Werkseinstellung den Mindestabstand unterschreiten. Doch es liegt allein an den Fahrern, die offensichtlich gar keine freie Bahn haben möchten, denn kaum ist es soweit, suchen sie sich ein neues „Brett" vor dem Kopf. Sie sind es einfach gewohnt, im Leben und beim Autofahren Letzter zu sein. Genau dort verbringen sie ja ihre meiste Zeit.

Für Sie selbst bedeutet das, nicht in das Spiel einzusteigen. Geben Sie dem Drängler freie Fahrt und kehren Sie mit Ihrer Aufmerksamkeit wieder zu sich selbst zurück. Während Sie sich für den Freigeist-Modus entscheiden und auf Abstand gehen, tut der Drängler genau das Gegenteil. Er zieht sein Umfeld rücksichtslos in seine Belange und seinen Stress mit hinein. Indem er ständig zu dicht auffährt und dann wieder abbremst, nötigt er auch die Fahrer hinter ihm, auf die Bremse zu gehen. Bei dichtem Verkehr setzt sich das Abbremsen über viele Autos hinweg in einer Kettenreaktion nach hinten fort und die Staugefahr steigt, bis nichts mehr geht. Und das alles nur, weil eine Person es zu eilig hatte. Tatsächlich ist ein zu geringer Abstand eine der Hauptursachen für Staus, die scheinbar aus dem Nichts entstehen.[26] Anders ausgedrückt: Blockaden, die durch Stress entstehen, spiegeln sich also ganz handfest im Straßenverkehr wieder. Und nicht nur dort: Das Phänomen tritt auch in anderen Lebensbereichen auf. Eine einzige gestresste

[26] Vgl. https://www.zukunft-mobilitaet.net/3344/analyse/wie-entstehen-staus-phantomstau/

Person kann die gesamte Umgebung mit hineinziehen und den Betrieb lahmlegen, sei es in der Familie, bei einer Feier oder am Arbeitsplatz.

Zwischenmenschlich auf Kuschelkurs

Genauso, wie es beim Autofahren Sinn macht, Abstand zu halten, ist es beim täglichen Umgang mit unseren Mitmenschen angebracht. Da gibt es Menschen in Ihrem Leben, die Sie gerne dicht an sich heranlassen und sogar umarmen. Andere würden Sie am liebsten auf den Mond schießen, um sie so weit wie möglich von Ihnen entfernt zu wissen.

Vielleicht haben Sie auch schon die Erfahrung gemacht, dass Sie mit bestimmten Menschen gut auskommen, solange Sie diese nur hin und wieder sehen. Werden die Abstände kürzer, ist der Umgang mit diesen Personen stressig und geht an Ihre Nerven. Sie können an dieser Stelle einen Augenblick innehalten und überlegen, auf welche Menschen das zutrifft, Familie, Verwandte, Freunde, Bekannte oder Kollegen. Sobald Ihnen klar ist, dass Sie zu einem bestimmten Menschen Abstand brauchen, können Sie bewusst entscheiden, ob die Zeit reif ist, sich wieder mit ihm zu treffen oder eben nicht. Umso mehr freuen Sie sich dann beim nächsten Mal.

Doch nicht immer ist der Idealfall gegeben, dass Sie frei wählen können, wen Sie wann in Ihre Nähe lassen. Gerade wenn Menschen etwas von Ihnen wollen, neigen sie dazu, sich aufzudrängen und Ihnen körperlich „auf die Pelle" zu rücken. Das ist ein sehr geeignetes Mittel, um andere zu manipulieren. Genau wie der Drängler auf der Autobahn kann die ungewollte Nähe Stress bei Ihnen auslösen. Mit einer physischen Grenzüberschreitung schafft Ihr Gegenüber ideale Voraussetzungen, um Sie aus dem Konzept zu bringen und zu etwas zu überreden, das Sie nicht tun wollen. Später, also mit Abstand, ärgern Sie sich darüber, dass Sie eingewilligt haben.

Es gibt Menschen, denen das Gefühl für eine gesunde Distanz vollkommen abhanden gekommen ist. Das heißt allerdings noch lange nicht, dass Sie deren Übergriffe ertragen müssen. Sicher erinnern Sie sich noch gut daran, wie Sie als Kind so manches Mal gegen Ihren Willen von unangenehmen Verwandten gedrückt und getätschelt wurden. Derselbe Widerwille stellt sich heute ein, wenn Ihnen Menschen im Gespräch zu nahe kommen oder jemand bei der Büroarbeit hinter Ihren Stuhl tritt, um Ihnen über die Schulter zu schauen. Hier dringen Personen ungebeten in Ihren privaten Raum ein und gehen mit Ihnen auf Kuschelkurs. Die nicht gewollte Nähe erzeugt Aufregung bis hin zu purem Stress. Stellen Sie sich in solchen Situationen die Frage:

! **Wer begegnet Ihnen hier? Und mit welcher Absicht ist er gekommen?**

Bei Grenzüberschreitungen werden ganz klar Spielchen gespielt, die nicht zu Ihrem Vorteil verlaufen. Haben Sie das erkannt, können Sie den unfreiwilligen Kuschelkurs auflösen. Sollte Ihr Gesprächspartner nachrücken, sobald Sie auf einen gesunden Abstand gehen, wirkt es Wunder zu sagen, dass Ihnen der Kontakt zu dicht ist.

Zum Ausprobieren

Finden Sie heraus, wie viel Abstand zu Ihren Mitmenschen angenehm ist. Dazu können Sie zunächst mit Freunden und Bekannten ausprobieren, wann deren körperliche Nähe eine unsichtbare Grenze überschreitet. Bitten Sie die Personen, sich Ihnen langsam zu nähern. Werden Sie ab einem bestimmten Punkt unruhig oder nervös? Wie ist es, wenn Sie selbst aktiv werden und auf diese zugehen?

Sie können auch Situationen nachstellen, die Sie selbst erlebt und als unangenehm empfunden haben, sei es, dass ein Gesicht zu nah an Ihrem eigenen ist oder Sie am Schreibtisch sitzen und Ihnen aus nächster Nähe eine Person über Ihre Schulter schaut. Sicher haben auch Ihre Freunde interessante Beispiele beizutragen. Gehen Sie das Experiment spielerisch an.
Mit diesen Erfahrungen im Gepäck können Sie ausprobieren, wie es ist, sich in Ihrem Alltag Menschen bewusst zu nähern. Nehmen Sie dabei wahr, welche Entfernung für Sie ideal ist, einerseits bei Menschen, die Ihnen angenehm sind, andererseits bei solchen, die Ihnen unsympathisch oder schlicht fremd sind. Dann bekommen Sie ein Gespür dafür, wie viel Abstand Sie wirklich brauchen, um sich wohlzufühlen und Manipulationen zu vermeiden.

Wohnen ist mit Abstand das Beste

Den Abstand zu Ihrer Umwelt können Sie auch mit Ihrer Wohnung beeinflussen. Ein gesunder Abstand kann hier so manchen Segen bringen. Um sich zu regenerieren, brauchen Sie neben Zeit vor allem einen eigenen Bereich, in dem Sie sich wohl und sicher fühlen. Für den Fall, dass Sie zufrieden mit dem Standort Ihrer Wohnung sind und dort gut entspannen können, besteht kein Handlungsbedarf. Bemerken Sie jedoch, dass Sie in Ihrer Wohnung nicht zur Ruhe kommen und abschalten können, lohnt es sich, genauer hinzuschauen, warum das so ist.

Es macht einen großen Unterschied, ob man zum Beispiel eine Erdgeschosswohnung hat, im dritten oder gar im zehnten Stock wohnt. Die Bewohner der unteren Wohnung sind immer ein Stück weit in die direkte Umgebung mit eingebunden, nehmen unfreiwillig am Geschehen teil. Ob Straßenverkehr, Fußgänger, Hausbesucher, lärmende Arbeiten in der Nachbarschaft oder die Menschen in den oberen Etagen, die ihnen quasi auf dem Kopf herumlaufen – all diese Einflüsse bekommen sie bewusst oder unbewusst mit. Es gibt Menschen, denen diese Geschäftigkeit nichts ausmacht oder sie sogar genießen. Reagiert man aber sensibel auf Geräusche oder die Präsenz anderer Menschen, erhöht sich unweigerlich der eigene Stresspegel in einer solchen Wohnlage.

Eine Wohnung in den oberen Etagen kann hier Abhilfe schaffen. Sind Sie ganz oben, trampelt Ihnen niemand auf dem Kopf herum. Die vorbeigehenden Menschen, Gespräche und Geräusche, und damit die Belange anderer, sind in eine angemessene Distanz gerückt, es kann Ruhe einkehren. Damit haben Sie einen guten Abstand geschaffen und erfreuen sich vielleicht sogar an einem schönen Blick in die Ferne. Das hat nicht nur ästhetische Gründe. Wie schon bei der Kinoleinwand gibt Ihnen eine erhöhte Position einen besseren Überblick über die Gesamtsituation und lässt Sie weitsichtigere Entscheidungen treffen, statt Sie wie durch einem Sog in das unmittelbare Geschehen hineinzuziehen, wo Sie Gefahr laufen, in blinden Aktionismus zu verfallen. Für die Mächtigen in unserer Gesellschaft ist es deshalb selbstverständlich, ganz oben in der Chefetage zu arbeiten beziehungsweise im Penthouse zu wohnen. Oder haben Sie schon einmal einen Manager oder Vorstandsvorsitzenden gesehen, der sein Büro im Keller hat?

Dennoch ist es kein Allheilmittel, von der ersten in die fünfte Etage zu ziehen. Haben Sie Menschen oder Ereignisse in Ihrer Umgebung, denen Sie nicht regelmäßig begegnen möchten, benötigen Sie einen größeren Abstand, besonders, wenn eine Klärung der Verhältnisse nicht möglich ist und bei jedem Kontakt das Kopfkino wieder angeheizt wird. Hier reicht es nicht einmal, im gleichen Ort oder Nachbarort eine Wohnung zu beziehen. Um nicht permanent mit den alten Themen in Berührung zu kommen, sind schon einige Kilometer Abstand nötig, damit sich Ihre täglichen Wege verändern, zum Beispiel beim Einkaufen. In einem neuen, neutralen Umfeld normalisiert sich Ihr Stresspegel, so dass Ihre Aufmerksamkeit bei Ihnen bleibt und Sie inneren Frieden finden können.

Geschäft und privat vermischt – das wird „nischt"!

Ein anderer Quell der Rastlosigkeit in den eigenen vier Wänden kann die Vermischung aus privater Wohnung und Arbeitsplatz darstellen. Das kann bei einer Freiberufler-Tätigkeit genauso der Fall sein wie als Angestellter im Home-Office. Fakt ist, dass zwischen dem Arbeitsplatz außer Haus und dem privaten Lebensbereich kein Abstand mehr existiert.

Während Arbeit und Freizeit sonst einen eigenen Charakter und Rahmen haben, sind sie hier vermischt und benötigen eine konsequente Selbststrukturierung. Sonst ist es nur eine Frage der Zeit, bis der Stresspegel nach oben geht, trotz des angeblich so entspannten Arbeitens zu Hause.

Der Denkfehler liegt in der großen Freiheit, die das Arbeiten im Home-Office scheinbar mit sich bringt. Zuhause lassen sich während der Arbeit private Dinge erledigen und umgekehrt, was zur Folge hat, dass man sich weder auf das eine noch auf das andere richtig einlassen kann. Stattdessen laufen Menschen, die von zu Hause aus arbeiten, Gefahr, fortwährend auf dem Sprung und in Bereitschaft zu sein. Die Absicht ist, nur noch eben schnell einen Anruf zu tätigen oder eine Kleinigkeit am Schreibtisch zu erledigen, doch aus fünf Minuten wird plötzlich eine Stunde und auch danach arbeitet das Kopfkino noch lange weiter. So mancher Abend oder das Wochenende gehen auf diese Weise dahin. Hinzu kommt das Gefühl, dass es immer noch etwas zu erledigen gäbe, so dass die freie Zeit von einem latent schlechten Gewissen überschattet wird.

Wieder ist es ein gesunder Abstand, der hier die Lösung bringt. Sollten Sie von zu Hause aus beruflich tätig sein, nutzen Sie wenn irgend möglich einen eigenen Raum für Ihre Arbeit. Hier stehen Telefon und Rechner, die ausschließlich für das Geschäft genutzt und nach Feierabend nicht mehr bedient werden. Wenn Pause ist, dann ist Pause.

! Wie jedes andere Unternehmen auch, brauchen Sie Geschäftszeiten, vorrangig nicht für Ihre Kunden, sondern vor allem für sich selbst.

Mit diesen Geschäftszeiten steht fest, wann Sie und Ihre Arbeit ruhen und wann geöffnet ist. So stellen Sie einen zeitlichen Abstand und damit echte Erholungsphasen her.

Das wird auch Ihrer Arbeit zugute kommen. „Eine Nacht darüber zu schlafen“, kann viel Klarheit bringen, und ein erholsames Wochenende bewirkt manchmal wahre Wunder. Wer am Montagmorgen mit frischem und wachem Geist in die Woche einsteigt, löst so manche Probleme, die zuvor eine unüberwindbare Hürde darstellten, im Handumdrehen. Die Lösung zeigt sich meist nicht, wenn wir Überstunden machen, in denen wir dieselben Gedankenschleifen wieder und wieder drehen, sondern erst, wenn das Gehirn eine Pause einlegt und sich zwischendurch anderen Dingen zuwendet.

Deshalb ziehen sich kluge Geschäftsführer oder Entscheidungsträger für wichtige Angelegenheiten aus dem Alltagsgeschehen heraus. Um Abstand und eine bessere Übersicht zu gewinnen, tagen sie im Hotel oder in einem anderen Rückzugsort, der in einiger Entfernung zum Stressherd liegt. Das Thema Abstand ist unter ihnen sehr wohl bekannt. Nur in konservativ-antik geführten Unternehmen und natürlich beim „Fußvolk“ wird gekämpft bis zum letzten Mann, denn so wurde es schon immer gemacht. Hier wird der modernen Kommunikation gefrönt, die Aufmerksamkeit springt zwischen Email und Telefon, Meeting und Kunden hin und her. Ganz nebenbei laufen noch mehrere Projekte, der Stresspegel erhöht sich ständig, bis man über beide Ohren in Arbeit versinkt. In diesem Zustand ist ein Abstand längst nicht mehr vorhanden und wir erleben ein Szenario wie kurz vor dem Sturz in die Tiefe am Klippenrand. Klares Denken und effektives Arbeiten sind zu diesem Zeitpunkt nicht mehr möglich, es existiert nur noch das Kopfkino in seiner reinsten Form.

Das Umfeld prägt

Das, was andere Menschen denken, tun und sagen, nimmt Einfluss auf uns, ob wir wollen oder nicht. Die Mentalität, die am Arbeitsplatz, an einem Wohnort, im Familien- oder Freundeskreis herrscht, reißt uns mit wie eine Strömung im Meer. Besonders stark ist dieser Effekt, wenn es sich um negative Gedanken handelt. Hand auf das Herz: Haben Sie sich schon einmal dabei ertappt, mit anderen über eine Person zu lästern, an der Sie persönlich gar nichts auszusetzen haben, oder in das Jammern einzustimmen, dass alles teurer wird, „die da oben" nur Unsinn machen und es zudem auch schon seit Tagen regnet? In welcher Stimmung sind Sie aus solch einem Gespräch herausgegangen? Sicher haben Sie nicht vor guter Laune gesprüht, sondern sich ein Stück weit von der düsteren Stimmung herunterziehen lassen. Das „Um-Feld" hat ein Feld aus schlechten Gedanken erschaffen, das nun auch Sie selbst umgibt.

Ähnlich wirkt sich der kollektive Stress aus. Stellen Sie sich vor, Sie sind nach einem langen Wochenende tief entspannt und gehen erst am

Dienstag wieder an den Arbeitsplatz. Hier hatten die Kollegen bereits seit Montag Zeit, die Stressspirale heraufzuschrauben, so dass Sie selbst gleich auf hohem Niveau in das Spiel einsteigen. Wie lange wird es wohl dauern, bis Sie ebenfalls Ihre innere Ruhe verlieren und von der allgemeinen Hektik erfasst werden? Es ist wie bei einer Rinderherde: Wenn ein Tier in Panik ausbricht und die Flucht ergreift, rennen alle anderen hinterher, auch wenn sie gar nicht wissen, was der ursprüngliche Anlass war.

Stress erzeugt ein Feld, das wir alle miterschaffen. Wir sind aktiv an dem Prozess beteiligt. Genau das öffnet uns aber auch neue Möglichkeiten, denn umgekehrt bedeutet das:

! Wenn wir in der Lage sind, negative Gedanken und Stressfelder zu erzeugen, können wir auch gute Felder erschaffen.

Felder aus guten Gedanken und wohlwollenden Äußerungen zu erschaffen, wird etwas ganz anderes mit Ihrem Leben machen. Es ist Ihre Entscheidung, ob Sie sich negativ oder positiv einstimmen wollen.

Zum Ausprobieren

Nehmen Sie sich eine kleine Aufgabe vor, sei es eine Geburtstagskarte zu schreiben, ein Rätsel zu lösen oder etwas Vergleichbares. Sagen Sie sich, bevor Sie beginnen: „Du kannst das nicht. Das schaffst Du nicht. Das wird sowieso nichts." Wie gut erledigen Sie die Aufgabe im Anschluss?

Einige Stunden später probieren Sie es noch einmal. Diesmal stimmen Sie sich positiv ein, mit Sätzen wie: „Du machst das prima." „Du bekommst das gut hin." „Du hast Talent dafür." Wie läuft es nun mit der Erledigung Ihrer Aufgabe?

An unserem Beispiel stellen Sie schnell fest, dass es viel mehr Sinn macht, sich in Ihren Fähigkeiten zu bestärken, als sich selbst niederzumachen. Sie schaffen damit ein neues, positives Gedankenfeld, in dem die Dinge leichter von der Hand gehen. Den Effekt der oben beschriebenen Erfahrung können Sie noch verstärken, indem Sie einen anderen Menschen dazuholen, der Sie im ersten Versuch demotiviert, im zweiten unterstützt.

Das Umfeld prägt uns, doch wir sind ein Teil davon. Genauso wie sich das Verhalten anderer Menschen auf Sie auswirkt, beeinflussen Sie wiederum Ihre Umgebung. Es handelt sich um einen gegenseitigen Austausch. Hier liegt Ihre Chance, aber auch Ihre Verantwortung.

! Machen Sie sich regelmäßig bewusst, welches Feld Sie mit dem, was Sie tun, sagen und denken, nähren wollen.

Sie können sich dafür entscheiden, mit anderen über eine Bekannte herzuziehen. Sie können aber auch etwas Positives über sie sagen, das Thema wechseln oder einfach weggehen, wenn Ihre Gesprächspartner sich bereits so sehr in Rage geredet haben, dass wohlwollende Äußerungen ungehört verhallen. Sie können als erstes etwas Gutes erzählen, wenn andere Sie nach Ihrem Urlaub oder Ihrem Wochenende fragen. Gewöhnen Sie sich an, von Ihren schönsten Erlebnissen zu berichten, anstatt das Negative nach vorn zu stellen. Das gilt auch im Umgang mit Menschen: Sehen Sie das Gute in anderen, nicht nur ihre Schwächen und Fehler. Bestärken und unterstützen Sie sie in dem, was sie tun, loben Sie, statt zu kritisieren.

Auch auf Stressfelder können Sie bis zu einem gewissen Grad Einfluss nehmen. Wie beim Feldenkrais beginnen Sie mit einer aufmerksamen Beobachtung des Ist-Zustandes. Seien Sie dabei ehrlich zu sich selbst. Gestehen Sie sich ein, dass Sie Stress haben und dass dieser Ihnen nicht guttut. Nehmen Sie wahr, was der Stress mit Ihnen macht. Stress haben nicht immer nur die anderen. Vom Selbständigen über den Geschäftsführer bis zum Angestellten, vom Schüler bis zur Familienmanagerin sind fast alle von diesem gesellschaftlichen Problem betroffen. Doch immer wieder lässt sich beobachten, dass offensichtlich überlastete Menschen es weit von sich weisen, selbst im Stress zu sein, sie haben hier einen blinden Fleck. Diese Haltung ist zum Beispiel im Gesundheitswesen zu beobachten: Wer es sich zur Aufgabe gemacht hat, sich um kranke oder erschöpfte Menschen zu kümmern, neigt dazu, seine Bedürfnisse hinter die der Patienten zurückzustellen und zwar so lange, bis die eigenen Kraftreserven völlig aufgebraucht sind. Auch Führungskräfte geben ungern zu, im Stress zu sein, denn wenn sie es sich erlauben, kürzer zu treten, riskieren sie, menschlich statt übermenschlich zu wirken.

Den Stress bei sich selbst anzuerkennen, ist also der erste Schritt. Damit ist die Bestandsaufnahme allerdings noch nicht abgeschlossen. Es geht damit weiter, sich an die eigene Nase zu fassen und sich die Frage zu stellen:

! Was tragen Sie selbst dazu bei, den Stresspegel hochzuhalten, im Privatleben wie am Arbeitsplatz?

Allein dadurch, ob Sie entspannt oder hektisch durch den Tag gehen, nehmen Sie Einfluss auf Ihre Umgebung. Wann treiben Sie sich selbst beziehungsweise Ihre Mitarbeiter oder Kollegen zu Höchstleistungen an? Wo setzen Sie enge Termine und Fristen, obwohl das gar nicht nötig wäre, und werfen damit bei anderen das Kopfkino an? Planen Sie gar die Freizeit Ihrer Kinder in einem ehrgeizigen Zeittakt durch?

Verschaffen Sie sich Klarheit darüber, womit Sie sich selbst und anderen Stress machen und zwar in allen Lebensbereichen, die auf Seite 35 (siehe Bild „Stressfeld oder Ruheinsel"?) dargestellt sind. Oft können Sie mit einer einfachen Entscheidung im richtigen Moment in den Freigeist-Modus wechseln und die Situation entspannter gestalten. Hier einige Anregungen dazu:

- **Im Urlaub:** Ist es wichtig, ein Programm abzuarbeiten und alle Sehenswürdigkeiten der Region kennenzulernen? Oder können Sie es sich erlauben, jeweils nur einen halben Tag lang etwas zu unternehmen und sich in der übrigen Zeit einfach treiben zu lassen?
- **Im Beruf:** Haben wirklich alle Aufgaben auf Ihrer To-do-Liste Priorität? Was kann warten, was ist vielleicht sogar überflüssig? Können Sie Arbeiten delegieren oder machen Sie lieber Überstunden, um pflichtbewusst alles selbst zu erledigen, weil Ihr Umfeld es so von Ihnen erwartet? Teilen Sie großzügig Informationen mit Ihren Kollegen oder behalten Sie Ihr Wissen gelegentlich für sich, um einen Vorteil beim Aufstieg auf der Karriereleiter zu haben? Setzen Sie andere unter Druck oder unterstützen Sie sie in ihrer Arbeit?
- **Zu Hause:** Der Nachbar mäht schon wieder den Rasen – halten Sie mit oder setzen Sie eine Runde aus? Vielleicht stehen Sie sogar dazu, dass Sie einen leicht verwilderten Naturgarten schöner finden? Brauchen Ihre Kinder unbedingt einen Chauffeur oder können sie mit dem Fahrrad beziehungsweise dem Bus zum Klavierunterricht fahren? Empfinden Sie die Note Drei als befriedigend oder legen Sie Ihren Kindern nahe, beim nächsten Mal doch auf eine Zwei hinzuarbeiten?

Welches Gedankengut schleppen Sie mit sich herum?

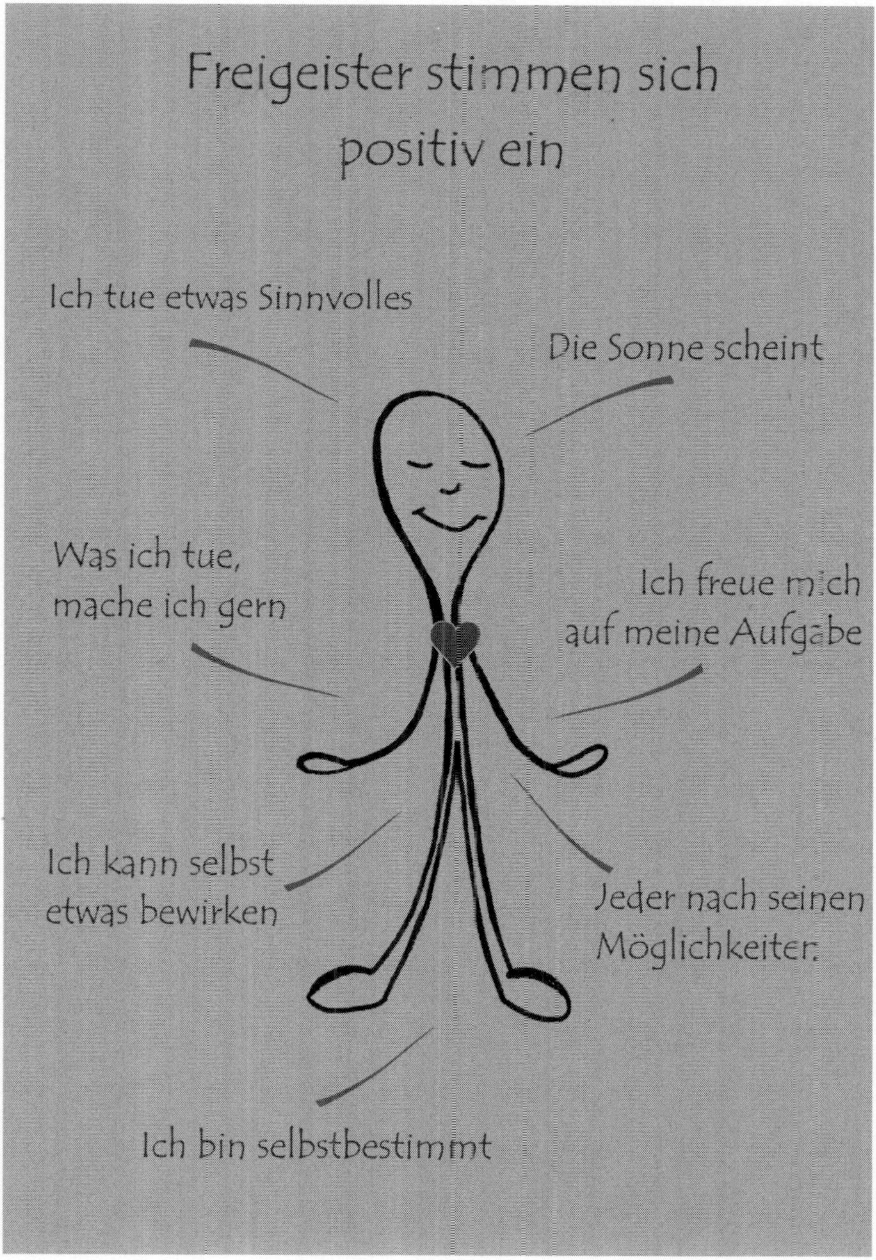
Freigeister stimmen sich positiv ein
Ich tue etwas Sinnvolles
Die Sonne scheint
Was ich tue, mache ich gern
Ich freue mich auf meine Aufgabe
Ich kann selbst etwas bewirken
Jeder nach seinen Möglichkeiten
Ich bin selbstbestimmt

- **Im Restaurant:** Lassen Sie sich einen Tisch zuweisen oder suchen Sie ihn selbst aus? Wollen Sie wirklich in der gleichen Ecke sitzen, wo ein trinkfreudiger Kegelverein gerade seine Jahresversammlung abhält? Spüren Sie beim Hereinkommen einfach mal zwei Minuten hin: Ist dieses Lokal für heute Abend wirklich das richtige oder gehen Sie lieber woanders hin? Und falls der Service heute mit vielen Gästen überlastet ist, nehmen Sie es gelassen hin und bleiben freundlich oder lassen Sie die Kellnerin spüren, dass sie Ihren Anforderungen nicht genügt?
- **In der Freizeit:** Wollen Sie Ihren Geburtstag in diesem Jahr groß feiern oder lassen Sie sich lieber ein Wochenende lang in einem Hotel verwöhnen? Haben Sie den Ehrgeiz, im Sport immer der Beste zu sein, oder geht es Ihnen einfach um den Spaß an der Bewegung? Haben Sie nur Freude daran, eine wettbewerbsorientierte Mannschaftssportart zu betreiben, oder genießen Sie es auch einmal, beim Wandern in der Natur zu entschleunigen?

Stress ist kein unabänderliches Naturgesetz, es gibt immer Handlungsalternativen. Doch es fällt oft schwer, diese zu erkennen und für sich umzusetzen, wenn die gesamte Umgebung etwas anderes lebt. Ändert sich aber das Umfeld, gelten plötzlich ganz andere Gepflogenheiten. Werfen wir doch einmal einen Blick in die südlichen Länder Europas. Hier gibt es den schönen Brauch der Siesta, einer ausgedehnten Mittagspause, die das Arbeiten in der Hitze des Sommers erträglicher macht. Ein ganzes Land passt sich den klimatischen Gegebenheiten an und folgt einem Rhythmus, der ein paar hundert Kilometer weiter nördlich undenkbar scheint.

In Deutschland verlangen wir von uns selbst, auch bei hochsommerlichen Temperaturen dieselbe Leistung zu erbringen, wie es sonst üblich ist. Wir kämpfen gegen die Hitze an, ignorieren unser Unwohlsein und arbeiten voll durch. Zumindest Freiberufler hätten die Möglichkeit, ihren Arbeitsrhythmus im Sommer umzugestalten, und in einem wohlwollenden Umfeld könnte auch ein Angestellter mit seinem Chef vereinbaren, seine Arbeitszeiten vorübergehend der Hitze anzupassen. Doch wer tut das schon, wenn rundherum alle im eifrigen Arbeitsmodus sind? Wie es die Rockband Frei.wild ausdrückt: „Die Welt steht nicht still, doch nur weil es niemand will.“[27] Eine kollektive Ruhe ist bei uns maximal über Weihnachten und den Jahreswechsel spürbar, wenn tatsächlich ein Großteil der Menschen eine Auszeit nimmt.

Selbst im Urlaub finden wir immer seltener Oasen der Ruhe. Die Grenzen zwischen Arbeit und Freizeit verschwimmen, und es gibt Menschen, die die Ruhe einfach nicht ertragen. So kommt es, dass Urlauber so manches Mal gemütlich beim Frühstück sitzen, während am Nebentisch ein Geschäftsmann erregt in sein Smartphone brüllt.

„Dort Urlaub machen, wo andere arbeiten“, wird das der Werbeslogan der Zukunft sein?

Viel Lärm um nichts

Das Beispiel des stimmgewaltigen Geschäftsmanns führt uns zu einem Stressfaktor, der in unserer Welt allgegenwärtig geworden ist: Lärm. Fast überall sind wir mittlerweile von einem dichten Geräuschteppich umgeben. In der Stadt zieht sich ein Lindwurm aus PKWs und Lieferver-

[27] Frei.wild: *„Zeit, lass' mir Zeit“*. Von Philipp Burger. *Opposition.* Rookies & Kings, 2015. CD.

kehr durch die Straßen, auf dem Dorf fahren schwere Landmaschinen an der Haustür vorbei, selbst am Wochenende und abends, denn viele Bauern betreiben ihre Höfe inzwischen als Nebenerwerb und bestellen ihre Felder dann, wenn andere ihre Freizeit genießen möchten. Auch bei der Pflege von Haus und Garten geht es lautstark zur Sache. Der Dampfstrahler brummt, der Rasenmäher kommt wöchentlich zum Einsatz und zwischendurch zerreißt das Kreischen einer Kreissäge die Vorstadtidylle und des Nachbarn Nerven. Da inzwischen auch die Ruhezeiten in der Mittagspause auf breiter Ebene abgeschafft wurden, kann nun sogar von morgens bis abends gelärmt werden, damit das Stressniveau konstant bleibt.

Auch von Berufs wegen sind viele Menschen dem Lärm ausgesetzt. Wer mit lauten und vibrierenden Maschinen arbeitet, läuft nicht nur Gefahr, Hörschäden zu erleiden. Betroffene berichten, dass sie trotz Gehörschutz vollkommen erledigt, gleichzeitig aber aufgekratzt nach Hause kommen. Sich zu zentrieren und zu erholen, ist für Stunden undenkbar, nachts kommt es zu Schlafstörungen und die Gesundheit leidet.

Mit der Dauerbeschallung allein ist es noch nicht getan, auch die Augen sind stetig neuen Reizen ausgesetzt. Auf der Straße und in Bahnhöfen, im Café oder in der Arztpraxis fordern munter flimmernde Bildschirme unsere Aufmerksamkeit. In modernen Tunneln leuchten LEDs hell in allen Farben und stiften Verwirrung statt Klarheit. Selbst Autoscheinwerfer sind greller geworden und nehmen dem Gegenverkehr damit die Sicht. Das macht Stress, denn wer geblendet ist, sieht nichts mehr, schon gar nicht außerhalb des Lichtkegels.

Während wir zum Schutz gegen das Licht zumindest noch die Augen zumachen können, wenn wir nicht gerade am Steuer sitzen, lassen sich unsere Ohren nicht verschließen. Daher sind wir dem Lärm der Welt fast schutzlos ausgeliefert, denn wer möchte schon mit Ohrstöpseln durch die Gegend laufen? Da drängt sich die Frage auf, warum eigentlich so vieles, was wir tun, laut sein muss. Bei allen technischen Errungenschaften sollte es doch inzwischen möglich sein, leise Geräte zu entwickeln. Das scheint nicht gewollt zu sein. Zu verlockend ist es, den Lärm für die Selbstdarstellung zu nutzen. Mit einem lauten Arbeitsgerät kann niemand überhören, dass hier jemand fleißig und unermüdlich aktiv ist. So manches Mal soll über den satten Sound eines Auspuffs oder der Motorsäge auch die eigene Männlichkeit zum Ausdruck gebracht werden. Dieses Imponiergehabe kann jedoch leicht nach hinten losgehen, gibt es doch den schönen Ausdruck „viel Lärm um nichts".

Lärm für die Ohren und die Augen bringt uns selbst und unser Umfeld aus der Mitte, er lenkt uns von dem ab, was uns selbst wichtig ist. Als Freigeist bleibt Ihnen nur, sich im Zentrieren zu üben und dem Lärm so gut es eben geht aus dem Weg zu gehen. Die Möglichkeiten des Individuums sind allerdings begrenzt.

! Lärmhygiene ist eine nationale Aufgabe. Lärm muss als Gesundheitsrisiko erkannt und behandelt werden.

Wir brauchen einen Sinneswandel, der besagt, dass Lärm gesellschaftlich nicht mehr akzeptabel ist, ähnlich wie das Rauchen im Restaurant. Der Laubbläser ist out! Es lohnt sich, wieder einen traditionellen Besen anzuschaffen, der leise, umweltfreundlich und rückenschonend ist.

Am Beispiel Lärm zeigt sich, dass Sie nur bis zu einem gewissen Grad auf Ihr Umfeld einwirken und gute Entscheidungen für sich fällen können. Es gibt Felder, die einfach übermächtig sind. Sie sind stärker als alles, was Sie selbst an positiven Einflüssen einbringen können. Dann stellt sich die Frage:

! Passen Sie noch an diesen Arbeitsplatz, in diesen Freundeskreis, an diesen Wohnort, oder müssen Sie das Umfeld wechseln?

Unterstützt Sie Ihre Umgebung in dem, was Sie tun und sich vorgenommen haben, oder werden Sie verunsichert und ausgebremst? Natürlich können Sie lernen, sich abzugrenzen. Sie können andere in ihre Schranken weisen, wenn sie sich ungefragt in Ihre Angelegenheiten mischen, klar äußern, was Sie wollen und das auch durchsetzen. Auf Dauer wird der ständige Kampf jedoch an Ihren Kräften zehren. Außerdem sind Sie so damit beschäftigt, sich gegen Ihr Umfeld zu behaupten, dass das, wofür Sie sich einsetzen, in den Hintergrund gedrängt wird. Wenn Sie immer nur gegen Widerstände ankämpfen, macht das Stress – und wir wissen ja bereits: Stress führt zu nichts.

Ein Konditor, der kunstvolle Torten backt, wird sich nicht entfalten können, wenn seine Kunden die originellen Leckereien ignorieren und nach der traditionellen Rosinenschnecke verlangen, die sie schon die letzten zwanzig Jahre über gekauft haben. Er sollte sich besser in einem Umfeld niederlassen, in dem seine Kunden das Außergewöhnliche schätzen. Sonst verkümmern seine Fähigkeiten und seine Freude am Tun wird jeden Tag ein Stückchen schwinden. Ebenso wird ein achtsamer Mensch sich und seine sanften Eigenschaften nicht leben können, wenn er an seinem Arbeitsplatz von lauter Personen umgeben ist, die im Kampfmodus sind und nach Macht streben. Er braucht ein Arbeitsklima, in dem seine großartigen Talente geschätzt und gefördert werden, von einem Vorgesetzten, der nicht in der Angstpyramide gefangen ist.

Bevor Sie sich selbst aufgeben und aufreiben, hilft in solchen Fällen nur: auf Abstand gehen, Koffer packen und sich ein Umfeld suchen, das zum eigenen Entwicklungsstand passt, in dem bewusste Menschen agieren und gute Gedanken zugelassen werden. Schauen Sie kritisch, wie viele Berührungspunkte Sie am Tag mit negativ besetzten Stressfeldern haben und gehen Sie nach und nach daran, diese auszutauschen, bis Sie sich in einem Umfeld wiederfinden, das Ihnen entspricht.

Weniger ist mehr: das selbst auferlegte Arbeitspensum

„Wenn ich mich jetzt so richtig anstrenge, wenn ich diese Hürde gepackt habe – ja, dann wird mein ganzes Leben endlich gut." Auf dieses Mantra sind wir wohl alle schon hereingefallen. Wie das Leben so spielt, ändert sich nämlich erst einmal gar nichts, wenn wir ein Ziel erreicht haben. Stattdessen folgen die nächste Hürde, das nächste Paket und so geht es immer weiter. Mit etwas Glück sind wir mit einem schlechten Langzeitgedächtnis gesegnet und vergessen einfach, dass sich unser Leben keineswegs verbessert hat, nachdem wir das letzte Mal vollen Einsatz gezeigt hatten.

Es ist höchste Zeit, sich davon freizumachen, von Meilenstein zu Meilenstein zu hetzen. Wenn wir stets nur auf ein Ziel fixiert sind, eilt unsere Aufmerksamkeit in die Zukunft voraus, in der wir uns das große Glück erhoffen. Das, was wir jetzt in diesem Augenblick machen, wird in den Hintergrund gedrängt. Doch das ist fatal, denn:

! Die Art und Weise, wie wir etwas tun, entscheidet darüber, ob wir uns dabei erfüllt und zufrieden oder gestresst fühlen.

Es kommt also darauf an, dass es eine Qualität in Ihrem Tun gibt. Wenn Sie in Ihrer Arbeit aufgehen, Freude empfinden, mit Achtsamkeit bei der Sache sind und genügend Zeit haben, so finden Sie sich zentriert und in Ihrer Mitte wieder. Stehen Sie dagegen unter Druck und leiden unter Zeitnot, dauert es nicht lange und das wunderbare Gefühl der Zentriertheit ist zerstört. Das beeinträchtigt die Lebensqualität, denn

Sie begeben sich auf direktem Weg zu Ihrem Kopfkino, wo Ihnen die Gedanken um die Ohren fliegen.

Bei den Feldenkrais-Ideen haben Sie sich bereits mit der Qualität Ihrer Bewegungen beschäftigt. Übertragen Sie das Prinzip nun auf Ihre Arbeitsweise und beginnen Sie damit, diese kritisch unter die Lupe zu nehmen: Wie gehen Sie an Ihre Arbeit heran? Und wie geht es Ihnen bei dem, was Sie tun? Wenn Sie feststellen, dass Sie die Dinge zwar nach außen hin perfekt gestalten, aber dabei auf dem sprichwörtlichen Zahnfleisch gehen, ist das wohl kaum als Dauerzustand geeignet. Möchten Sie den schönen Schein wahren und ein Lächeln auf den Lippen tragen, wenn Sie eigentlich stehend k.o. sind und innerlich der Frust brodelt?

Wie wir bereits gesehen haben, dreht sich unsere Gesellschaft um Konkurrenzkampf und Wettbewerb. Diese Prinzipien haben wir unbewusst von unserem Umfeld übernommen. Ist das aber wirklich die Art und Weise, wie Sie arbeiten und leben möchten? Legen Sie persönlich vielleicht viel mehr Wert auf eine partnerschaftliche Zusammenarbeit auf Augenhöhe, suchen ein Miteinander statt ein Gegeneinander? Ein Verhalten, das Sie sich von anderen abschauen, kann für Sie selbst nur bedingt funktionieren. Es mag für Ihre „Vorbilder" passen, ist aber naturgemäß nicht auf Sie zugeschnitten. Der Weg aus dieser Misere führt darüber, sich selbst so anzuerkennen, wie Sie sind, mit all Ihren Talenten und Fehlern. Auf dieser Basis können Sie schauen, welche Arbeits- und Handlungsweisen Ihnen wirklich gerecht werden, anstatt sie von anderen zu kopieren.

! **Was wir brauchen, ist eine völlig neue Strukturierung unseres Arbeitslebens, in der jeder auf seine Weise in der Arbeit aufgehen kann.**

Freunden Sie sich mit dem Gedanken an, auch Ihr Arbeitspensum selbst zu bestimmen, also die schlichte Menge an Aufgaben, die Sie erfüllen möchten. Übernehmen Sie die Verantwortung dafür, was und wie viel Sie sich zumuten wollen und können. Lassen Sie sich dabei nicht von Ihrem Umfeld irritieren. Auch wenn andere scheinbar mehr tun: Es kommt allein auf Sie und Ihren persönlichen Maßstab an. Was dem einen guttut, ist für den anderen noch lange nicht sinnvoll.

Wenn Sie eine Idee davon bekommen haben, worunter Ihre Freude bei der Arbeit leidet, dann können Sie etwas verändern. Sie können weniger davon machen, die Herangehensweise verändern oder einen Arbeitsbereich abgeben, und schon sind Sie im Freigeist-Modus.

Natürlich ist das alles leicht gesagt. Wichtig ist, den Grundsatz, „weniger ist mehr“, tatsächlich zu leben. Sehen Sie Ihre persönliche Entwicklung dahin als einen Prozess, der keine zeitliche Begrenzung hat, dafür aber Potential, der kein festgelegtes Ergebnis hat, sondern eine Richtung anzeigt. Sie beginnen einfach, darüber nachzudenken, was Sie möchten, und richten Schritt für Schritt Ihr Leben danach aus. Zum Einstieg können Sie gleich in Ihrem privaten Bereich beginnen, sich in dieser Kunst zu üben:

Haben Sie sich wieder einmal zu viel vorgenommen, dann machen Sie dieses Mal nicht die Augen zu und gehen durch, sondern verändern Sie Ihr Handlungsmuster. Wenn Ihnen die Fülle der Aufgaben über den Kopf wächst, verschieben Sie Termine, lassen Sie Verabredungen ausfallen, streichen Sie einen Einkauf oder sagen Sie einen Chauffeur-Dienst ab. Wischen Sie die Idee nicht einfach mit dem Satz „Geht bei mir nicht!“ beiseite.

! Probieren Sie aus, wie es ist, Ihr Pensum selbst zu bestimmen, statt in einem Takt zu laufen, den andere vorgeben.

Erleben Sie, dass sich die Welt weiterdreht und sich alternative Lösungen finden, wenn Sie selbst einmal nicht zur Verfügung stehen.

Eine Priorität ist es, den Überblick zu behalten. Wenn Ihr Kopfkino beginnt, legen Sie den Schalter um und machen Sie eine Pause, vielleicht folgen Sie sogar dem bereits vorgestellten Beispiel südlicher Länder und gönnen sich eine richtige Siesta. Genauso können Sie sich darin üben, Zeit zu verschwenden, oder sich einer schönen, aber sinnlosen Tätigkeit widmen, um sich zu zentrieren und einfach mal nicht zu funktionieren. Das können Dinge sein wie ein Puzzle zusammenzusetzen, um es nach dessen Fertigstellung wieder auseinanderzunehmen, oder auf der Terrasse das Moos aus den Fugen zu kratzen, das bald wieder nachwachsen wird. Es ist wie bei einem Computer: Wenn das System hängt, fahren Sie den Rechner herunter und dann erneut hoch. Nach dem Neustart funktioniert es wieder einwandfrei. Regelmäßige Pausen helfen Ihnen, Ihr Kopfkino zu beruhigen. Kehrt Ruhe ein, können Sie kluge Prioritäten setzen. Jetzt sind Sie in der Lage, gut zu entscheiden, was wirklich wichtig ist, und was Sie einfach sein lassen können.

Überlegen Sie auch, ob Sie alles selbst machen müssen. Ganz egal, was andere sagen: Geben Sie Arbeiten ab, die Sie nicht gerne tun. Ihre Nachbarin freut sich vielleicht, wenn Sie sich mit Ihrer Bügelwäsche etwas nebenbei verdienen kann, delegieren Sie einen Teil der Hausarbeit an Familienmitglieder, bestellen Sie einen Handwerker, statt Ihr wertvolles Wochenende mit lästigen Renovierungsarbeiten zu verbringen. Natürlich gibt es diese Dienstleistungen nicht umsonst, aber vielleicht möchten Sie einen Teil Ihres Gehaltes dazu einsetzen, sich das Leben leichter und schöner zu gestalten. Es ist Ihre Entscheidung.

Wenn sich im privaten Bereich erste Erfolge zeigen, übertragen Sie die Prinzipien auf Ihre Arbeit. Besonders Selbständige und Freiberufler haben neben ihrer eigentlichen Arbeit noch zahlreiche Dinge, um die sie sich kümmern müssen: die Buchhaltung, die technische Infrastruktur, das Bereitstellen von Arbeitsmitteln, Verwaltungsangelegenheiten und so weiter. Auch hier gilt: Weniger ist mehr. Geben Sie Dinge ab, die Sie nicht gerne tun, die Sie lange vor sich herschieben und die Ihnen schon Stress bereiten, wenn Sie nur daran denken. Bei all der Liebe zur Kostensenkung sollte klar sein, was Ihnen die Arbeit erleichtert oder verkompliziert. Ein Buchhaltungsservice, ein Computerfachmann, verlässliche Lieferanten oder auch ein Coaching zum Thema Selbstorganisation kann Ihnen viel Kopfkino ersparen und gibt Ihnen mehr Raum, sich um Ihr Kerngeschäft zu kümmern.

Auch als Angestellter können Sie sich solche Freiräume schaffen. Sie müssen nicht zu allem „Ja" sagen und mit allem einverstanden sein, was Ihnen aufgetragen wird. Räumen Sie sich selbst Zeit ein, um nachzudenken und zu sortieren, statt sich überrumpeln zu lassen. Wenn Sie mit einer nicht zu bewältigenden Fülle von Aufgaben überschüttet werden, kommunizieren Sie, was davon Sie leisten können und was nicht. Sie müssen das nicht sofort tun. Dann ist es an Ihren Chefs, die Tätigkeiten anders zu verteilen, Prioritäten zu setzen oder neue Leute ins Team zu holen. Wenn das nicht erfolgt, muss ein Teil der Arbeit liegen bleiben, sonst wird der Stresspegel auch in der Zukunft niemals sinken.

Wenn die Qualität Ihrer Arbeit leidet, weil Sie ständig gestört werden, schaffen Sie sich Inseln für Konzentrationsphasen. Sprechen Sie zum Beispiel mit Ihren Kollegen ab, dass jeder zwei Stunden am Tag sein Telefon abstellt und schließen Sie in dieser Zeit Ihr Email-Programm, damit Sie nicht von jeder neu eintreffenden Nachricht abgelenkt werden. So haben Sie die Chance, konstant an einem Projekt zu arbeiten und hier Fortschritte zu erzielen, statt ständig mit Ihrer Aufmerksamkeit von einer Sache zur nächsten zu springen. Der hektische Aktionismus hat lediglich zur Folge, dass Sie abends völlig erschöpft sind und mit dem Gefühl nach Hause gehen, mal wieder nichts geschafft zu haben.

Machen Sie sich klar, dass Sie einen Arbeitsvertrag abgeschlossen haben, der Rechte und Pflichten für beide Seiten festlegt. Sie sind nicht im Gefangenenlager oder beim Militär, so dass Sie auf Befehl marschieren müssen, sondern stellen lediglich Ihre Dienste gegen ein Entgelt zur Verfügung. Dauerstress, Kontrolle und Schikane sind sicher nicht Teil der Vereinbarung. Ihre Vorgesetzten haben die Aufgabe, Sie zu unterstützen und einen guten Arbeitsverlauf zu gewährleisten, nicht aber, Sie zu drangsalieren, ihren Machthunger an Ihnen auszuleben oder dafür zu sorgen, dass ihre Mitarbeiter aufgrund der Überlastung erkranken. Grenzen Sie sich deshalb ab, wenn es zu viel wird, schalten Sie den Stress aus, Sie müssen nicht alles ertragen. Denn wie Sie bereits wissen, ist Stress ohnehin hausgemacht und führt zu nichts.

! Oft ist nur ein einzelner Gedanke nötig, um den Stressmodus zu verlassen und sich wieder frei zu fühlen.

Tun Sie sich selbst einen Gefallen und verschieben Sie wichtige Gespräche und Termine, wenn der Stresspegel auf Hochtouren läuft. Denn ganz ehrlich: Was soll denn dabei herauskommen, wenn Sie mit Tunnelblick in eine Verhandlung gehen? Sorgen Sie lieber dafür, dass Sie gut in Ihrer Mitte sind, wenn wichtige Dinge für Sie anstehen. Der zentrierte Mensch hat Ausstrahlung, hat Charisma und den Überblick. Das ist wesentlich erfolgversprechender, als in einem Gespräch neben sich zu stehen und sich mit einem Verweis auf die viele Arbeit für seine schlechte Vorbereitung zu entschuldigen.

Springen Sie nicht von einem Termin zum anderen, sonst setzen Sie sich nur unnötig unter Druck. Auf Qualität in Ihrem Tun zu achten, kann zum Beispiel heißen, einen Tag vorher anzureisen und sich mit einem schönen Abendessen auf das Treffen einzustimmen. Wenn Sie nach drei oder vier Stunden Autofahrt in ein Geschäftsgespräch gehen, wird Sie Ihr Gegenüber kaum noch wichtig nehmen. Indem Sie abgehetzt erscheinen, senden Sie ein klares Signal, dass Sie selbst den Termin nicht wertschätzen. Die innere Unruhe und Rastlosigkeit, Ihre nervösen Ticks sieht man Ihnen einfach an, auch wenn Sie denken, Sie können das überspielen. Sie wollen jemanden ein Geschäft anbieten und vermitteln den Eindruck, dass Sie sich selbst nicht organisieren können. Auch wenn es in der Vergangenheit zur Imagepflege gehörte, sich beschäftigt zu geben, bewirken Sie heute das Gegenteil damit. Zeit ist zu unserem wertvollsten Gut geworden, das in der Rangordnung noch vor dem Geld steht. Wenn Sie davon nichts haben, vermitteln Sie Ihrem Gesprächspartner das Bild eines gescheiterten Geschäftsmannes, und das wollen Sie sicherlich nicht.

Und wenn einmal ein Termin ausfällt, sorgen Sie nicht gleich für Ersatz, auch wenn es Ihrer bisherigen Auffassung von effizienter Arbeit widerspricht. Durchbrechen Sie dieses Muster. Ob am Arbeitsplatz oder privat, verwerfen Sie den Gedanken, in der entstandenen Lücke noch dies und das zu erledigen. Heißen Sie stattdessen die Pausen willkommen, nehmen Sie die Auszeit an, tanken Sie Sonne oder trinken Sie einen schönen Kaffee. Das bedeutet, Mensch zu sein, Sie sind kein Roboter. Freuen Sie sich, wenn jemand einen Termin absagt, denn er hat wahrscheinlich ebenfalls dieses Buch gelesen und befindet sich jetzt im Freigeist-Modus.

Rhythmus im Blut

Mit dem Rhythmus von anderen durch das Leben zu gehen, ist so, als würde man sich mit fremden Federn schmücken. Wir machen uns etwas zu eigen, das nicht zu uns gehört.

Mit Rhythmus verbinden wir gerne Musik und Tanz. Im Idealfall fühlen wir uns beim Tanzen frei und können uns selbst zum Ausdruck bringen. Manchen Menschen fällt das sehr leicht, denn sie haben den Rhythmus im Blut. Andere haben bereits bemerkt, dass es ihnen schwerfällt, den eigenen Tanzstil zu finden oder ihrem Bewegungsdrang freien Lauf zu lassen.

Das kann ein Resultat unserer „Aufzucht“ sein. Mit etwas Glück konnten wir in unserer Kindheit für einige Stunden am Tag machen, was wir wollten und dabei uns selbst entdecken. Spätestens im Kindergarten erlebten wir dann, wie unser Leben in Termine eingetaktet wurde, und diese Entwicklung setzte sich in der Schule weiter fort.

Heute, als Erwachsene, lassen wir uns am Arbeitsplatz von einem fremden, meist viel zu schnellen Rhythmus bestimmen, und fahren im selben Tempo nach Hause, um dort unser Essen zu verschlingen. Dann steigen wir vielleicht auf unser Fahrrad oder gehen joggen, messen uns dabei mit der Geschwindigkeit anderer Menschen oder lassen gar zu, dass eine Smartwatch unsere Fitnessaktivitäten analysiert, um uns zu höheren Leistungen zu treiben. So sind wir wie ferngesteuert unterwegs als hätten wir im Gegensatz zu unserer umfangreichen Schaltung am Fahrrad nur einen Gang. Uns fehlen die Varianten.

Grundsätzlich hat jeder von uns einen persönlichen Rhythmus, jedoch sind wir seit unserer Kindheit täglich einem fremden Takt ausgesetzt, der sich in all unsere Lebensbereiche hineingedrängt hat. In den knappen Zeiträumen von einer Verpflichtung zur nächsten ist es kaum noch möglich, den eigenen Rhythmus kennenzulernen oder gar beizubehalten. Nach Jahren der Konditionierung kann es geradezu beängstigend wirken, wenn wir für kurze Zeit keine Taktvorgabe durch andere Menschen oder durch unser Smartphone bekommen.

Welcher Rhythmus ist eigentlich Ihr individueller Rhythmus? Und ist dieser immer gleich?

Orientieren wir uns an der Natur, so stellen wir fest, dass das Leben nicht immer mit Vollgas fährt, sondern in Zyklen verläuft. Auf den Tag folgt die Nacht, die Natur geht durch die Jahreszeiten, bildet Ebbe und Flut und beschert uns Regen wie Sonnenschein im Wechsel.

Doch unser großes gesellschaftliches Mantra flüstert uns ein, dass wir immer dieselbe Leistungsfähigkeit haben und alle im Gleichtakt funktionieren müssen. Da stellt sich nur die Frage, warum wir bei so viel Gleichheit noch lange nicht alle das gleiche Geld und einen ebenbürtigen sozialen Status haben. In dieser Hinsicht gibt es plötzlich gewaltige Unterschiede, genauso wie bei der Anerkennung, die wir für unsere Arbeit ernten, bei der Versorgung im Krankheitsfall oder der Altersrente.

Wenn wir nicht mehr alle im Gleichschritt funktionieren und parieren wollen, wird es allerhöchste Zeit für einen eigenen Rhythmus, den jeder nach seinen individuellen Bedürfnissen gestaltet. Denn wir sind nicht alle gleich, wir haben nicht die gleiche Größe oder Hautfarbe, nicht das gleiche Geschlecht. Genauso verfügen wir über unterschiedliche Konstitutionen. Und das ist auch gut so. Der eine arbeitet gründlich und zuverlässig, dafür etwas langsamer, der andere ist schnell und sprüht vor Ideen, baut aber immer wieder Fehler in seine Arbeit ein. Wir haben alle unterschiedliche Herangehensweisen und Qualitäten.

Wenn wir in einem Umfeld arbeiten oder unsere Freizeit verbringen, das nicht unserem Rhythmus entspricht, macht das Stress. Statt wir selbst zu sein, versuchen wir angestrengt, uns einzufügen, und verbiegen uns dabei permanent.

! Um uns zu entfalten, benötigen wir ein Umfeld und Aufgaben, die zu unserem Rhythmus passen.

So und nicht anders

Um wieder ein Gefühl für Ihren eigenen Rhythmus zu bekommen, brauchen Sie nichts weiter zu tun, als hin und wieder allein spazieren zu gehen. Denn sobald zwei Menschen zusammen gehen, wird sich wahrscheinlich mindestens einer davon anpassen. Auch ist es an dieser Stelle nicht die Idee, mit Walking-Stöcken, Unterhaltungselektronik oder mit dem Hund zu gehen, denn all das lenkt Sie von sich selbst ab.

Anfangs mag es vielleicht unbehaglich erscheinen, allein und ohne Animation spazieren zu gehen, doch das ist Übungssache. Das Thema ist, Ihren eigenen Rhythmus zu finden, und dazu gehört es, so lange oder so kurz zu gehen, wie es Ihnen behaglich erscheint. Finden Sie heraus, was Sie wollen, ganz ohne Fremdeinflüsse.

Für den Fall, dass Sie mit Ihrem Partner zusammen an dem Thema arbeiten wollen, können Sie auch gemeinsam „allein" gehen, indem Sie einen Abstand einhalten, das heißt, eine Person läuft etwas voraus, die andere weiter hinten. So können beide in ihrem Tempo gehen und in der Stille sein, um mit der Aufmerksamkeit bei sich zu bleiben. Später finden sie wieder erfrischt und erholt zueinander, denn jeder hatte Raum für sich und seinen Rhythmus, so dass nun die gemeinsame Zeit umso mehr genossen werden kann.

Zum Ausprobieren

Nutzen Sie Ihr natürliches Gehen als Übungsfeld. Welche Geschwindigkeit ist denn Ihre Geschwindigkeit? Ist es Ihnen zur Gewohnheit geworden, sich zu beeilen, um schnellen Schrittes zum Ziel zu gelangen? Beobachten Sie sich selbst immer wieder beim Gehen und variieren Sie bewusst einmal zwischen Schlendern, Trödeln, Marschieren oder anderen Gangarten, die Ihnen gerade einfallen. Beziehen Sie nach einigen Erfahrungen Ihren Atem mit in Ihre Beobachtungen ein. Atmen Sie in einer Gehvariante tief und gleichmäßig oder eher oberflächlich und stockend?

Sie werden allmählich feststellen, dass Sie sich mit einem bestimmten Tempo wohler und verbundener fühlen als mit allen anderen Geschwindigkeiten. Es wird bestimmt auch einen Gangrhythmus geben, der Sie mehr anstrengt und Ihnen vielleicht sogar Stress bereitet. Diesen können Sie in Zukunft vermeiden, wenn Sie erst einmal Ihren eigenen Rhythmus kennengelernt haben.

Sobald Sie einige Erfahrung mit sich selbst gemacht haben, kann es hilfreich sein, andere Menschen zu beobachten. Da Stress nun mal „in“ ist, ist es an der Tagesordnung, zielgerichtet von A nach B zu hasten. Entdecken Sie, wie die Menschen dabei wirken. Oft ist ihre innere Anspannung schon durch das Aufschlagen der Schuhe auf dem Boden hörbar. Die Bewegungen sind nicht fließend und elegant, sondern ruckartig und erinnern an den militärischen Stechschritt. Die Beobachtung ist deswegen so wichtig, weil wir uns selbst effizient und attraktiv fühlen, wenn wir in dieser Gangart unterwegs sind. Doch von außen betrachtet wirkt dieser Rhythmus wenig anziehend, besonders wenn das Gesicht dazu freudlos und zu einer Maske erstarrt ist.

Wir legen sehr viel Wert auf ein gepflegtes Äußeres, verbringen viel Zeit mit der Auswahl schöner Kleidung und vor dem Spiegel, bis wir mit unserer Optik zufrieden sind. Interessanterweise widmen wir der Art und Weise, wie wir uns durch unsere Bewegungen zum Ausdruck bringen, kaum Aufmerksamkeit. Vielen Menschen ist anscheinend nicht klar, dass ihre Bewegungen sie zu einem offenen Buch machen.

Verschiedene Gehvarianten allein für sich auszuprobieren, kann Sie dabei unterstützen, ihren ganz persönlichen Rhythmus zu finden. Dieser wird nicht jeden Tag gleich sein und natürlich bedeutet das nicht, dass Sie den einmal gefundenen Rhythmus stur beibehalten oder von nun an nur noch ohne Begleitung laufen sollen.

Das Spazierengehen ist lediglich ein Übungsfeld, das Ihnen dabei hilft, wieder und wieder Ihre Aufmerksamkeit auf sich selbst zu richten. So bemerken Sie auch in anderen Situationen, ob die Geschwindigkeit, mit der Sie gerade etwas tun, Ihre eigene ist oder ob jemand Ihnen sein Tempo aufdrückt und Ihnen dadurch Stress bereitet, sei es am Arbeitsplatz oder privat im Umgang mit Freunden oder der Familie. Wer ein Gefühl für seinen eigenen Rhythmus hat, kann ihn auch besser beibehalten. Das gelingt vielleicht nicht immer, wird aber mit etwas Übung zunehmend selbstverständlich. Mit der Zeit entwickeln Sie ein Frühwarnsystem, das Alarm schlägt, wenn Ihnen jemand seine eigenen Interessen aufzwingen möchte. Dann haben Sie die Wahl, ob Sie bewusst einen Kompromiss eingehen oder ob Sie rechtzeitig gegensteuern, um sich von den fremden Einflüssen frei zu machen. Freigeister legen den Schalter um und gehen nicht nur auf Abstand, sondern behalten ihren eigenen Rhythmus im Blut.

Nicht wie immer – antizyklisch unterwegs

Sicherlich haben Sie beim Einkaufen schon mal in der Schlange gestanden, in einem überfüllten Restaurant gegessen oder in einem vollbesetzten Kino gesessen. Das kann natürlich mal passieren. Wenn es aber zur Regel wird, haben Sie vielleicht Ihr Leben exakt so eingerichtet, dass Sie regelmäßig in die Rushhour kommen. Sie lieben es zu warten, im Stau zu stehen, in der Hauptsaison den Urlaub zu verbringen, weil dann alles so ist wie immer. Es ist viel los, es ist hektisch und es gibt wenig Platz. Gratis dazu haben Sie noch ein Thema, über das Sie fröhlich schimpfen können. Damit ist alles wunderbar und Sie sind zufrieden, oder?

Wenn Sie keine Lust mehr auf Menschenmassen und Warteschlangen haben, kann es eine gute Idee sein, sich antizyklisch zu bewegen. Das bedeutet, Sie machen das, was Sie wollen, nur eben zu anderen Zeiten, als Sie beziehungsweise alle anderen es üblicherweise tun.

Wenn Ihnen ein Restaurant am Samstagabend zu voll ist, dann gehen Sie an einem anderen Wochentag aus oder Sie reservieren Ihren Tisch eineinhalb Stunden vor oder nach der Stoßzeit. Es gibt auch die Alternative, ein anderes Lokal zu wählen.

Verlegen Sie Ihre Feiertage, indem Sie zum Beispiel am Valentinstag einen Tag früher oder später Ihr Festmahl im Restaurant zelebrieren. Sie werden bemerken, dass dann eine ganz andere Stimmung herrscht. Das Lokal ist weniger voll, das Personal hat mehr Zeit und das ganze Ereignis läuft entspannter ab. Vielleicht feiern Sie statt Heiligabend auch einmal Heiligmorgen. So haben die Kinder den ganzen Tag Zeit, mit den Geschenken zu spielen, statt der abendlichen Bescherung entgegen zu fiebern und im Anschluss völlig überdreht ins Bett zu gehen. Sie selbst haben die Gelegenheit, früher in Feiertagsstimmung zu kommen, statt noch letzte Erledigungen zu machen, und das ganze Fest kann zu einem stressfreien Erlebnis werden.

Für den Fall, dass Sie im Supermarkt zu lange Wartezeiten haben, können Sie einen Laden wählen, der weniger überlaufen ist, einen Wochenmarkt besuchen oder einfach Ihre Einkaufszeiten anpassen. Vielleicht nutzen Sie Ihre Gleitzeit am Arbeitsplatz, um morgens statt abends einzukaufen und den Samstag gänzlich zu meiden?

Auch im Urlaub bieten sich völlig neue Perspektiven, wenn Sie außerhalb der Saison fahren. Wie viel besser kommt eine Sehenswürdigkeit zur Geltung, wenn nicht Hunderte von anderen Besuchern den Blick darauf versperren? Und wer sagt, dass man nicht im Winter wandern gehen kann? Zwar haben die Bäume im Wald ihr Blätterkleid abgeworfen, doch zeigen die alten Eichen ihre knorrigen Äste in ganzer Pracht – und Sie haben den Weg für sich allein.

Durch diese Varianten bewegen Sie sich plötzlich nicht mehr im Gleichtakt mit allen anderen, sondern sind antizyklisch unterwegs. Seien Sie kreativ! Indem Sie ausprobieren, was Ihnen entspricht und was nicht, lernen Sie Ihren eigenen Rhythmus kennen. Das bringt eine ganz neue Dynamik in Ihr Leben und als Bonus sparen Sie Zeit, haben genug Platz um sich herum und genießen einen gesunden Abstand von dem stressbehafteten Trubel.

Der Freigeist in Ihnen wird Luftsprünge machen.

Was für ein Drama!

Ein wesentlicher Stressfaktor kann es sein, sich in bestimmte Themen hineinzusteigern. Objektiv betrachtet sind diese Probleme vielleicht gar nicht so gewaltig, doch für die Person, die mittendrin steckt, hat sich die Situation zu einem unlösbaren Knäuel entwickelt, in dem kein Anfang und erst recht kein Ende in Sicht ist. Fangen wir einmal an, den Faden zu entwirren, indem wir uns mögliche Ursachen anschauen.

Einen beträchtlichen Teil dieser Dramen haben wir selbst verursacht. Diese Erkenntnis kann erst einmal wehtun oder auf Ungläubigkeit stoßen. Warum sollten wir so etwas tun? Und doch neigen wir manchmal dazu, unsere persönlichen Probleme zu inszenieren wie ein Schauspiel auf einer Bühne. Dramen sind ein sehr geeignetes Mittel, um uns die Aufmerksamkeit anderer Menschen zu sichern: „Seht alle her, was ich für ein schönes Problem habe!" Schon stehen wir im Mittelpunkt des Geschehens, alle Augen sind auf uns gerichtet und wir erfreuen uns der mitfühlenden Unterstützung unserer Mitmenschen. Natürlich ist es wohltuend, wenn uns andere in der Stunde der Not beistehen. Das ist gut und richtig so. Doch irgendwann müssen wir aus dem Sumpf unserer Probleme herausklettern, wieder festen Boden unter den Füßen gewinnen und aus eigener Kraft durch das Leben schreiten. Ist das nicht der Fall, besteht die Gefahr, abhängig von der Zuwendung anderer Menschen zu werden. Das macht nicht nur uns selbst Stress, sondern auch unserer Umgebung, die ständig auf die eigene Bedürftigkeit reagieren soll. Mit unserem Drama sorgen wir dafür, dass die Probleme anderer unwichtig werden. Egal, was sie beschäftigt, uns selbst geht es noch viel schlechter. Irgendwann darf es gar keine Lösung unseres Dramas mehr geben, denn das bedeutet, die liebevolle Unterstützung der Umgebung aufzugeben. Es läuft also auf die Frage hinaus:

! Wer bin ich ohne mein Problem? Was bleibt dann von mir selbst übrig?

Wenn Sie auf jemanden treffen, der in seinem Drama gefangen ist, wird er versuchen, Sie mit hineinzuziehen. Nehmen wir einmal an, Ihr Chef bekommt angesichts eines Fehlers seiner Mitarbeiter einen heftigen Wutanfall. Eigentlich ist nicht wirklich etwas Schlimmes passiert, aber einige Dinge haben eine Eigendynamik entwickelt, nichts läuft so, wie er es sich vorgestellt und angeordnet hat. Er hat das Gefühl, die Kontrolle zu verlieren, und wirft mit Beleidigungen und Drohungen um sich. Sie haben nun die Möglichkeit, die Ihnen zugewiesene Rolle in diesem Schauspiel zu spielen. Je nachdem, welches Muster sich in Ihrem Miteinander etabliert hat, ist es nun an Ihnen, beleidigt oder abwehrend zu reagieren, den Kopf einzuziehen, Erklärungsversuche zu starten oder zu beschwichtigen. Die Mühe können Sie sich sparen. Hat sich Ihr Gegenüber erst einmal in sein Drama hineingesteigert, dringen vernünftige Argumente nicht mehr zu ihm durch. Alles, was Sie nun tun oder sagen, eignet sich lediglich dazu, die Stimmung weiter anzuheizen. Im Stresstunnel gefangen, ist der Vorgesetzte auf seine Sicht der Dinge fixiert und nicht offen für Gedanken anderer Personen. Es kommt kein echter Austausch zustande. Das Ergebnis ist, dass Ihr eigener Stresspegel steigt, weil Ihre Bemühungen ins Leere laufen. So wird das Drama weiter befeuert, längst nach Feierabend oder sogar das Wochenende hindurch und im Gespräch mit den Kollegen läuft das Kopfkino auf Hochtouren. Es ist kaum möglich, bei den eigenen Belangen oder im eigenen Rhythmus zu bleiben.

! Erschafft ein Schauspieler sein eigenes Drama, so verlassen Sie die Bühne und spielen Sie nicht mehr mit.

In unserem Beispiel lassen Sie den Chef erst einmal toben. Am besten verlassen Sie kurz den Raum mit der Entschuldigung, sich etwas zu trinken zu holen oder zur Toilette zu gehen. Eine andere Möglichkeit ist es, sich innerlich in eine Art Schutzraum zurückzuziehen, solange der Wutanfall andauert. Schaffen Sie es, gelassen abzuwarten und sich emotional zu distanzieren, wird der Ärger Ihres Gegenübers irgendwann verrauchen. Das Feuer seiner Wut wird nicht weiter angeheizt, sondern geht allmählich aus, weil neuer Brennstoff fehlt. Damit ist die Situation entdramatisiert und es kann wieder ein konstruktives Gespräch stattfinden.

So vernünftig diese Strategie auch ist, es wird auch in Ihrem Leben Dramen geben, von denen Sie emotional so betroffen sind, dass Sie es einfach nicht schaffen, ruhig zu bleiben und Ihre Gefühle außen vor zu lassen. Klassisch ist das in Familien der Fall, wo alle Beteiligten seit vielen Jahren die gleichen Rollen spielen und ganz genau wissen, welche Knöpfe sie bei ihren Lieben drücken müssen, um das Schauspiel weiterlaufen zu lassen. Ihre Mitspieler lassen es dann einfach nicht zu, dass Sie das Drama beenden.

Zum Entdramatisieren gehört es deshalb, sich davor zu schützen, dass andere Sie ständig an Ihre Dramen erinnern und diese in Gesprächen wiederkäuen wollen. Wie heißt es doch so schön:

> *Kaum ist etwas Gras über die Sache gewachsen, kommt ein Kamel und frisst es wieder weg.*

Selbst Außenstehende können nämlich ein ureigenes Interesse an Ihrem Drama haben. Sie gefallen sich beispielsweise in der Rolle des barmherzigen Samariters und möchten deshalb nicht, dass Sie aussteigen und sich weiterentwickeln.

Es kann auch sein, dass Sie selbst das Drama stellvertretend für andere ausleben. Diese haben vielleicht dasselbe Thema und können sich aus der Ferne anschauen, wie Sie es durchleben. So brauchen sie es selbst nicht zu tun. Unter dem Strich bedeutet das:

! Wenn niemand außer Ihnen selbst an einer Lösung interessiert ist, können Sie das Drama nur beenden, indem Sie auf Abstand gehen.

Das gilt im Übrigen für alle Dramen, in die Sie sich so verstrickt haben, dass es keinen Ausweg zu geben scheint. Nehmen Sie sich für eine Weile heraus aus der Situation und beschäftigen Sie sich mit anderen Dingen. Holen Sie sich in einem Urlaub neue Impulse oder wenden Sie sich intensiv Ihrem Körper zu, zum Beispiel mit den zuvor beschriebenen Feldenkrais-Übungen. So manches Drama löst sich allein schon dadurch in Luft auf, dass Sie Ihre Aufmerksamkeit eine Weile woanders hinlenken. Mit etwas Abstand können Sie Ihre Situation neu betrachten. Sie gewinnen die Übersicht zurück, so manches Problem verliert an Wichtigkeit und lässt sich wieder richtig einordnen, bestenfalls zeichnet sich sogar eine Lösung am Horizont ab. Entscheiden Sie sich dafür, wieder einen kühlen Kopf zu gewinnen und den Schalter aus der Stellung „Drama" auf „Kein Drama" umzustellen.

Besser ist es jedoch, eine Situation erst gar nicht eskalieren zu lassen. Eine mögliche Soforthilfe zum Entdramatisieren ist so einfach wie wirkungsvoll: der Humor. Probieren Sie einmal, sich selbst nicht so ernst zu nehmen, sondern ab und zu über sich selbst zu lachen.

! In jeder heiklen Lage haben Sie die Wahl, wie Sie damit umgehen: Ist es ein Drama oder ist es keines?

Stellen Sie sich zum Beispiel vor, Ihnen unterläuft ein peinliches Missgeschick, das den versammelten Kollegenkreis zum Lachen bringt. Sie können wütend werden, rot anlaufen, vor Scham im Boden versinken und sich verbissen zurück an die Arbeit begeben, um es allen zu zeigen, die Sie ausgelacht haben. Mit dieser Strategie kauen Sie noch tagelang auf Ihrem peinlichen Missgeschick herum. Was für ein Stress!

Eine Alternative wäre es, einfach in das Lachen der Kollegen mit einzustimmen. Sie machen einen Scherz, zucken die Schultern und gehen zur Tagesordnung über – schon ist das Drama keines mehr. Mit etwas Humor haben Sie den Druck aus der Situation herausgenommen und sich selbst die Erlaubnis gegeben, nicht perfekt sein zu müssen. Auf diese Weise können Sie einen Fehler viel leichter abschütteln, um sich anschließend wieder mit frischem Schwung anderen Dingen im Leben zuzuwenden.

Den Griff lockern

Ihre persönlichen Dramen zu beenden, ist eng damit verbunden, überholte Konzepte loszulassen. Sich an materielle Dinge, Menschen oder Vorstellungen zu klammern, die nicht mehr zu uns passen, kann sich zu einem großen Stressfaktor entwickeln. Ein schönes Bild dazu stammt aus der Dokumentation *„Die lustige Welt der Tiere“*.[28] Die Szene spielt in der afrikanischen Kalahari-Wüste, wo die Menschen eine Methode entwickelt haben, Paviane zu fangen. In dem Film ist zu sehen, wie ein Jäger ein Loch in einen Termitenhügel bohrt und einige Samen hinein

[28] Vgl. Uys, Jamie: *„Die lustige Welt der Tiere“*, Südafrika 1974. Ausschnitt zu sehen auf: https://www.youtube.com/watch?v=we_8vye3Ua8

streut. Ein Affe beobachtet ihn dabei und ist sehr neugierig, was sich wohl in dem Loch befindet. Kaum entfernt sich der Mensch von dem Termitenhügel, um sich im nahen Gebüsch zu verstecken, steckt der Pavian seine Hand in das Loch und greift eine Handvoll Leckereien. Die prall gefüllte Pfote ist nun aber zu groß, um sie wieder aus dem schmalen Zugang herauszuziehen. Anstatt die Samen loszulassen und mit leeren Händen in die Freiheit zu entschwinden, hält der Affe seine Beute fest im Griff. Damit hat er sich selbst gefangen und sein Jäger muss ihn nur noch einsammeln. „Dummer Affe!", denken Sie vielleicht und lachen. Doch lachen Sie nicht zu laut, denn wir Menschen sind nicht viel klüger.

Wenn Eigentum zum Eigentor wird

Allzu leicht fangen wir uns selbst, weil wir es nicht schaffen, den Griff zu lockern, angefangen bei unserem materiellen Besitz. Als wir einmal von einem achtwöchigen Winterurlaub im sonnigen Südostasien zurückkamen, unterhielten wir uns mit einem älteren Herren über die Reise. Er sagte sehnsüchtig: „Das klingt wunderbar. Ich würde auch gern im Winter in die Sonne fahren. Das täte meinen Gelenken richtig gut.“ „Warum machen Sie es nicht einfach? Sie sind doch Rentner“, erwiderten wir. Er reagierte mit Empörung: „Aber das geht doch nicht. Ich habe Eigentum!“ Indem er an seinem Haus und dem Gedanken, es nicht verlassen zu können, festhält, beschränkt sich dieser Mensch selbst. Er müsste das Haus ja keineswegs verkaufen, um seinen Traum vom Winter im Süden zu verwirklichen. Ein Haus lässt sich genauso abschließen wie eine Mietwohnung. Doch offensichtlich gelingt es dem Mann nicht, sich – wenn auch nur vorübergehend – von seinem Besitz zu trennen oder sich anders zu organisieren. Lieber setzt er sich weiterhin Wind und Wetter aus, erträgt seine Gelenkschmerzen und den dadurch ausgelösten Stress. Hier ist das Eigentum zum Eigentor geworden.

Alles, was wir besitzen, beschäftigt uns. Es will gepflegt, gereinigt, gelagert und instand gehalten werden, sei es das Auto, die Kleidung, der Garten, das Haus oder die Möbelstücke. Je älter wir werden, desto mehr Besitztümer haben sich angesammelt. Wollen Sie sich wirklich noch um all das kümmern, oder ist es an der Zeit, einmal gründlich zu entrümpeln, um Platz für Neues zu schaffen?

Ähnlich ist es mit Kontakten und privaten Verpflichtungen. Natürlich ist es bereichernd, gute Freundschaften und lieb gewonnene Hobbys zu pflegen. Doch sind vielleicht auch Menschen oder Aktivitäten darunter, die Sie inzwischen als Last empfinden und Ihnen nicht mehr guttun, zum Beispiel lose Bekanntschaften aus einem lange zurückliegenden Urlaub, mit denen Sie außer dieser einen Reise nichts verbindet. Solche Kontakte loszulassen, kann wertvolle Freiräume schaffen.

Überprüfen Sie auch für sich, ob der Traum vom Eigentum überhaupt zu Ihnen gehört. Es gibt Mieter und Besitzer. Die einen brauchen die Geborgenheit der eigenen vier Wände, dann ist ein Haus eine gute Entscheidung. Andere fühlen sich mit diesem Wohnmodell unflexibel. Sie sind weniger sesshaft, wollen mal hier, mal dort leben. Sie sind vielleicht glücklicher, wenn sie nur drei Monate Kündigungsfrist einhalten müssen, um ausziehen und Ihre Wohnsituation wieder an neue Lebensumstände anpassen zu können. Auch ein eigenes Auto ist nicht für jeden wichtig. In der Großstadt ist es eventuell sogar praktischer, öffentliche Verkehrsmittel zu nutzen, als mit dem Auto zu fahren. Für gelegentliche Ausflüge ins Grüne lässt sich einfach ein Leihwagen mieten und zwar genau so lange, wie das Auto tatsächlich gebraucht wird, ohne sich mit Reparaturen, TÜV-Plaketten oder Reifenwechsel zu beschäftigen. Falls Sie noch Zweifel haben, ob Sie Mieter oder Besitzer sind, kann eine simple Frage Orientierung geben: Haben Sie im Urlaub das Gefühl, dass Sie in Ihrem Gepäck alles zur Verfügung haben, was Sie brauchen, und genießen Sie die Freiheit, sich in Ihrem Hotelzimmer oder der Ferienwohnung um nichts kümmern zu müssen? Dann sind Sie wahrscheinlich im Herzen ein Mieter. Als Besitzer vermissen Sie nach zehn Tagen Ihr Zuhause, sehnen sich nach Ihrem eigenen Bett und den vertrauten Gegenständen, von denen Sie im Alltag umgeben sind.

Alles hat seine Zeit

Es gibt einfach Phasen, in denen nichts geht. Vielleicht hatten Sie selbst schon einmal das Gefühl, dass Ihr Leben aus lauter angefangenen Baustellen besteht und Sie auf keinem Gebiet Fortschritte erzielen, egal, was Sie unternehmen, um die Blockaden zu lösen. Nicht immer funktioniert es, Prozesse mit purer Willenskraft zu beschleunigen. Wir sind so daran gewöhnt, die Dinge voranzutreiben und zu forcieren, dass es sehr schwer fällt, geduldig abzuwarten. Hier handelt es sich um einen passiven Vorgang und Passivität ist in unseren Augen ein absolutes „No-Go". Doch erinnern Sie sich an das Konzept von Yin und Yang. Es braucht Ruhephasen, damit anschließend Wachstum geschehen kann. Akzeptieren Sie einfach, dass die Zeit zum Handeln noch nicht reif ist. Auch bei der Ernte muss der richtige Zeitpunkt gekommen sein. Früchte, die vier Wochen zu früh gepflückt werden, schmecken nicht.

Ist es dann soweit, sollten Sie nicht zu lange zögern. Wir gehen davon aus, dass ein Geschäftsmodell, unser Beruf oder unsere Beziehungen für die Ewigkeit ausgelegt sind. Das ist eine Illusion, denn alles unterliegt dem Wandel. Die meisten Dinge eignen sich nur für einen begrenzten Zeitraum. Wenn wir nur noch aus Gewohnheit oder Angst mit unserem Partner zusammenbleiben oder sich schon jetzt abzeichnet, dass unser Job bald maschinell erledigt wird, ist es Zeit, loszulassen und weiterzuziehen. So können wir die Chance auf einen Neuanfang nutzen. Sich gegen natürliche Entwicklungen zu stemmen, kostet lediglich Kraft und macht Stress, denn egal wie sehr wir uns anstrengen, die Mühe wird vergeblich sein.

Der stumme Stress

Das gilt auch für Gegebenheiten, mit denen wir uns arrangieren, obwohl wir nicht oder nicht mehr glücklich damit sind. Dahinter stehen oft Versprechen oder Arrangements mit anderen Menschen, die uns vor Jahren in eine Situation hineinmanövriert haben, die heute nicht mehr zu uns passt. Das kann zum Beispiel eine Freundschaft sein, eine Ehe, ein Unternehmen, das gemeinsam mit einem Partner gegründet wurde, oder die Vereinbarung mit den Eltern, eine Wohnung in deren Haus zu beziehen. Nach einer Weile realisieren wir, dass wir uns auf einen faulen Kompromiss eingelassen haben. Es stellt sich vielleicht heraus, dass der gute Freund zwar ein angenehmer Reisegefährte ist, wir aber mit seinen Geschäftspraktiken nicht einverstanden sind. Die Wohnung im Elternhaus hat eine grandiose Aussicht, aber ständig gibt es Streit, weil Absprachen unklar sind oder die Privatsphäre nicht respektiert wird. Wenn sich die ersten leisen Bedenken einstellen, wischen wir sie zunächst beiseite. „Eigentlich ist ja alles gut", denken wir. Es scheint vernünftig, Zugeständnisse zu machen, denn schließlich floriert das gemeinsame Unternehmen. Mit den Eltern in einem Haus zu wohnen, mag anstrengend sein, ist aber unschlagbar günstig und in der ganzen Gegend gibt es keine Grundstücke mehr in einer ähnlich guten Lage. Mit solchen Ausflüchten belügen wir uns selbst, und unser Unterbewusstsein weiß das. Als stummer Stressfaktor schwelt der Konflikt hinter der Fassade der erfolgreichen Geschäftsfrau oder des musterhaften Sohnes und raubt uns Tag für Tag die Lebensfreude. Wenn wir jetzt nicht handeln und aus dem faulen Kompromiss aussteigen, verstricken wir uns immer mehr in der selbst gestellten Falle, investieren weiter Zeit und Geld in ein Modell, das nicht das unsere ist. Angeblich ist alles in bester Ordnung, doch wo kein Raum für sich selbst und die eigene Meinung bleibt, können wir uns nicht entfalten.

Nun einfach im Stillen auszuharren und zu erwarten, dass die anderen irgendwann ein Einsehen haben werden, wird zu einer Enttäuschung führen. Der Geschäftspartner geht jeden Abend ohne Gewissensbisse ins Bett und die Eltern fühlen sich wohl damit, in ihrem Haus weiterhin die Regeln vorzugeben. Aus ihrer Sicht gibt es schließlich keinerlei Anlass, etwas an den bestehenden Absprachen zu ändern. In einer solchen Lage können Sie sich nur dafür entscheiden, Ihre Erwartungen, wie die Dinge sein sollten oder könnten, aufzugeben. Falsche Ansprüche an uns selbst und andere blockieren uns. Wir haben einen Idealzustand im Kopf, der sich nicht realisieren lässt oder einfach mit den Vorstellungen unserer Mitmenschen kollidiert. Akzeptieren Sie das rechtzeitig.

! **Stecken Sie Ihre Energie lieber in konkrete Schritte für eine Veränderung, als in das Aufrechterhalten eines Trugbildes, das keine Zukunft hat.**

Keine Zeit für Zeitdiebe

Sie lauern im Verborgenen, um den einen Moment abzupassen, in dem ihr Opfer Schwäche zeigt, und schlagen dann zu. Sie nehmen sich, was sie haben wollen, und kommen mit ihren Übergriffen ungestraft davon. Die Rede ist von Zeitdieben.

Eine absolut unterschätzte Stressfalle ist das Szenario, dass Sie zu einem Termin wollen und ein Zeitdieb Sie nicht gehen lässt. Es spielt dabei keine Rolle, ob es eine geschäftliche Verabredung ist oder Sie sich einfach auf einen Plausch mit einer Freundin treffen wollen. Ihnen ist dieser Termin wichtig, Sie haben sich extra dafür Zeit genommen und Ihren Tag darauf ausgerichtet. Wie es aber der Zufall will, kommt eine Person, die den ganzen lieben Tag Zeit gehabt hätte, gerade in dem Moment um die Ecke, als Sie aufbrechen wollen. In Seelenruhe unterbreitet Sie ihr Anliegen, verlangt von Ihnen, jetzt gleich noch etwas zu erledigen oder will einfach nur Gedanken austauschen. Der Zeitdieb hält Sie damit in einer Warteschleife, während Sie schon auf dem Sprung sind, und je länger die Situation andauert, desto höher steigt der Stresspegel. Am Arbeitsplatz treten solche Situationen typischerweise kurz vor Dienstschluss oder vor Ihrem wohlverdienten Urlaub auf. Natürlich kann es tatsächlich einmal sein, dass hier Zufall im Spiel ist, doch wenn es immer wieder die gleiche Person ist, die kurz vor Torschluss noch etwas will, stecken pure Absicht und eine Strategie dahinter. Ihr Gegenüber ist ganz genau darüber im Bilde, dass Sie jetzt gehen wollen, und spielt mit Ihnen, wie eine Katze mit der Maus. Sie nimmt Ihnen Ihre Zeit weg und die kommt nicht wieder, was bleibt ist das Kopfkino.

Einen ähnlichen Effekt hat es, wenn verbindliche Absprachen zwischen zwei Menschen nicht eingehalten werden. Das lässt sich bei einem gemeinsamen Projekt erleben, wenn die Arbeitsschritte mehrerer Personen aufeinander folgen. Liefert die erste Person in der Kette zum Beispiel ein grundlegendes Konzept nicht oder mit Verspätung, entsteht Stress, denn sein Kollege ist auf dieses Dokument angewiesen, um selbst mit seiner Arbeit zu beginnen. Während er auf die versprochene Arbeitsvorlage wartet, sitzt er auf heißen Kohlen und bekommt Schweißausbrüche, da die eigene verbleibende Arbeitszeit bis zur Deadline täglich schrumpft. Das Kopfkino heizt hoch, Zeitdruck und Stress liegen in der Luft. Und das nur, weil eine Absprache nicht eingehalten wurde.

Es stellt sich die Frage, wie verbindlich unsere eigenen Zusagen sind. Der Trend geht dahin, uns nicht mehr festlegen zu wollen. Wir behalten uns vor, Termine und Inhalte in letzter Minute zu ändern oder erst gar nicht zu definieren. In unserer täglichen Kommunikation begegnen uns Aussagen wie: „Ich komme gleich vorbei", was einen Zeitraum von fünf Minuten bis vier Stunden umfassen kann. Die wage Absicht: „Mal sehen, vielleicht können wir uns am Wochenende treffen", mündet nur selten in eine gemeinsame Unternehmung, und wenn Ihnen ein Handwerker angekündigt hat: „Dafür brauchen wir keinen Termin, ich komme irgendwann einfach mal vorbei", warten Sie wahrscheinlich noch heute auf ihn.

All diese Aussagen haben vor allem eins gemeinsam: ein große Portion Unverbindlichkeit. Der eine will etwas absprechen, der andere hält sich konsequent alle Optionen offen, um bis zum letzten Moment abzuwarten, ob nicht noch etwas Besseres auf ihn zukommt. Und da ja heute jeder immer und überall erreichbar ist, lassen sich Verabredungen kurzfristig absagen, selbst wenn sie tatsächlich getroffen wurden. Das ist eine grobe Unhöflichkeit. Mit diesem unverbindlichen und unorganisierten Verhalten stiehlt man einer anderen Person wertvolle Lebenszeit. Der Schriftsteller Rafik Schami bringt es auf den Punkt: „Ein Mensch, der mit uns einen Termin ausmacht, hat ein Stück seines Lebens damit verbunden. Termine verschlampen, heißt nichts anderes, als das Leben des anderen zu verachten."[29]

In den geschilderten Beispielen wird die betroffene Person in eine Warteschleife gestellt. Sie möchte sich in Bewegung setzen und das tun,

[29] Schami, Rafik: *„Sieben Doppelgänger"*. dtv Verlagsgesellschaft, München, 2001.

was sie sich vorgenommen hat beziehungsweise was besprochen wurde, ist aber zur Handlungsunfähigkeit verurteilt.

Solche Situationen sind heftige Stressoren und keineswegs nur auf das Arbeitsleben beschränkt. Auch in einem Umfeld, in dem wir uns scheinbar wohl und sicher fühlen, gibt es Zeitdiebe, die sich von unserem Stress zu nähren scheinen, sei es in der Familie oder unter Freunden und Bekannten. Gerade der freundliche und kameradschaftliche Umgangston lässt uns immer wieder in die gleichen Fallen tappen, weil wir unserem Gegenüber vertrauen.

Sicherlich haben Sie sich selbst schon in ähnlichen Situationen wiedergefunden. Unsere Beispiele sollen Ihnen helfen, die List und Methode der Zeitdiebe zu erkennen, um sich auf diese Weise ein unnötiges Kopfkino zu ersparen. Wenn Sie gleich erkennen, wie der Hase läuft, können Sie das Thema mit der betreffenden Person offen ansprechen. Bringen Sie Klarheit auf den Tisch, damit sich etwas ändern kann. Denn eins ist gewiss: Sie wollen nicht ewig in der Warteschleife stecken oder auf das Abstellgleis verbannt werden. Wenn eine Person auf Ihre Kosten im Trödelmodus lebt, löst das bei Ihnen unnötigen Stress aus. Werden Sie wiederholt versetzt, lassen Sie sich nicht mehr auf vage Absprachen ein. Sofern alle Versuche scheitern, eine Verbindlichkeit zu schaffen, ist irgendwann die Grenze erreicht. Sie haben stets die Option, sich selbst wieder an Ihrem freien Geist zu erfreuen und den Zeitdieb sich selbst zu überlassen. Es ist wie beim Roulette: „Rien ne va plus – nichts geht mehr.“ Sie steigen aus dem Spiel aus.

24 Stunden an der Leine

Was ist aber, wenn wir unser eigener Zeitdieb sind, weil wir uns verzetteln oder völlig gedankenlos mit der wertvollen Ressource Zeit umgehen? Der undisziplinierte Umgang mit den digitalen Medien nimmt mittlerweile einen sehr großen Raum im Leben der Menschen ein. 100 bis 150 Mal am Tag schaut der Durchschnittseuropäer auf sein Mobiltelefon, 35 Stunden in der Woche widmet er dem Medienkonsum. In der digitalen Welt zu agieren, ist zu einem zweiten Job geworden.[30] Die Dimensionen haben längst Suchtcharakter erreicht. Sprächen wir über 35 Flaschen Bier in der Woche, wäre jedem klar, dass wir es hier mit einem Alkoholiker zu tun haben, doch in Bezug auf den Medienkonsum haben wir einen blinden Fleck. Das Problem wird geleugnet, klein geredet, als unausweichlicher Teil der modernen Gesellschaft angesehen. Allein die Vorstellung, digitalen Verzicht zu üben, löst bei zahlreichen Menschen Aggression oder Ängste aus. Je mehr digitalen Stoff wir zu uns nehmen, desto mehr steigert sich das Verlangen nach einer immer stärkeren Dosis – die klassischen Symptome einer Abhängigkeit.

Die gesundheitlichen Folgen werden achselzuckend in Kauf genommen, angefangen von dem Stress, ständig in Bereitschaft zu sein oder etwas zu verpassen, bis hin zu der Angst vor sozialer Ausgrenzung, falls wir einmal nicht erreichbar sein sollten. Hinzu kommen Aufmerksamkeitsdefizite und innere Unruhe, weil die digitalen Helfer ständig bei dem stören, was wir gerade tun oder tun wollen. Der hohe Blaulicht-

[30] Vgl. Pahr, Martina und Schreuer, Eva: *„Switch off"*, in: *Wege – Das Magazin zum Leben*, Ausgabe Februar 2018.

Anteil der Bildschirmbeleuchtung hindert unser System außerdem daran, in den Ruhemodus umzuschalten und in einen erholsamen Schlaf zu gleiten, was die Stressspirale weiter anheizt.

Intensive Online-Nutzer neigen sogar dazu, den Bezug zur Realität zu verlieren, Sie empfinden die virtuelle Welt angenehmer als die Wirklichkeit. Schon gilt es bei der jungen Generation als Abenteuer, offline zu gehen. In der Tat kann es anstrengend sein, sich mit dem wahren Leben auseinanderzusetzen. Statt einfach den „Like"-Button anzuklicken, müssen wir uns mit Menschen und Meinungen beschäftigen, diskutieren und unseren Standpunkt vertreten. Das wird manchmal unbequem, aber der echte zwischenmenschliche Kontakt ist durch nichts zu ersetzen. Aus gutem Grund empfiehlt die Hirnforschung Senioren, die fit bleiben wollen, sich regelmäßig mit ihren Enkeln zu beschäftigen. Das trainiert das Denkvermögen sehr viel besser, als es Gehirnjogging oder Kreuzworträtsel jemals könnten.

Ein digitaler Austausch befriedigt nicht wirklich unser Bedürfnis nach Nähe, Aufmerksamkeit und Zuwendung, es scheint nur so, als ob er das könnte, bleibt jedoch an der Oberfläche und lässt uns hungrig zurück, ähnlich einer Cola mit Süßstoff, die unser Verlangen nach Zucker nicht stillen kann. Auch ist es etwas völlig anderes, selbst auf Reisen zu gehen, als sich Bilder exotischer Orte im Netz anzuschauen. Egal wie gut sie sind, zeigen sie doch immer bloß einen Ausschnitt der Wirklichkeit und zwar den, den der Fotograf uns sehen lassen möchte. Vielleicht hat dieser dem makellosen Erscheinungsbild sogar noch mit dem digitalen Retuschepinsel nachgeholfen. Wir sehen nicht, was sich außerhalb des gewählten Bildausschnittes befindet, sei es ein Baugerüst um das World Heritage-Denkmal oder ein Bettler vor dem Eingang. Wir spüren nicht die Strapazen der langen Reise, nicht die Schwüle der hohen Luftfeuchtigkeit. Von unseren fünf Sinnen werden nur die Augen angesprochen, es fehlen die Gerüche und Geräusche, und wir erfahren ebenfalls nicht, wie die fremden Gewürze schmecken. Sich im wirklichen Leben mit all seinen Facetten wiederzufinden, kann also tatsächlich zu einem Abenteuer werden und plötzlich klingt das Wort „analog" gar nicht mehr so altbacken, sondern nach schönen Erlebnissen mit Tiefgang.

Holen Sie sich Ihre Zeit zurück und fangen Sie etwas Sinnvolles damit an. Online verbrachte Zeit ist meist einfach weg, all die Links und Likes, die Posts und Blogs hinterlassen nur selten ein erfüllendes Gefühl. Zu flüchtig sind die Eindrücke der digitalen Welt. Das ist etwas völlig anderes, als etwa einer kreativen Tätigkeit nachzugehen und dabei die Zeit zu vergessen. Denn hier halten wir am Ende ein greifbares Ergebnis in den Händen.

Natürlich bietet das Internet viele Vorteile, die Sie nutzen können, um sich das Leben leichter zu machen. Wir möchten Sie einfach dazu auffordern, bewusst mit den Medien umzugehen. Bleiben Sie Herr der Lage, statt sich zum Sklaven der Technik zu machen und 24 Stunden täglich „an der Leine" gehalten zu werden.

Zum Ausprobieren

- Statt planlos im Netz zu surfen, beschaffen Sie sich ganz gezielt die Informationen, die Sie gerade benötigen. Vielleicht legen Sie sogar eine Liste neben den Rechner, welche Themen Sie heute recherchieren wollen. Das sorgt für Selbstdisziplin und hält Sie davon ab, unnötig abzuschweifen.
- Bedienen Sie sich der sozialen Netzwerke, um solche Kontakte herzustellen oder zu pflegen, die Sie auch von Angesicht zu Angesicht weiterführen möchten.
- Kaufen Sie die Dinge im Netz, die Sie offline nur mit viel Aufwand beschaffen können. Alles andere besorgen Sie klas-

sisch im Laden oder auf dem Wochenmarkt, am besten dort, wo es noch einen angenehmen persönlichen Kontakt gratis dazu gibt.

- Stellen Sie Ihre Geräte klug ein. Neue Nachrichten können auch ohne akustisches Signal eintreffen, automatische Updates lassen sich unterbinden und ein Werbeblocker kann die Zahl der täglichen Reize einschränken. Holen Sie sich dazu Informationen im Netz – auch das ist eine Idee, um das World Wide Web auf sinnvolle Art und Weise einzusetzen.
- Welche Geräte, Medien, Plattformen und Netzwerke wollen Sie nutzen? Treffen Sie eine Auswahl und entrümpeln Sie Ihre Medien, genauso wie Sie regelmäßig Kleidung, die Sie nicht mehr tragen mögen, aus Ihrem Schrank verbannen.
- Wenn Sie konzentriert an etwas arbeiten möchten, schalten Sie Ihr Mobiltelefon in den Flugmodus um oder schalten Sie die Internetverbindung ab, damit Sie nicht von neuen Nachrichten abgelenkt werden.
- Treten Sie aus Facebook- und WhatsApp-Gruppen aus. Pflegen Sie lieber Kontakte zu den Individuen, statt sich auf ein Grundrauschen an oft überflüssigen Mitteilungen und Kommentaren einzulassen.
- Legen Sie die tägliche Dosis für Ihren Online-Konsum fest, privat zum Beispiel zweimal am Tag eine halbe Stunde. So werden Sie die begrenzte Zeit automatisch bewusst nutzen. Damit Sie sich daran halten, stellen Sie einen Wecker oder – noch besser – bitten Sie einen anderen Menschen, Sie nach der gegebenen Zeit vom Rechner wegzuholen.
- Vermeiden Sie es, „nebenbei" online zu gehen, wenn Sie gerade etwas anderes tun. Essen Sie, wenn Sie essen, kaufen Sie

ein, wenn Sie im Supermarkt sind. Während einer Verabredung auf das Smartphone zu starren, ist tabu, das ist eine grobe Unhöflichkeit gegenüber dem Gesprächspartner, der Ihnen seine Zeit widmet. Genauso wenig hat ein Smartphone in einem Entspannungskurs, beim Sport oder gar in einer Meditationsgruppe etwas zu suchen.

- Ihr Handy hat einen „Aus"-Knopf (Ja, wirklich!) – benutzen Sie ihn. Ein bis zwei Stunden vor dem Schlafengehen ist digitale Ruhezeit und natürlich bleiben die Medien die Nacht über aus, damit Mensch und Geräte ihre Akkus aufladen. Und wenn Sie trotzdem einmal nicht einschlafen können, ist es heilsam, sich an den Partner zu kuscheln, um den Stress gemeinsam abzubauen. Das kann kein Smartphone der Welt ersetzen.

Keep it simple – weil es einfach besser geht!

In unserer Gesellschaft herrscht ein übereinstimmendes Credo, das besagt: „Nur das, was schwer und komplex ist, ist etwas wert." Entsprechend verhalten wir uns und beschreiben unser Tagwerk zum Beispiel mit Sätzen wie: „Es war heute eine Menge los." „Ich hatte es gestern ganz schön schwer." „Das Meeting war wahnsinnig anstrengend." „Unser jüngstes Projekt ist wie ein gewaltiger Marathon." Das klingt für unsere Ohren nach einer Menge Arbeit und damit richtig gut. Damit wir der Volksüberzeugung folgen und unseren Platz darin einnehmen können, werden die kleinsten Dinge aufgeblasen und viel Wind um sie herum gemacht. Geht einem Menschen seine Arbeit dagegen leicht und einfach von der Hand, haben wir dafür nur Verachtung und Spott übrig.

Auf die Idee, dass wir gerade von diesen Menschen etwas lernen können, kommen wir nicht.

Wenn wir unsere Arbeit als hochkomplex deklarieren, werden wir gebraucht und sind unentbehrlich. Wir bleiben im Gespräch und bekommen jede Menge Aufmerksamkeit. Dass keiner so richtig mitkommt bei dem, was wir tun, ist ein willkommener Nebeneffekt. So haben wir den Vorteil, dass uns kein anderer in die Karten schaut. „Es muss ja nicht jeder verstehen", heißt es dann oft. Dieses Phänomen haben wir wohl alle schon mal erlebt, als wir mit Informationstechnologie, Steuern oder anderen Arbeitsbereichen zu tun hatten, die gern in einen undurchsichtigen Nebel gehüllt werden. Bedenken Sie aber:

> *„Jeder intelligente Narr kann Dinge größer und komplexer machen. Es braucht ein Stück Genialität – und jede Menge Mut –, sich in die entgegengesetzte Richtung zu bewegen."*[31]

Die Gründe dafür, Dinge unnötig kompliziert zu machen, sind dagegen keineswegs komplex, sondern denkbar primitiv. Es geht schlicht darum, die eigene Daseinsberechtigung und Machtposition zu sichern. Jemand steckt das Revier rund um sein Arbeitsfeld ab. In der Tierwelt markieren die Wölfe ihr Territorium mit Urin, Menschen setzen dazu Worthülsen ein. In beiden Fällen handelt es sich um einen Abwehrmechanismus, der Eindringlinge warnen und Stressreaktionen bei ihnen auslösen soll.

[31] Schumacher, E.F.: *„Small is Beautiful"*, in: *The Radical Humanist*, Vol 37, Nr. 6, September 1973, zit. n. https://babel.hathitrust.org/cgi/pt?id=uc1.32106019678082;view=1up;seq=230

Ist ein potentieller Angreifer trotzdem in das Revier eingedrungen, ist es eine sehr effektive Schutzstrategie, Verwirrung zu stiften. Auch hierfür liefert die Tierwelt ein schönes Beispiel. Wenn ein Adler auf einen Vogelschwarm trifft, sieht es so aus, als sei seine große Stunde gekommen. Er ist auf Beute aus und es gibt mehr als genug davon. Doch der Vogelschwarm nutzt seine Stärke, die in der großen Anzahl von einzelnen Tieren liegt. Alle Vögel des Schwarms fliegen kreuz und quer durcheinander. Das Durcheinander und die Masse der Beutetiere überfordern den eigentlich überlegenen Greifvogel, er kann kein Individuum aus der Menge im Blick behalten und gezielt jagen. Am Ende geht er leer aus, weil das chaotische Überangebot für vollkommene Verwirrung gesorgt hat.

! Legen Sie den Schalter um. Geben Sie sich selbst die Erlaubnis, dass es einfach sein darf.

Tief in unserem Inneren sind wir doch alle hocherfreut, wenn wir einfache Lösungen serviert bekommen. Es ist eine Erleichterung, wenn wir mal kein Formular ausfüllen müssen, ein Kundenservice uns kompetent weiter geholfen hat oder die Speisekarte im Restaurant einfach und übersichtlich ist. Der Volksüberzeugung zum Trotz sind wir doch von der Einfachheit angetan. Das erklärt auch den Erfolg der großen Internetportale. Die Marketingprofis haben früh erkannt, dass in Zeiten des Smartphones Informationen auf das Wesentliche reduziert werden müssen. Folgerichtig haben sie die Bedienbarkeit der Websites stark vereinfacht, so dass sich auch von unterwegs problemlos Einkäufe tätigen lassen. Die „Keep-it-simple"-Strategie funktioniert.

Grundsätzlich gehen uns undurchsichtige Zusammenhänge und lange Meetings ganz gehörig auf die Nerven, doch letzten Endes wollen wir uns das nicht eingestehen, würden wir sonst ja gegen unsere angebliche Volksweisheit verstoßen. Wie wohltuend ist doch ein Meeting, in dem es einem kompetenten Moderator gelingt, in 15 Minuten die wesentlichen Informationen kurz und prägnant auf den Punkt zu bringen. Leider ist solch eine Veranstaltung bislang die Ausnahme, doch wir können alle unseren Teil dazu beitragen, dass sich das ändert.

Bei manchen Menschen wissen wir schon im Vorfeld, dass wir auf eine Frage keine einfache Antwort bekommen. Wann immer es möglich ist, verzichten Sie darauf, eine solche Person zu konsultieren. Sie benötigen weder deren Prestige-Gehabe noch wollen Sie mit einer Masse an Fremdwörtern konfrontiert werden, um verwirrter also zuvor aus dem Gespräch herauszugehen.

Wollen wir mit anderen Menschen kommunizieren oder nur Selbstdarstellung betreiben? Was haben wir denn davon, wenn wir anderen Menschen Tipps und Know-how verheimlichen? Erfreut es uns wirklich so sehr, wenn sich andere schwertun? Sie haben die Wahl, sich bewusst anders zu verhalten.

! Indem Sie Informationen großzügig teilen, machen Sie sich selbst und den Menschen in Ihrer Umgebung das Leben leichter und einfacher.

Bunkern Sie Ihr Wissen nicht länger, sondern tauschen Sie es offen aus, sei es, dass Sie einem Kollegen am Arbeitsplatz weiterhelfen oder im Freundeskreis eine gute Erfahrung weitergeben. Hier können wir viel von den jungen Menschen lernen, die ihre Informationen ins Netz stellen, sie über die Social-Media-Kanäle bewusst verbreiten und sich in Foren der Diskussion stellen.

Was geschieht denn, wenn es einfach und leicht geht? Im „schlimmsten" Fall bekommen Sie gleich alle Informationen, die Sie benötigen, können dadurch eine kluge Entscheidung treffen und in die Tat umsetzen. Damit ist die Sache schnell erledigt. Es gibt keinen Stress, weil die Lösung sofort greifbar ist. Zusätzlich sparen Sie eine Menge Ärger und Lebenszeit ein. Es findet keine Manipulation statt, es gibt keine Hintertürchen, kein Kleingedrucktes und auch keine versteckten Absichten.

So kann eine wohltuende Alternative zu unserem komplizierten Alltag aussehen. Wie Sie bemerken, wirkt eine solche Einfachheit sehr ungewohnt.

Klare Verhältnisse schaffen

Wenn Sachverhalte und Erklärungen einfach gehalten werden, entsteht Klarheit. Jeder weiß, woran er ist und was er zu tun hat. So ist der Geist frei, um sich den anstehenden Aufgaben inhaltlich zu widmen. Unklarheit ist dagegen eine Quelle von Missverständnissen, die sich zu Stressfaktoren und Zeitfressern mausern können. Sind zum Beispiel Arbeitsanweisungen unklar, legen Mitarbeiter Ergebnisse vor, die auf Verwunderung stoßen: „Warum haben Sie das denn jetzt gemacht? Das war nicht der Arbeitsauftrag!", heißt es dann seitens der Geschäftsführung. So manche Arbeit landet aufgrund von Missverständnissen im Papierkorb und die investierte Zeit fehlt an anderer Stelle, so dass ein Projekt anschließend unter erhöhtem Druck fortgeführt wird. Die damit verbundene Aufregung und der Zusatzaufwand entfallen, wenn von Anfang an Klarheit herrscht.

Sehen Sie es als Ihre persönliche Mission an, für Klarheit zu sorgen, wann immer es möglich ist. Gerade in einer Gruppe sind viele Menschen erleichtert und dankbar, dass sich jemand traut, die Fragen zu stellen, die sie selbst haben. Nachzufragen hilft anderen außerdem, sich präziser auszudrücken oder sich gar darüber klar zu werden, was sie eigentlich wollen. Viele Fehler lassen sich auf diese Weise schon im Vorfeld vermeiden.

Auch wenn wir von einem Termin zum anderen hetzen, wirkt sich das auf unsere Klarheit aus. Genauso wie unser Körper sich zwischen den verschiedenen Schauplätzen bewegt, springt unser Geist umher und produziert teils abenteuerliche Gedanken, die uns und andere durcheinander bringen. In einen vollen Terminplan Schleusen einzubauen, in denen Sie wieder zu Atem kommen, kann wertvoll sein. Nehmen Sie sich Zeit, sich zu sammeln, bevor Sie in ein Gespräch gehen oder sich in eine neue Aufgabe stürzen: Worum geht es? Was ist wichtig? Was möchten wir gemeinsam erreichen? Wenn Sie diese Fragen für sich selbst beantworten, sind Sie in der Lage, Ihr Anliegen auf den Punkt zu bringen. Sofern Sie meinen, dass dafür keine Zeit ist, können wir Sie beruhigen: Dank der erzielten Klarheit holen Sie die investierte Zeit locker wieder auf. Damit ersparen Sie sich und Ihrer Umgebung, dass die Nerven blank liegen.

! **Gehen Sie nicht davon aus, dass Ihre Gesprächspartner schon wissen werden, was Sie meinen. Die wenigsten sind hellseherisch begabt. Formulieren Sie deutlich, worauf Sie hinauswollen, dann werden Sie auch verstanden.**

Zu einer besonderen Belastung können sich ungeklärte Konflikte auswachsen. Wir können sie verdrängen, überspielen, ignorieren, und doch sind sie da. Sie schwelen unter der Oberfläche, liegen uns schwer im Magen wie unverdaute Nahrung und stoßen immer wieder auf, so lange, bis wir sie anschauen und ansprechen. Geben Sie die Idee auf, Themen aufzuschieben, damit sie sich irgendwann von selbst klären. Werden Sie lieber aus freien Stücken aktiv, als darauf zu warten, dass Ihnen ein Thema um die Ohren fliegt und Sie auf diese Weise zum Handeln gezwungen werden.

Nehmen Sie Ihren Mut zusammen und sagen Sie Ihrem Nachbarn, dass es Sie stört, wenn er mit seinem Wagen Ihre Einfahrt halb zuparkt, bitten Sie Ihren Partner, in geselliger Runde keine Witze mehr auf Ihre Kosten zu machen, sprechen Sie Ihre Freundin an, wenn Sie erfahren, dass sie ein Geheimnis nicht für sich behalten konnte. Ehrlich zu sagen, wie es Ihnen in der Situation geht, dass Sie sich zum Beispiel gedemütigt, hintergangen oder bedrängt fühlen, kann Türen öffnen. Dann haben Sie gute Chancen herauszufinden, was hinter dem Verhalten der anderen steckt. Im besten Fall lassen sich Ursachen finden und aus der Welt schaffen. Vielleicht haben ja auch Sie selbst einen Beitrag zu dem Konflikt geleistet, ohne dass es Ihnen bewusst ist. Zeigen Sie Größe, indem Sie sich die eigenen Schattenseiten anschauen, statt stur auf Ihrem – vermeintlichen – Recht zu beharren. Das stets kampfbereite Ego beiseite zu schieben, kann inneren und äußeren Frieden herbeiführen und die ewige Wiederholung der gleichen Konflikte endlich beenden.

! Wenn Sie Dinge beim Namen nennen, verlieren sie ihre Macht.[32] Deshalb klären Freigeister ihre Themen.

[32] Extense, Gavin: „*Alex Woods oder warum das Universum keinen Plan hat*", Blanvalet Taschenbuch Verlag, München 2016.

Nun gibt es aber Menschen, die an Klarheit nicht interessiert sind. Sie blocken Gespräche ab, bleiben in Kampfstellung und lassen sich auf keinen echten Dialog ein. Hier stehen Sie auf verlorenem Posten, wenn Sie den Konflikt lösen wollen. Es bleibt nur die Option, Ihre Energie nicht länger darauf zu verschwenden und sich von dieser Person zu verabschieden. Damit schaffen Sie zumindest für sich selbst Klarheit und können loslassen.

Probieren geht über studieren

Die vorgestellten Ideen, vom Abstand bis zur Klarheit, sollen Ihnen helfen, den kreisenden Gedanken Einhalt zu gebieten. Eine Umstellung braucht Zeit und Sie werden nicht alle Themen gleichzeitig angehen und beheben können. Jedoch sind Sie nicht mehr hilflos, wenn Ihr Kopfkino einsetzt, sondern Sie haben jetzt Werkzeuge an der Hand, mit denen Sie peu à peu umzugehen lernen.

Wenn im Augenblick kein dringendes Thema anliegt, können Sie einfach mit ein paar der vorgestellten Anregungen spielen. Nehmen Sie ein Kapitel, das Sie anspricht, und machen Sie in den nächsten Wochen Ihre Beobachtungen und Erfahrungen mit alternativen Verhaltensweisen.

Für den Fall, dass es ein aktuelles Problem gibt, lesen Sie sich in das entsprechende Kapitel ein und suchen Sie für sich gezielt eine passende Methode heraus. So kann situationsbedingt zum Beispiel ein gesunder Abstand nötig sein, oder es steht an, sich in ein Drama eben nicht hineinzusteigern, sondern auszusteigen. Nutzen Sie die Ideen, die hilfreich für Sie sind, und werfen Sie über Bord, was Sie nicht nutzen wollen.

Allein dadurch, dass Sie nun etwas anderes tun als üblich, werden Sie für Personen in Ihrem Umfeld automatisch zu einem lebendigen Beispiel dafür, dass Veränderungen möglich sind und dass es Auswege aus der Stressspirale gibt.

Und wenn Sie demnächst von jemandem angesprochen werden, der in einer ähnlichen Lage ist, wie Sie es waren, haben Sie Handwerkszeug und wertvolle Erfahrungen, die Sie weitergeben können. Das gibt nicht nur Ihnen ein gutes Gefühl, sondern auch Ihrem Mitmenschen, dem Sie weitergeholfen haben.

Jeder kann ein Freigeist sein

Deutschland ist im Dauerstress. Wie wir jetzt wissen, findet dadurch keine Weiterentwicklung statt, sondern die bestehenden Mechanismen werden eisern festgehalten. Für einige Menschen funktionieren sie ja hervorragend, und weil das so ist, wird jede Veränderung im Keim erstickt. Das ist kein Zufall.

Das gegenwärtige Wirtschafts- und Gesellschaftssystem wird gern als „alternativlos" hingestellt. Doch ist das wirklich so oder fehlt uns bislang schlicht die Vision, wie es anders sein könnte?

Wir sind in der Welt, wie wir sie kennen, aufgewachsen. Oft fühlen wir uns gar nicht besonders wohl in ihr. Trotzdem haben wir sie weitgehend akzeptiert und uns mit den Umständen arrangiert. Es kommt uns gar nicht erst der Gedanke, dass es Alternativen geben könnte. Doch jede gesellschaftliche Ordnung ist ein Konsens, auf den sich die Mehrheit der Menschen geeinigt hat, sie ist nichts anderes als ein künstliches Konstrukt. Und wo Künste am Werk sind, gibt es Gestaltungsspielraum. Keine Konstruktion, so alt sie auch sein mag, kann für alle Zeit taugen. Da das Modell, das wir gegenwärtig leben, von Menschenhand geschaffen ist, lässt es sich auch von Grund auf erneuern, um Platz zu schaffen für Freigeister und ihre zeitgemäßen Träume.

Scheinwelt pur: Leben im Spielcasino

In kollektivem Einvernehmen haben wir uns eine Scheinwelt geschaffen. Es ist, als lebten wir in einem riesigen Spielcasino. Über allem schwebt das Bild des großen Erfolgs. Herren im feinen Anzug und

Damen in edlen Roben sitzen um den Spieltisch herum und jeder hat hohe Stapel mit Chips vor sich aufgetürmt. Da wollen wir alle hin.

Es gibt tatsächlich nur einen Tisch, an dem unsere Idole mit den vielen Chips zu finden sind. Diese Leute sitzen hier schon sehr lange und spielen ihr Spiel, garniert mit reichlich Imponiergehabe. Sie bleiben unter sich und werden dabei allmählich immer älter. Die Jüngeren schauen voller Ehrfurcht zu ihnen auf. „Wenn man dort so sitzt, weiß man, wo es im Leben lang geht", denken sie. Wir sehen Reichtum und das allein reicht aus, um uns zu beeindrucken. Und schon versuchen wir ebenfalls, das Spiel zu spielen, nach den Regeln des Kampfes, die uns alle in Gewinner und Verlierer einteilen.

Auf dem Weg zu diesem Ziel lernen wir, unser Blatt auszureizen, zu pokern und Schulden zu machen. Wir erleben Hochphasen, in denen wir ein paar Chips übrig haben. Ein anderes Mal leben wir über unsere Verhältnisse, wir schwitzen vor Angst, haben Stress und verlieren am Ende vielleicht Haus und Hof. Doch weil hier alle zocken, ist es wohl normal, dass es immer auf und nieder geht.

Schauen wir uns die Masse der Mitspieler um uns herum genauer an, vermissen wir gerade die strahlenden Persönlichkeiten, die wir uns vor unserem inneren Auge vorgestellt haben. Kein James Bond kommt zur Tür herein, umgeben von schönen und klugen Frauen. Im wahren Leben sind es doch eher die Eindrücke von Frust, Traurigkeit und Sucht, die uns begegnen.

Wenn wir genug Zeit an den Pokertischen verbracht haben, stellen wir fest, dass wir über die scheinbar erfolgreichen Personen gar nichts wissen. Was sie auszeichnet, sind ihre vielen Chips und die Kleidung. Doch sehen wir starke Persönlichkeiten mit Ausdruck, echter Weisheit und einem inneren Leuchten?

Was wir von den „Reichen und Schönen“ gelernt haben, ist zu bluffen und andere mit miesen Tricks zu übervorteilen. Dabei wissen wir weder, ob es ihnen damit gut geht, noch, ob sie es gut mit uns meinen. Ist das große Glück etwa nur ein schöner Schein, den es um jeden Preis zu wahren gilt?

Nur weil jemand schon sehr lang am Spieltisch sitzt, ist das kein Grund, ehrfürchtig zu ihm aufzuschauen. Allmählich kommt uns der Gedanke, dass es im Leben etwas anderes gibt als die Pokerrunde und das ewige Spiel um den Mammon. Wir erkennen, dass wir ein Spiel, das nicht unseres ist, so lange gespielt haben, dass wir unsere eigenen Träume auf dem Weg verdrängt haben.

Wenn zwei sich streiten, freut sich der Dritte. Genau aus diesem Grund gibt es das Casino. Denn wie wir alle wissen, gibt es im Spielcasino nur eines, das ganz sicher ist: Die Bank gewinnt immer.

Zwischen Hoffnung und Schmerzen werden nur Spiele gespielt. Um das große Spiel für sich zu beenden, ist es essentiell, nicht nur den Spieltisch, sondern das Casino zu verlassen. Unter Menschen, die in ihrem Leben nichts anderes getan haben, als ihre Chips festzuhalten, können wir uns nicht weiterentwickeln. Den Pokertisch wird es vielleicht noch lange geben, doch indem wir ihm den Rücken kehren, ist er für uns aus den Augen und damit aus dem Sinn. Wir sind frei.

Was uns davon abhält, ist der Gedanke: „Wenn ich das Casino verlasse, gehe ich ins Nichts.“ Doch sobald wir den Mut dazu aufbringen, bemerken wir auf einmal, dass wir nicht allein sind. Außerhalb der Scheinwelt gibt es viel mehr Menschen als wir dachten und ihnen geht es ähnlich wie uns. Unser Weg hat uns somit nicht ins Nirgendwo geführt, sondern in einen Kreativraum, in dem etwas Neues entstehen kann.

Genau dort, wo „nichts“ ist, gibt es keine Spiele, denen wir von Kindesbeinen an ausgesetzt waren. Damit öffnen wir ein neues Lernfeld, in dem es nicht ums Kämpfen geht. Und wo kein Kampf stattfindet, gibt es auch weniger Stressfelder, von denen wir uns auf Ruheinseln mühsam erholen müssen. Was übrig bleibt, sind Personen, die plötzlich Zeit haben, Zeit zum Nachdenken, Zeit, um Mensch zu sein und um eigene Ideen zu verwirklichen. Sie können von Mensch zu Mensch miteinander agieren, voneinander lernen und ihr Leben neu gestalten. Damit ist es nicht mehr nötig, uns in Gewinner und Verlierertypen einzuteilen, wir können jetzt alle Gewinner sein.

Kraft unseres Bewusstseins kann von jedem Einzelnen von uns ein Puzzleteil zu einem großen gesellschaftlichen Bild beitragen werden. Indem wir Neues ausprobieren, es wieder verwerfen oder es aufgreifen und weiterentwickeln, kann für uns alle eine neue Wirklichkeit entstehen. Damit haben wir unserem Verhalten eine wirkliche Alternative hinzugefügt, die grundlegende Lebensbedingungen verändert.

Längst sind nicht mehr alle Menschen im Spielfieber. Für weit mehr Personen als wir vermuten funktioniert das bestehende Lebensmodell in unserer Gesellschaft nicht mehr. Diese Menschen probieren bereits neue Möglichkeiten für sich aus und sind schon in diesen Prozess eingebunden.

! Wir steuern auf einen strukturellen Umbau in unserer Gesellschaft zu.

Ein Teil der Menschen ignoriert diese Tatsache. Kein Wunder: Wer mit Tunnelblick unterwegs ist, sieht nicht, was draußen geschieht. Außerdem wissen wir ja bereits, dass Deutschland es gewohnt ist, Trends in der Anfangsphase zu verschlafen.

In der Vergangenheit wurden Erneuerungen und Wirtschaftswunder stets durch einen Krieg ausgelöst. Die Musikband „Erste Allgemeine Verunsicherung" hat das in ihrem Song *„Neandertal"* sehr treffend formuliert:

> *„Seit Menschengedenken wird aufgebaut,*
> *damit man es nachher wieder niederhaut.*
> *Aus Blut und Schutt und nach jedem Krieg,*
> *die Wirtschaft wie Phönix aus der Asche stieg."*[33]

So ist die gängige Praxis. Wir leben in einem ewigen Kreislauf, in dem sich ständig die gleichen Dinge wiederholen. Es ist nicht so, dass früher alles besser war. Trotzdem leben die Mode- oder Einrichtungsstile der vergangenen Jahrzehnte in regelmäßigen Abständen wieder neu auf und auch politisch bekommen wir seit Jahrzehnten die gleichen Themen serviert. Selbst im Filmgeschäft werden die alten Geschichten ständig aufgewärmt und neu verpackt, sei es als Remake oder als Fortsetzung. Was einmal Erfolg hatte, kann auch nochmal funktionieren.

Ein gutes Beispiel ist der Star-Wars-Kult. In dieser Filmreihe dreht sich alles um den ewigen Kampf zwischen Gut und Böse, gewürzt mit einem Familiendrama und dem Mysterium der Jedi, jenen Menschen, die vollkommen im Einklang mit sich selbst sind. Dafür haben sie zuvor ihre Stressthemen und die damit verbundenen Gefühle geklärt. Dank ihrer Ausbildung verfügen die Jedi über einen Zugang zu ihren inneren Fähigkeiten und sind in der Lage, sie zu nutzen. Dieses Potential macht natürlich neugierig.

[33] Erste Allgemeine Verunsicherung: *„Neandertal"*. Von Thomas Spitzer. *Watumba.* Electrola (Universal Music), 1991. CD.

Nachdem in Episode VI die letzte Schlacht zwischen Gut und Böse geschlagen war, trat endlich Frieden ein.[34] Die Fangemeinde wartete sehnsüchtig auf eine Fortsetzung. Welche Einflüsse der Jedi werden die Menschen verändert haben? Wie wird eine neue bessere Welt aussehen? Man sollte meinen, dass nun das Aufleben einer Hochkultur beginnt, in der ein Jedi-Training so selbstverständlich ist wie bei uns die Schulbildung. Jeder Mensch hätte so die Chance, das eigene Bewusstsein zu entdecken, seine innere Stärke zu entfalten und seine mentalen Fähigkeiten auszubilden. Hier hätte es in Episode VII eine riesige Spielwiese für wirklich neue Ideen und Geschichten gegeben.[35] Doch dazu kam es nicht. Selbst diejenigen Fans, die dem Jedi-Aspekt kein großes Interesse entgegenbrachten, wurden bitter enttäuscht. Denn eines hatte sicher niemand erwartet: Dass die Geschichte der Episode IV nahezu identisch wiederholt wird.[36] Mit anderen Worten: Es herrscht wieder Krieg, das Universum muss erneut von dem Bösen gerettet werden. Doch mit welchem Ziel eigentlich, wenn einfach alles wieder von vorn beginnt, sobald Frieden herrscht? Können sich selbst die hoch bezahlten kreativen Köpfe der einstigen Traumfabrik Hollywood keine Welt vorstellen, in der nicht immer nur gekämpft wird? An einem zu geringen Budget liegt es sicher nicht, dass uns die Drehbücher lediglich in eine neue Runde auf der Endlosschleife hineinführen. Wieder bleibt die Frage offen, wie die Vision einer neuen Welt eigentlich aussehen könnte.

Die Erneuerung, die auf uns zukommt, stellt offensichtlich etwas wirklich Neues dar, etwas buchstäblich Unvorstellbares. Damit ist nicht

[34] Vgl. Marquand, Richard: *„Star Wars: Episode VI: Die Rückkehr der Jedi-Ritter"*. USA 1983.

[35] Vgl. Abrams, J.J.: *„Star Wars: Episode VII – Das Erwachen der Macht"*. USA 2015.

[36] Vgl. Lucas, George: *„Star Wars: Episode IV – Eine neue Hoffnung"*. USA 1977.

gemeint, dass wir lediglich die alten Karten neu mischen. Wir werden völlig andere Karten einsetzen als bisher und die Art, wie wir spielen, revolutionieren.

Es wird unser Verhalten sein, das sich von Grund auf verändert. Denn wenn wir uns erst von der Stresslast befreit haben, werden wir erfahren, welche Gedanken und Ideen tatsächlich in uns stecken. In einer guten körperlichen und seelischen Verfassung beginnen wir, wieder zu träumen, so wie wir es als Kinder schon getan haben. Dann ist es nur noch eine Frage der Zeit, bis wir eine Vision für ein besseres Miteinander in unserer Gesellschaft entwickeln und leben.

Unsere Utopie im nächsten Kapitel soll ein Versuch sein, da weiterzugehen, wo viele Geschichten enden. Wir wagen einen neuen Anfang, um den Leser zu inspirieren, seine eigenen Fähigkeiten zu entdecken und kreativ mit sich selbst umzugehen. Das ist wie beim Feldenkrais, es beginnt mit der Wahrnehmung, mit dem Lernen durch Ausprobieren, mit Varianten und Handlungsoptionen. Wir verändern unsere Gewohnheiten, erkunden Alternativen und wenden diese an.

Eins ist auf jeden Fall klar: Dieses Mal wollen wir nicht wieder das Gleiche tun. Wir wollen endlich eine neue Geschichte schreiben, eine, in der jeder von uns ein Freigeist sein kann.

Utopie vom Neubeginn

Es ist noch früh am Abend. In dem Restaurant sitzt als einziger Gast ein alter Mann. Er ruht in sich. Seine wachen, klaren Augen zeugen von einer Lebenserfahrung, als könne jede seiner Falten eine Geschichte erzählen. So wirkt er auch auf die Kellnerin, der seine würdevolle Ausstrahlung nicht entgeht. Der alte Mann kommt gerne hierher, nicht nur wegen des Essens, sondern ebenso wegen der angenehmen Atmosphäre. Hier und da ergibt sich ein Gespräch, sei es mit einem anderen Gast oder mit der freundlichen Bedienung. Und nichts weiß er mehr zu schätzen, als eine anregende Unterhaltung.

Im Moment wartet er auf seine Freunde. Sie alle vier widmen ihr Leben der Aufgabe eines Mentors. Heute sind sie glücklich und führen ein erfülltes Leben. Doch das war nicht immer so. Die Mentoren hatten in den zwanziger Jahren des 21. Jahrhunderts den Aufbruch zu einem neuen Deutschland mitgestaltet. Damals fanden gewaltige Veränderungen auf jeder Ebene in der Gesellschaft statt und sie waren mittendrin. Die Erfahrungen aus dieser Zeit der Neugestaltung geben sie heute an ihre Schüler weiter, um ihnen auf den Weg zur eigenen Kraft und zu ihren inneren Fähigkeiten behilflich zu sein. Jeder Jugendliche hat heute einen Mentor. Das ist auch der Grund ihres heutigen Treffens. Denn ihre Schüler fragen immer wieder nach dem Beginn der Bewegung, die aus den gestressten Massen beflügelte Freigeister werden ließ.

Er schaut auf seine Uhr und bemerkt, dass er noch etwas Zeit hat, bis die anderen kommen. Der Mentor lehnt sich zurück und genießt seinen Kaffee, während seine Gedanken zu seinem Schüler Jonas abschweifen, den er kurz zuvor verabschiedet hat. Er mag den Jungen und seine Wissbegierigkeit.

Es erfüllt ihn mit Stolz, den jungen Menschen dabei zu helfen, auf das zu vertrauen, was sie wahrnehmen und spüren. In seinen jungen Jahren ging es nicht nur ihm, sondern vielen in seiner Generation so, dass er Gefühle und andere Empfindungen wahrnahm, doch diesen keine Bedeutung beimessen konnte. Sie spürten, dass die sogenannte „Weltordnung" keineswegs in Ordnung war und dass sie andere Ideen im Kopf hatten, doch von den Älteren wurde das nur als Spinnerei abgetan. So verließen sie sich nicht auf sich selbst, sondern auf das, was die Gesellschaft ihnen vorgab. Sie traten in die Fußstapfen vergangener Generationen, führten das Erbe, die Gedanken, manchmal sogar das Unternehmen ihrer Eltern weiter. Der Stress wurde ihnen damit schon in die Wiege gelegt. Glücklich und zufrieden wurden sie dadurch nicht. Ihr Leben hatte keinen Sinn, keine Bestimmung, keine Aufgabe.

Vorige Generationen konnten sich mit dem Wiederaufbau als Lebensaufgabe rühmen, doch die Generation der ab 1970 Geborenen hatte bereits alles und war doch innerlich so leer wie keine andere zuvor. Er dachte an den jungen Prinz Charles, der sich wohl nie hätte träumen lassen, dass er sein ganzes Leben lang ein Prinz bleiben würde. Er war einfach nur da, ohne viel tun oder bewirken zu können. Die Generation vor ihm hielt das Zepter der Macht fest in den Händen und würde es wohl an die Generation nach ihm weitergeben. Es war, als würde er ein Leben lang wie beim Mannschaftssport auf der Auswechselbank sitzen und zuschauen, ohne selbst je spielen zu dürfen. Der Mentor und mit ihm viele seiner Altersgenossen fühlten sich ebenso. Im Stillen nannten sie sich die „Generation Prinz Charles“, auch wenn der symbolische Namensgeber bereits viel früher als sie selbst im Jahre 1948 das Licht der Welt erblickt hatte.

Erst viel später kamen sie auf die Idee, dass ihre Wahrnehmung und ihr Gefühl, dass etwas grundsätzlich nicht in Ordnung sei, sie keineswegs getäuscht hatten. Zu diesem Zeitpunkt hatte ihre Generation es schon versäumt, eigene Werte und Träume zu entwickeln und zu verwirklichen, waren sie doch mit dem Lebensmodell der Generation vor ihnen besser vertraut als mit ihrem eigenen.

Der Stress hatte es einer ganzen Generation verwehrt, in ihre Bestimmung und in die eigene Aufgabe zu kommen, entsprechend hatten Gleichgültigkeit und Resignation Einzug in ihre Leben gehalten. Doch als sie bereits ein Alter von vierzig bis fünfzig Jahren erreicht hatten, veränderte sich etwas. Immer mehr Menschen hörten auf, sich an eingeschworenen Lebensregeln festzuhalten, die ihnen doch nichts gebracht hatten. Auf breiter Ebene änderte sich das Bewusstsein in den zwanziger Jahren, jene Zeit, die später als Aufbruchstimmung bekannt wurde. Was die Menschen damals taten, macht sie heute im Jahr 2050, wo viele schon siebzig oder achtzig Jahre alt sind, für die Gesellschaft so wertvoll, dass sie immer noch wichtige Funktionen innehaben. Eine Aufgabe davon ist es, die jüngeren Generationen zu unterstützen. Dazu gehört es zum Beispiel, junge Menschen mit ihrer inneren Stimme und ihren Gefühlen vertraut zu machen. Denn was geschieht, wenn man seinen eigenen Wahrnehmungen, Wünschen und Lebensträumen nicht folgt, hatten die Mentoren und ihre Altersgenossen sehr schmerzhaft erfahren.

Die Mentoren wollen die kommenden Generationen unterstützen, mit ihnen Hand in Hand zusammenarbeiten, anstatt, wie sie es selbst erlebt haben, von den älteren Mitgliedern der Gesellschaft unterdrückt und klein gehalten zu werden. Dieser Mechanismus diente zwar wunderbar der Besitzstandwahrung, doch Fortschritt und ein zeitgemäßes Handeln fanden dadurch nicht statt.

Der Mentor unterbricht seine Gedanken als seine Gefährten Diana, Michael und Rafaela zur Tür hereinkommen. Voller Freude begrüßt er seine Freunde, und alle nehmen gemeinsam an dem schönen runden Tisch Platz. Nachdem sie es sich gemütlich gemacht haben, jeder für sich mit einem warmen Getränk in den Händen, können sie es kaum noch erwarten, gemeinsam zurückzublicken und sich an die Anfänge der Aufbruchstimmung zu erinnern, an eine Zeit, in der die eigene Generation, die sich bereits selbst aufgegeben hatte, ihre Bestimmung erkannte und annahm. Der große Stressknoten fing an, sich zu lösen, und von dem Moment an kamen die Menschen nach und nach in ihre Lebensaufgabe. Die Zeit war reif dafür.

Doch zunächst gab es eine ganze Reihe von Auslösern, welche die Menschen zum Nachdenken brachte und schließlich ins Handeln führte.

Kollektiv im Burnout

Welcher Auslöser die entscheidende Rolle für den Umbruch spielte, konnte später niemand mehr sagen. Immer mehr Menschen erkannten damals, dass das bestehende System nicht mehr für sie taugte. Sie fühlten sich mit ihren Sorgen und Bedürfnissen übergangen, nicht mehr als Mensch wahrgenommen. Stattdessen waren sie nur noch Rädchen im System, die ausgetauscht und weggeworfen wurden, sobald sie nicht mehr reibungslos funktionierten.

Auf breiter Ebene wurden erstmals im Nachgang zur Bundestagswahl 2017 Bedenken laut. Nach Jahren einer großen Koalition der beiden Hauptparteien herrschte eine hohe Politikverdrossenheit in der Bevölkerung. Fast ein Viertel der Wahlberechtigten gab bei der Wahl ihre Stimme erst gar nicht ab, weil sie ohnehin die Hoffnung aufgegeben hatte, dass ihre Belange von der Politik vertreten wurden. Dementsprechend lag die Wahlbeteiligung bei 76,2%.[37] Diejenigen, die sich dennoch die Mühe machten, zur Wahlurne zu gehen, entschieden sich oft, ihre Stimme einer der kleineren Parteien zu geben, um eine neue Machtverteilung im Bundestag zu erzwingen. So kam es, dass keine der großen Parteien CDU/CSU und SPD zusammen mit ihren angestammten Koalitionspartnern eine regierungsfähige Mehrheit bilden konnte. Eine

[37] Vgl. https://wahl.tagesschau.de/wahlen/2017-09-24-BT-DE/index.shtml

weitere Legislaturperiode mit einer großen Koalition war im Vorfeld der Wahlen sowohl von CDU/CSU als auch der SPD abgelehnt worden und so sah man sich gezwungen, über noch nie da gewesene Konstellationen nachzudenken. Insbesondere war die sogenannte Jamaika-Koalition im Gespräch, ein Zusammenschluss der CDU/CSU mit den Liberalen und den Grünen. Doch was wäre dafür nötig gewesen? Die Politiker hätten aufeinander zugehen, ihre Positionen überdenken und diskutieren müssen. Sie hätten sich daran erinnern können, dass sie die Belange des Volkes zu vertreten hatten, statt ihre eigenen beziehungsweise die Interessen der großen Wirtschaftskonzerne, die unermüdlich ihre Lobbyarbeit betrieben. Mit Kreativität, einem offenen Geist und Mut zum Neuanfang hätte es damals die Chance gegeben, das öffentliche Leben neu und besser zu gestalten. Genau das hatte sich die CDU damals auch auf die Fahnen geschrieben: „Für ein Deutschland, in dem wir gut und gerne leben", hieß es auf den Wahlplakaten der Union.

Allzu ernst war es um diesen Wunsch offenbar nicht bestellt, schafften es die Volksvertreter in den Sondierungsgesprächen nicht, auch nur annähernd einen Konsens zu erzielen. Der Prozess zog sich fünf Monate lang hin, so dass Deutschland fast ein halbes Jahr lang lahm gelegt war, bevor die „Rettung" in Form einer weiteren Amtsperiode mit Kanzlerin Merkel und einer großen Koalition kam. Die Politik atmete erleichtert auf: Der Status quo wurde bewahrt, nichts würde sich ändern, tiefgreifende Reformen, die bereits seit den 1980er Jahren erforderlich gewesen wären, konnten weitere vier Jahre ausgesessen werden.

Es war diese Gleichgültigkeit der Regierenden, die das System schließlich ins Wanken brachte. Den Menschen wurde endgültig klar, dass ihre Stimmen nicht gehört wurden, dass die Volksvertreter ihren Job, das Volk zu vertreten, nicht machten. Offensichtlich spielte selbst das Ergebnis einer Wahl – doch eigentlich das Herz der Demokratie – keine Rolle mehr, denn der Auftrag zur Bildung einer repräsentativen Regierung wurde konsequent missachtet.[38]

So wäre das stress- und krankmachende Programm noch die nächsten Jahrzehnte unverändert weitergelaufen, wenn es sich nicht selbst ad absurdum geführt hätte. Denn immer mehr Menschen konnten einfach nicht mehr, ihre Körper oder ihre Psyche versagten den Dienst, es gab einen kollektiven Burnout, der auf Überlastung und Sinnentleerung beruhte. Nach bewährtem Schema erkannten die Machthaber in Politik und Gesundheitswesen zwar das Problem, ignorierten es jedoch gekonnt. Die Betroffenen bekamen kaum Hilfsangebote, Therapien wurden bewusst knapp gehalten und hohe Hürden aufgebaut, um überhaupt eine Behandlung zu erfahren. Es hatte Methode, Patienten so lange bürokratische Steine in den Weg zu legen, bis den meisten die Luft ausging und sie aufgaben, schließlich waren sie ohnehin zu erschöpft, um noch großen Widerstand zu leisten oder ihr Recht auf eine Behandlung zu erkämpfen.

Im Gesundheitssystem war der Stress nicht gerne gesehen und vor allem wollte niemand dafür bezahlen. Die moderne Medizin war auf die Behandlung von Stress und dessen Folgen nicht eingestellt. Gedanklich war man wohl in einer Medizin verhaftet, die im Feldlazarett angewendet wurde. Wie in Kriegszeiten galt man als krank, wenn ein Bein kaputt oder das Rückgrat verletzt war. Konnte man nichts dergleichen aufweisen, wurde man schnell als Simulant hingestellt.

[38] Anmerkung der Autoren: An dieser Stelle möchten wir es jedoch ausdrücklich gutheißen, dass rechtsorientierten Parteien trotz der Wahlergebnisse 2017 kein Platz in der Regierungskoalition eingeräumt wurde. Eine rechtsgerichtete Regierung darf niemals wieder als „Alternative für Deutschland“ angesehen werden.

Zwar war die körperliche Gewalt am Menschen zur Ausnahme geworden, doch die psychische Gewalt gehörte zur täglichen Routine und blieb für die Täter straffrei. Wo kein Täter, da kein Opfer. Dieser Sachverhalt führte dazu, dass Stress und seine Folgeerkrankungen nicht ernst genommen und die Patienten abgewiesen wurden.

Zudem war die Medizin nicht mehr die Domäne der Mediziner, sondern der Verwaltung. Die Bürokraten, die im Hintergrund die Geschicke lenkten, hatten genug Abstand von dem Leid der Menschen, um sie als bloße Kostenfaktoren zu betrachten. Sie richteten ihre Aufmerksamkeit darauf, Ausgaben zu sparen, und waren sehr erfolgreich in dem, was sie taten. Es war sogar vorgesehen, psychotherapeutische Gespräche zu streichen und die Patienten stattdessen zu Hause per Computer zu therapieren. Wo der zwischenmenschliche Bezug zwischen Arzt und Patient fehlt, kann man natürlich nicht annähernd von einer Therapie sprechen, aber Ideen wie diese wiesen ein enormes Einsparpotential auf.

Da sie ohne Hilfe blieben, versanken viele Patienten in Süchten, Verzweiflung und Depressionen oder erlagen ihren körperlichen Leiden. Diejenigen, die Glück hatten, konnten mithilfe alternativer und selbst finanzierter Heilmethoden sowie der Unterstützung von Freunden und Familie ihre Selbstheilungskräfte aktivieren, schafften es, ihr Leben umzustrukturieren und sich so aus eigener Kraft wieder aus dem Sumpf zu ziehen.

Genau diese Menschen wurden zu einem leuchtenden Beispiel für andere. Sie führten ihrer Umgebung vor Augen, dass weder vom Gesundheitssystem noch von politischer Seite Hilfe zu erwarten war. Es konnte sich nur dann etwas ändern, wenn jeder Einzelne für sich und sein direktes Umfeld sorgte, das heißt, Lebens- und Arbeitsbedingungen schuf, die wieder menschenwürdig und sinnerfüllt waren. Das

System musste von unten her revolutioniert werden, denn wer oben saß und seine Schäfchen im Trockenen hatte, hatte keinerlei Interesse mehr daran, den gegenwärtigen Zustand zu verändern, der ihn in seiner privilegierten Position hielt.

Raum zur Genesung

Was zu Beginn mit Einzelfällen startete, hatte einen so durchschlagenden Erfolg, dass die Öffentlichkeit den Entwicklungen immer mehr Aufmerksamkeit schenkte. Überall in der Gesellschaft fanden kleine Veränderungen statt, die sich zum großen Ganzen zusammenfügten und dabei eine Kraft entwickelten, die sich nicht mehr aufhalten ließ, ähnlich wie bei den Geschehnissen, die in den 1980er Jahren zum Mauerfall und dem Ende des Kalten Krieges führten. Alles war im Fluss des Aufbruchs in eine neue Zeit.

Im Zuge dieser Aufbruchstimmung wurde unter anderem das bestehende Gesundheitssystem komplett ad acta gelegt. Der kollektive Burnout zwang die Verantwortlichen endlich dazu, den Mangel an wirksamen Gesundheitsangeboten aufzuheben, statt ihn als Mechanismus zur Manipulation einzusetzen (siehe Seite 73). Dazu brauchte es nur die simple Erkenntnis, den Menschen genauso gut zu behandeln wie ein Auto. Hat ein Wagen einen platten Reifen, fährt man damit nicht noch sechs Monate lang umher. Hier waren die Vorschriften schon immer klar: Obwohl man theoretisch auch auf der Felge fahren kann, stört der defekte Reifen doch das Fahrverhalten und wird umgehend gegen ein intaktes Exemplar ausgetauscht.

Bei Menschen war man früher nicht so kleinlich. Solange der Kopf noch dran war, war es in Ordnung, dass Menschen sechs bis neun Monate auf einen Facharzttermin warteten. Was beim Auto undenkbar war – man stelle sich vor, ein halbes Jahr lang auf einen Werkstatttermin warten zu müssen –, war damals in der Medizin Standard. Die Würde des Menschen wurde nur noch theoretisch durch das Grundgesetz geschützt. Praktisch war eine kranke Person das perfekte Opfer, das durch den Mangel an wirksamen Therapien zusätzlichem Stress und psychischem Druck ausgesetzt wurde. Daher wurde ein Gesetz erlassen, dass Patienten bei körperlichen wie auch bei psychosomatischen und stressbedingten Erkrankungen Anspruch auf eine sofortige Behandlung hatten. Beim Auto war es ja ebenfalls möglich, die Fahrtüchtigkeit kurzfristig wieder herzustellen.

So entstanden im Laufe der Zeit überall Orte zur Erholung und Genesung in Deutschland. Dort konnte von nun an jeder Mensch zu jeder Zeit medizinische und psychologische Betreuung finden. Eine solche Politik der offenen Häuser war früher undenkbar. Mit dem Ausspruch: „Da könnte ja jeder kommen!“ wurden die Türen fest geschlossen und nur für die Hartnäckigsten einen Spalt breit geöffnet. Diese Einstellung hat sich so grundlegend gewandelt, dass die medizinischen Mitarbeiter heute mit Stolz sagen: „Da kann jeder kommen!“

In den Genesungsorten trafen Hilfesuchende auf fachkundige Ansprechpartner. Das Behandlungsangebot war so groß, dass Wartezimmer kaum noch gebraucht wurden. Sie wurden eher zu Aufenthaltsräumen, wo sich Patienten zwanglos begegneten, um mit anderen Betroffenen ihre Erfahrungen auszutauschen. Zeit war reichlich vorhanden, genau wie alles andere, was zur Erholung gebraucht wurde. Wenn nötig, erhielten die Patienten Unterkunft und Verpflegung, um aus dem kräftezehrenden Alltag herauszukommen und parallel dazu Unterstützung in der akuten Krankheitsphase zu erhalten. Durch die sofort verfügbare Hilfe stürzten die Betroffenen nicht erst in ein tiefes Tal, sondern wurden gleich im Anfangsstadium aufgefangen.

Die medizinische Behandlung und Betreuung machte in jener Zeit einen Bewusstseinssprung. Die rein wissenschaftlich orientierte Medizin war und ist natürlich in Notfällen und bei rein körperlich bedingten Beschwerden wertvoll und unerlässlich. Theoretisch kann sie wahre Wunder vollbringen, versagte aber in jenen Tagen auf der praktischen Ebene mehr und mehr. Das komplexe Zusammenspiel zwischen Körper und Geist lässt sich nun einmal nicht im Labor analysieren, dazu braucht es eine achtsame Interaktion zwischen Patient und den behandelnden Personen.

So kam es, dass man sich auf überliefertes Wissen aus vergangenen Zeiten und anderen Kulturen besann. Was Jahrhunderte lang zur Heilung des Menschen beigetragen hatte, konnte man nun nicht länger ignorieren beziehungsweise aus Profitgier verleugnen. Heute sind alle dankbar dafür, dass einige Kulturkreise ihr medizinisches Volkswissen bewahrt haben. So verschmolz der Erfahrungsschatz der modernen Medizin mit der der Ayurveda-Heilkunde aus Indien, der traditionellen chinesischen Medizin und der Kräuterheilkunde aus Europa. Dieses Wissen einer universellen Heilkunde stand von nun an allen Menschen zur Verfügung. Die archaischen Strukturen einer auf Geräte und Medikamente fixierten Medizin fielen in sich zusammen, genauso wie die Profitmaschinerie auf allen Ebenen ausgedient hatte.

Das Konzept, bedürftige Menschen unverzüglich und ganzheitlich zu behandeln, bewährte sich sehr schnell. Die Zahl der gestressten Menschen und der durch Stress verursachten Erkrankungen ging kontinuierlich zurück, nicht zuletzt, weil das ganze Land dazulernte. Der Schlüssel war eine Verhaltensänderung in gesellschaftlichem Ausmaß.

So erkannten Arbeitgeber wie Institutionen, dass sie mit ihren alten Strategien und der Fließbandarbeit nicht weiterkamen. Was also tun?

Die bisherigen Führungskräfte waren doch alle in einer eher grobschlächtigen Welt aufgewachsen. Ihr Denken und Verhalten ließen sich nicht über Nacht verändern.

Als Lösung griff man auf Menschen zurück, die Sensibilität und Feinfühligkeit im Umgang mit sich selbst und anderen besaßen. Sie hatten für sich bereits den Weg aus der Stressspirale herausgefunden und brachten nun ihren wertvollen Erfahrungsschatz mit in die Unternehmen ein. Mit ihrer Kompetenz wurden sie als Berater hoch geschätzt, man schenkte ihnen Gehör und es gelang, hausgemachten Personalengpässen, psychischem Druck und Dauerstress ein Ende zu setzen. Was jetzt kam, eröffnete eine Welt voller Möglichkeiten.

Dinge, die zuvor als nebensächlich abgetan wurden, gewannen plötzlich an Wert. Vor allem wurde deutlich, dass der Mensch in vielen Bereichen nicht durch Technologie zu ersetzen war. Schließlich sind wir doch alle soziale Wesen, die miteinander kommunizieren und interagieren möchten. Schon bald genoss zum Beispiel ein Gespräch hohes Ansehen, und zwar nicht irgendeines, sondern ein Austausch von Herz zu Herz.

Das hatte nicht nur heilende Wirkung, sondern förderte die gesamte Entwicklung. Niemand musste mehr in Habachtstellung sein, sinnloses Taktieren und Manipulieren fielen weg. Stattdessen wollten die Menschen etwas miteinander erreichen. Sie lernten zu erkennen, was sie innerlich bewegte, und trauten sich, es offen auszusprechen. Und das war eine ganze Menge. Weitere zehn Jahre später war der Stress bereits ein Auslaufmodell und heute im Jahr 2050 ist er glücklicherweise nahezu verschwunden.

2050 – Zurück in der Zukunft, Teil 1

Eben gerade kommt der Koch Stefan aus der Küche, direkt an den Tisch der Mentoren. So manches Mal lässt er es sich nicht nehmen, seine kulinarischen Kreationen eigenhändig zu präsentieren. Er persönlich kauft beinahe täglich frische Zutaten auf dem Markt ein und stellt, je nachdem, was verfügbar und besonders appetitlich ist, zwei bis drei Gerichte zusammen. Es ist für ihn eine Frage der Ehre, dass er seinen Gästen nur das Beste anbieten möchte, die Qualität ist entscheidend. Schließlich kann jedes Kind zu Hause eine Dose öffnen oder Tiefkühlkost auftauen, dafür muss sich niemand die Mühe machen, ein Restaurant zu besuchen. Fertigprodukte kommen bei Stefan nicht auf den Tisch. Die Menschen, die zu ihm kommen, achten sehr bewusst auf das, was sie zu sich nehmen, und es ist ihm eine Freude, dieses Bedürfnis zu stillen. Kochen ist seine Passion, und die Mentoren kennt er schon lange. Es wird ihm ein besonders Vergnügen sein, auf ihre Vorlieben einzugehen.

Als Stefan die Bestellung aufnimmt, erzählt er noch eine Anekdote von seinem Marktbesuch und verschwindet wieder in der Küche. Dabei folgen ihm die Blicke der Mentoren, denen schon das Wasser im Munde zusammenläuft. Sie fühlen sich hier gut aufgehoben, denn es ist nicht nur der Inhaber, der seine Arbeit liebt. Was er hier seinen Gästen vorlebt, färbt auf sein Personal ab. Seine Mitarbeiter sind gerne hier, und das ist für jeden Gast deutlich spürbar. „Was das Arbeitsleben doch für einen weiten Weg hinter sich hat“, denkt Rafaela. Sie gibt in der Runde den Anstoß, wieder in die Vergangenheit zu reisen, in eine Zeit, als der im Arbeitsleben ausgeübte Druck unerträglich geworden war und ein Wandel einsetzte.

Voll beschäftigt – der Verfall der Angstpyramide

Die Aufbruchstimmung wurde unerwarteter Weise durch eine Entwicklung unterstützt, die in Deutschland seit der Ölkrise Anfang der 70er Jahre nicht mehr aufgetreten war. In weiten Teilen der Wirtschaft herrschte Vollbeschäftigung, nicht nur bei hochdotierten Fachkräften, sondern auch in den einfachen Berufen. Von Vollbeschäftigung spricht man, wenn die Arbeitslosenquote unter 2 % liegt.[39] Zuvor war es der Normalzustand, dass es wenige offene Stellen gab, die einer großen Anzahl von Arbeitssuchenden gegenüberstanden. Doch in der 2010er Jahren kehrte sich die Situation um und es gab in vielen Bereichen deutlich mehr Arbeitsplätze, als Arbeitnehmer zur Verfügung standen. Was dieses neue Verhältnis bedeutete, drang nur langsam in das Bewusstsein der Menschen. Sie mussten erst begreifen und verinnerlichen, dass die eigene Arbeitskraft auf einmal sehr gefragt und wertvoll geworden war!

Plötzlich hatten viele Firmen einen Arbeitsplatz anzubieten, und Bewerber waren in der Lage, sich eine für sie passende Stelle auszusuchen. Sie befanden sich nun in einer Situation, in der sie schlechte Arbeitsbedingungen ablehnen konnten. Damit taten sich völlig neue Chancen für die Arbeitnehmer auf.

Zuvor wurden besonders Menschen in Dienstleistungsberufen wie zum Beispiel Reinigungskräfte, Lieferdienste oder auch Pflegeberufe weit unter ihrem Wert bezahlt. Oft verfügten sie nur über eine schlechte Schul- und Berufsbildung und hatten teils einen schwierigen sozialen Hintergrund. Ihr Selbstwertgefühl war dadurch niedrig, weshalb sie bereit waren, ihre Arbeitskraft zu einem sehr geringen Preis zu verkaufen.

[39] Vgl. http://www.bpb.de/nachschlagen/lexika/lexikon-der-wirtschaft/21068/vollbeschaeftigung

Vielen von ihnen reichte das Einkommen aus einem Beschäftigungsverhältnis gar nicht mehr zum Leben, und so mussten sie sich trotz harter Arbeit in einer 40-Stunden-Woche noch etwas hinzu verdienen. Im täglichen Existenzkampf gefangen, blieben ihnen kaum Zeit und Kraft, um ihre Situation zu verbessern, indem sie zum Beispiel eine solide Berufsausbildung nachholten. So blieben sie genau an dem Platz, an dem sie aus Sicht der oberen Schichten am Nützlichsten waren.

Mit der Vollbeschäftigung jedoch wehte auf einmal ein neuer Wind: Arbeitgebern fehlte es nun massiv an Arbeitskräften, die die elementaren Dinge für sie erledigten: In Hotels blieben Gästezimmer schmutzig, bestellte Waren wurden mit langen Verspätungen ausgeliefert, Mülleimer quollen über und in Altenheimen wie Krankenhäusern konnten Patienten nicht mehr versorgt werden. Erst jetzt wurde sichtbar, wie wichtig diese Dienstleistungen für die Gesellschaft und die Wirtschaft als Ganzes waren. Arbeitgeber suchten händeringend Personal, um die Basis ihrer Unternehmen wiederherzustellen. Auf einmal waren nicht mehr die Arbeitsplätze, sondern das Personal knapp. Und da bekanntlich Angebot und Nachfrage den Preis neu regeln, geschahen drei Dinge: Die Wertschätzung der menschlichen Arbeit stieg an, Arbeitsbedingungen verbesserten sich und die Menschen wurden endlich so bezahlt, dass sie von ihrem Gehalt anständig leben konnten. All das war nötig, um Arbeit wieder attraktiv zu machen.

Auch auf andere Berufe nahm die Vollbeschäftigung Einfluss. Die Arbeitnehmer realisierten nach und nach, dass sie keine Angst mehr um ihre Existenz haben mussten. Als Arbeitsplätze knapp waren, hatten die Menschen stets Sorge, ihren Lebensunterhalt nicht mehr bestreiten zu können, wenn sie arbeitslos werden und nicht innerhalb kurzer Zeit eine neue Stelle finden würden. Ohne Einkommen wäre schnell das von der Bank finanzierte Haus zwangsversteigert worden, das soziale Aus hätte gedroht und der familiäre Zusammenhalt wäre auf eine harte Probe gestellt worden.

Die neue Fülle an Arbeitsplätzen hob Existenzängste auf und machte die Menschen weniger manipulierbar. Sie waren nun nicht mehr gezwungen, sich unsinnigem Stress auszusetzen, Machtspiele und Drohungen zu erdulden. Während es früher seitens der Vorgesetzten hieß: „Wenn Ihnen hier etwas nicht passt, können Sie jederzeit gehen. Es stehen genug Leute Schlange, die Ihren Job mit Handkuss nehmen.“, standen ihnen jetzt viele Türen weit offen. Sie genossen nun, aus dem Zwang auszusteigen und sich zu fragen:

! **„Für wen will ich arbeiten? Und unter welchen Bedingungen?“**

Damit änderten sich die Machtverhältnisse, die Menschen waren nicht mehr erpressbar. Ihnen wurde klar, dass nicht nur sie von ihrem Arbeitgeber abhängig waren, um ihren Lebensunterhalt zu bestreiten. Umgekehrt waren natürlich Unternehmen genauso auf ihre Mitarbeiter angewiesen, um ihre Geschäfte betreiben zu können. Im Zuge der Vollbeschäftigung blieben nun viele Dinge unerledigt, es holperte und hakte im System. Führungskräfte, die nach alter Manier weiterhin Druck ausübten, liefen ins Leere, denn die Mitarbeiter wichen dem Druck aus, indem sie sich einfach einen Arbeitgeber suchten, der auf Augenhöhe mit ihnen agierte. War solch ein Ausdruck früher eine hohle Floskel, füllte sich das Konzept nun mit Leben.

Die Arbeitnehmer fanden zu einem neuen Selbstbewusstsein. Wer zuvor vor Angst gebeugt war, richtete sich auf, die Menschen wurden stolzer und entdeckten ihre Unabhängigkeit. Statt sich in unpassende Arbeits- und Lebensbedingungen zu fügen, die der Arbeitgeber dik-

Früher
Wenn Ihnen meine Ansage nicht passt, dann gehen Sie. Es stehen genug Leute vor der Tür!

tierte, gestalteten sie nun den Rahmen mit. Es war wie in dem alten Film „Pretty Woman“[40] mit Julia Roberts in der Hauptrolle, als eine Prostituierte mit erhobenem Haupt darauf verweist, sie habe keinen Zuhälter, sondern arbeite frei. Natürlich verkaufe sie für Geld eine Dienstleistung, doch sie treffe ihre Entscheidungen selbständig:

„Ich sage wann,
ich sage wo,
ich sage wer.“

Dieser Ausspruch wurde zum Motto im Arbeitsleben, und damit entwickelte sich eine neue Unternehmenskultur. Die Arbeitnehmer verzichteten darauf, ihre frisch erworbene Machtposition gegenüber den Unternehmen auszunutzen. Schließlich hatten sie selbst schmerzlich erfahren, wie es ist, manipuliert zu werden. Auch stellte sich heraus, dass viele der Glaubenssätze und Vorteile, auf denen das alte Wirtschaftssystem beruhte, nicht stimmten. So waren die meisten Menschen weder faul noch sahen sie im Geld ihre einzige Motivation zu arbeiten. Ja, die Menschen wollten selbstbestimmt sein und sich nicht gängeln lassen, doch jetzt, da der Fluss der Wirtschaft ins Stocken geriet, kam ihr Hauptantrieb zum Vorschein. Die Arbeitnehmer hatten nämlich durchaus ein Interesse daran, zum Erfolg derjenigen Unternehmen beizutragen, für die sie arbeiteten, doch wollten sie einen Sinn in dem sehen, was sie taten. Ihr Anliegen war es, mit ihren Talenten und Ideen ihren Teil zu einer funktionierenden Gemeinschaft beizutragen. Sie wollten als Individuum wahrgenommen werden und Einfluss auf ihr Arbeitsfeld ausüben, statt nur stur Anweisungen zu folgen, die sie nicht durchschau-

[40] Vgl. Marshall, Garry: *„Pretty Woman“*, USA 1990.

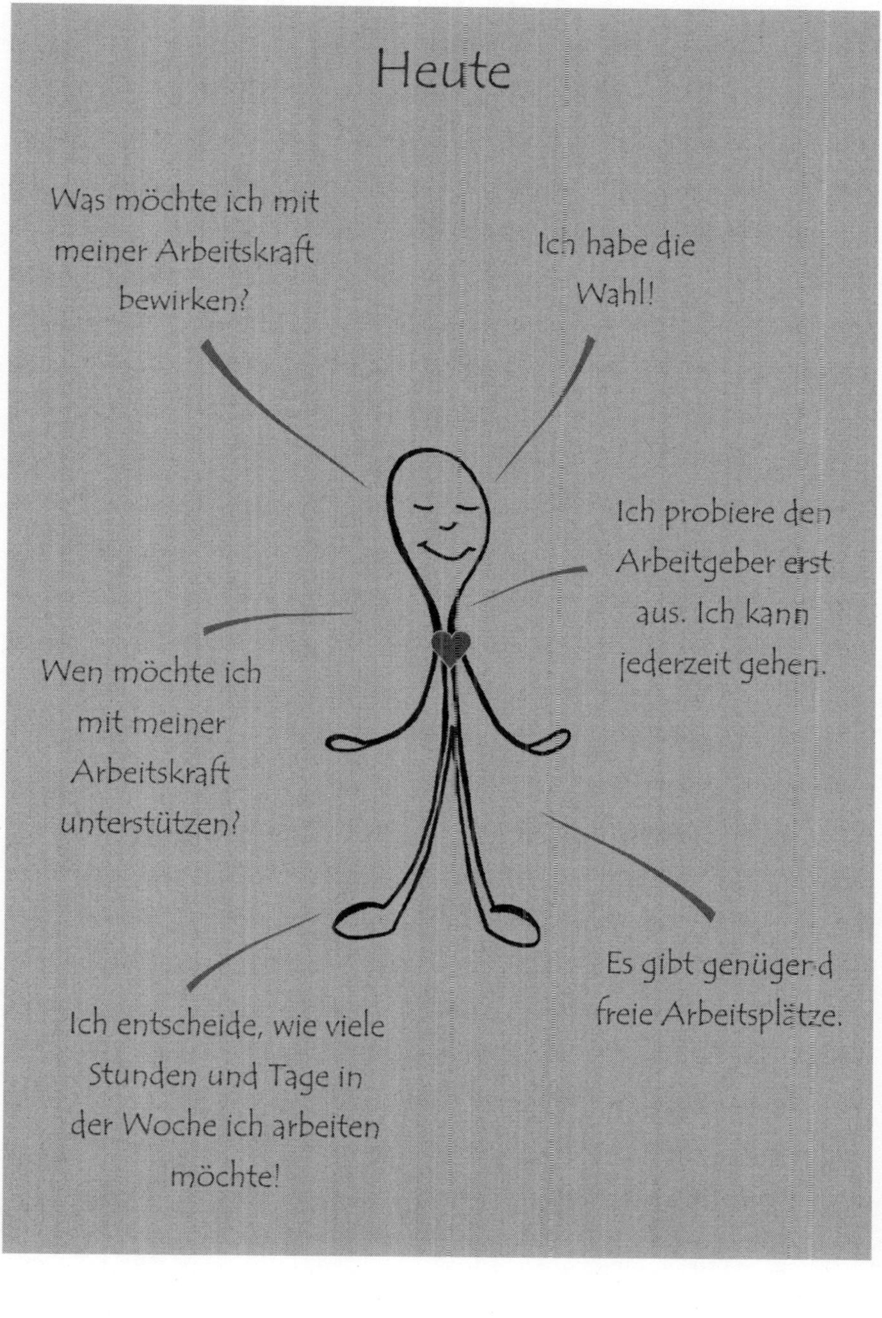
Heute
Was möchte ich mit meiner Arbeitskraft bewirken?
Ich habe die Wahl!
Ich probiere den Arbeitgeber erst aus. Ich kann jederzeit gehen.
Wen möchte ich mit meiner Arbeitskraft unterstützen?
Es gibt genügend freie Arbeitsplätze.
Ich entscheide, wie viele Stunden und Tage in der Woche ich arbeiten möchte!

ten oder die aus ihrer Perspektive zweifelhaft waren. Schließlich besaßen auch die Arbeitnehmer ein Gehirn, das von der Evolution darauf ausgelegt war, kreative Lösungen für Probleme zu finden, statt blind Befehlen zu folgen.[41]

Vielmehr war es so, dass Arbeitnehmer und Arbeitgeber in gegenseitigem Einvernehmen ein gemeinsames Interesse verfolgten. Sie wollten etwas erschaffen, Ideen in die Welt bringen und verwirklichen. Sie zogen am selben Strang. Das erforderte natürlich völlig neue Kompetenzen bei Führungskräften. Auch diese hatten jetzt keine Sorge mehr um ihren Arbeitsplatz und vor dem sozialen Abstieg, die Angstpyramide und damit die starren Hierarchien im Unternehmen lösten sich allmählich auf.

Moderne Organisationsstrukturen sind ja heute nicht mehr hierarchisch aufgebaut, sondern erinnern an das Konzept der Tafelrunde aus den Sagen um König Arthus. Es gab kein oben und kein unten mehr, sondern echte Zusammenarbeit.

Führungskräfte existieren zwar nach wie vor, doch sind das nicht mehr zwingend die durchsetzungsstärksten und machthungrigsten Menschen in der Runde. Zudem zählt ihre eigene Stimme nicht mehr als die ihrer Mitarbeiter. Heute kommt ihnen vielmehr die Funktion eines Moderators zu, der Struktur in die Ideenfindung und Diskussionen bringt sowie eine Aufgabenverteilung vornimmt. Dabei ist es oberste Priorität, individuelle Stärken und Vorlieben der Mitarbeiter zu erkennen, zu fördern und klug einzusetzen. Außerdem obliegt es ihnen, die Mitarbeiter mit allen Ressourcen zu versorgen, die sie benötigen, um ihre Arbeit gut zu erledigen.

[41] Vgl. Pichler, Harald: *„Wozu arbeiten?"*, in: *Wege – Das Magazin zum Leben*, Ausgabe Februar 2018.

Tafelrunde

Nicht der Schnellste,
nicht der Lauteste,
nicht der Wortgewandeste
spricht. Jeder wird gehört
und dabei unterstützt!

Es gibt keine Hierarchie mehr,
sondern echte Zusammenarbeit.

Als diese neue Kultur anfing, sich zu etablieren, kam es zu einem enormen Motivationsschub im Land. Menschen, die sich zuvor mehr schlecht als recht zur Arbeit geschleppt hatten, um Dienst nach Vorschrift zu machen, erwachten zu neuem Leben. Sie entdeckten die Freude am Tun und am kreativen Schaffen wieder. Indem der Druck und der Zwang zur Effizienz nachließen, fiel nach und nach der Stress von ihnen ab, der Tunnelblick öffnete sich und machte echter Weitsicht Platz.

2050 – Zurück in der Zukunft, Teil 2

Wie immer hat sich der Chefkoch mit seinem zauberhaften Mahl selbst übertroffen. Michael blickt sich im Restaurant um und sieht, dass alle Gäste begeistert sind. Ihm hat es genauso vorzüglich geschmeckt, trotzdem lässt er einen Teil seines Essens auf dem Teller zurück. Die Portion war großzügig, er ist satt und zufrieden in dieser herzlichen Runde. Michael ist sehr froh, dass er nicht mehr wie früher den Zwang verspürt, alles aufessen zu müssen.

Er denkt zurück an seine Kindheit. Damals wurde er immer wieder aufgefordert, keine Reste zu lassen, untermauert mit Argumenten oder gar Drohungen wie: „Du musst aufessen, sonst gibt es morgen kein schönes Wetter.“ „Andere Kinder haben nichts zu essen.“ „Du bleibst so lange hier sitzen, bis du aufgegessen hast.“ Als er älter wurde, war es ihm in Fleisch und Blut übergegangen, seinen Teller leer zu essen, egal wie üppig er gefüllt war. Regelmäßig überaß er sich, und das tat ihm nicht gut, er nahm dadurch gehörig zu. Oft bemerkte er nicht einmal, dass er sogar die Reste seiner Frau verschlang. Irgendetwas in ihm löste diesen Drang aus, so als würden schlimme Dinge passieren, wenn er seinen Teller nicht leerte.

Natürlich hatte der Glaubenssatz von damals längst nichts mehr in seinem Leben zu suchen, trotzdem verfolgte er ihn noch lange Zeit. Erst als er sich bewusst machte, warum er so dachte und handelte, war er in der Lage, sein Essverhalten umzustellen.

Heute kann er ohne weiteres seinen halbvollen Teller stehen lassen, sobald er ein Sättigungsgefühl verspürt, und sich den Rest für den Verzehr am nächsten Tag einpacken lassen. Damit geht es ihm sehr gut, muss er doch anschließend nicht mehr über einen vollen Magen klagen und seine Taille wurde nach und nach wieder sichtbar.

Diesen Prozess fand er so faszinierend, dass er auch in anderen Bereichen mehr darauf achtete, was er glaubte. Er begann, seine Überzeugungen nach und nach zu überprüfen, egal, ob sie aus seiner Kindheit stammten oder ihm von anderen Menschen eingeimpft worden waren. Er ist heute kein Kind mehr und wollte sich nicht von den alten Glaubenssätzen bevormunden lassen. Er hat seine eigenen Überzeugungen, nach denen er sein Leben ausrichtet, statt unbewusst dem Glauben anderer Menschen zu folgen.

Michael teilt seine Gedanken mit den anderen Mentoren und gibt so den Anstoß, nach dem Essen in die zwanziger Jahre zurückzukehren. Im Gespräch tragen sie zusammen, welche Leitlinien die Menschen damals umtrieben.

Vom Glauben abgefallen

Die Mentoren erinnerten sich noch gut an die alten Glaubenssätze, die früher das Leben so vieler Personen bestimmt hatten. Dogmen wie: „Ohne Fleiß, keinen Preis.“, „Von nichts kommt nichts!“ oder „Du musst dich mehr anstrengen, sonst kriegst du keine Arbeit.“, waren an der Tagesordnung. Die Menschen hatten diese Glaubenssätze von ihren

Eltern oder ihrem Umfeld übernommen und so wirksam verinnerlicht, dass sie ständig präsent waren. Ihre ganze Generation war mit einer fortlaufenden Gehirnwäsche aufgewachsen. Das waren keine idealen Voraussetzungen für ein erfülltes und gesundes Leben. Wer nach diesen Glaubenssätzen handelte, war vielmehr dafür geschaffen, in der damaligen Leistungsgesellschaft bis zum Umfallen zu funktionieren.

So blieb auch keine Zeit, die eigenen Vorurteile gegenüber anderen Menschen zu hinterfragen. Privat genauso wie im Arbeitsleben wurden die Mitmenschen einfach mit einem Stempel versehen und in die passende Schublade eingeordnet. Ein Blick genügte und man konnte sehen, dass all die anderen nur Faulenzer oder Betrüger waren. Glauben heißt nicht wissen, ist aber sehr viel praktischer.

Die Glaubenssätze waren besonders hilfreich, wenn man einen Beruf ergriff, in dem sie täglich Anwendung fanden. Entsprechend sagten sich beispielsweise Mitarbeiter des Arbeitsamtes, dass die Menschen faul seien und im Prinzip gar nicht arbeiten wollten. Sie kämen nur zur Jobvermittlung, um Geld für das Nichtstun zu kassieren. Für die Verwaltungsangestellten spielte es keine Rolle, ob Menschen vielleicht aus ihrem Job gemobbt wurden oder den Druck am Arbeitsplatz nicht mehr ertrugen. Wer aus diesen Gründen Hilfe suchte, geriet gleich in die nächste Stresssituation. Ein Berg an unklaren Regeln und Formularen, das Gebot, sich ständig verfügbar zu halten, Worthülsen und Anschreiben in Amtsdeutsch warteten auf die Betroffenen. Garniert war das Paket mit Drohungen, die immer darauf hinausliefen, dass es zu Kürzungen des Arbeitslosengeldes käme, wenn eine der mannigfaltigen Bedingungen nicht eingehalten würde. Dieser Druck belastete die Menschen so sehr, dass sie eine panische Angst vor dem Arbeitsamt entwickelten.

Den Mitarbeitern dort war keineswegs klar, was der Begriff „Arbeitslosenversicherung“ eigentlich bedeutet: Es ist schlicht ein Versicherungsgeschäft; der Arbeitnehmer zahlt im Vorfeld Beiträge ein, um im Schadensfall das Recht auf eine Leistung, nämlich das Arbeitslosengeld, zu haben. Im Übrigen hat diese Versicherung einen hohen Nutzen für die Volkswirtschaft. Kommt es aufgrund einer Wirtschaftskrise zu breitflächigen Entlassungen, haben die Menschen eine Grundsicherung, die es ihnen erlaubt, weiterhin Waren und Dienstleistungen zu erwerben und so die Nachfrage im Inland aufrecht zu erhalten. Auf diese Weise gibt es weiterhin einen Markt, auf dem Unternehmen ihr Angebot verkaufen können, und die Wirtschaft hat eine Chance, sich zu stabilisieren, statt in den freien Fall überzugehen.[42]

Die Angestellten des Arbeitsamtes taten jedoch so, als würden sie ihr eigenes Geld verwalten und betrachteten die Versicherten als Schmarotzer, eine schwere Beschuldigung für Menschen, die sich in einer Notlage befanden und in ihrer Existenz bedroht sahen. Was sie brauchten, waren Freundlichkeit, eine Wiederherstellung ihres angeschlagenen Selbstwertgefühls und echte Unterstützung. Doch obwohl das Wort „Service“ in den Behörden nach außen hin groß geschrieben wurde, war die Fähigkeit, kompetent zu kommunizieren, in dieser Zeit fast vollkommen verschwunden. Da half es auch nicht, dass das Arbeitsamt in „Agentur für Arbeit“ umbenannt wurde.

Dank der gängigen Glaubenssätze hatte sich diese kontraproduktive Arbeitsweise in weiten Bereichen des öffentlichen Lebens sehr gut aufrecht halten lassen. Das Arbeitsamt war hier nur ein Beispiel von vielen Institutionen. Dieser Zustand änderte sich nun. Die großen Ungerech-

[42] Vgl. Herrmann, Ulrike: *„Der Sieg des Kapitals‘*, Piper Verlag GmbH, München/Berlin, 2015.

tigkeiten blieben nicht länger unbeachtet. Zunächst begann überall da, wo Menschen mit Menschen beruflich zu tun hatten, ein Umdenken. Auch früher gab es schon Einzelne, bei denen sich Gewissensbisse geregt hatten. Sie sahen sich jedoch nicht in der Lage, etwas an den gegenwärtigen Zuständen zu verändern, denn es waren ja stets die anderen Schuld und einem selbst die Hände gebunden. Doch irgendwann kam bei den Mitarbeitern der Punkt, an dem ihre eigenen Glaubenssätze nach hinten losgingen. Denn mit zunehmendem Alter konnten die Angestellten all das, was sie Tag ein, Tag aus taten, des Nachts nicht mehr auf Knopfdruck ausschalten. Ihre Nerven lagen blank, sie hatten nervöse Ticks, Kopfkino vom Feinsten und konnten nicht mehr durchschlafen. Das eigene Tun fiel plötzlich auf jeden einzelnen Menschen selbst zurück und fing an, an der eigenen Gesundheit zu nagen.

Dank ihrer sensibilisierten Wahrnehmung bemerkten sie, dass sie in Stress gerieten, wenn sie andere Menschen belogen oder übervorteilten. Sie wollten nachts wieder mit gutem Gewissen schlafen und begannen, das Richtige zu tun, nämlich diejenigen Menschen, die ihre Hilfe brauchten, tatsächlich zu unterstützen, statt sie nur zu verwalten oder gar Druck auf sie auszuüben.

Sie ließen sich dabei von ihren Gefühlen und dem, was sie spürten, leiten. Sie sagten offen und klar „Nein", wenn Vorgesetzte sie zu zweifelhaften Machenschaften verleiten wollten. Dabei stellten sie einen interessanten Sachverhalt fest: Ein großer Teil der ihnen vorgesetzten Personen war gar nicht Manns genug, direkt mit den hilfesuchenden Menschen in Kontakt zu treten und auf diese Weise zu ihren unangenehmen strategischen Entscheidungen zu stehen. Sie bevorzugten es, andere vorzuschicken, um die amtlichen Vorschriften durchzusetzen. Denn tief in ihren Herzen waren sie selbst von den eigenen Instruktionen nicht überzeugt und versteckten sich hinter dem Schutzschild, lediglich Anweisungen weiterzugeben. Doch damit kamen sie nicht mehr durch.

Dank des Engagements der Freigeister in Instituten, Behörden und Unternehmen wurden zunächst einzelne, positive Beispiele geschaffen, dass Dinge anders ablaufen konnten als bisher. Job-Berater der Agentur für Arbeit fingen an, das Selbstvertrauen ihrer Klienten zu stärken, und halfen ihnen dabei, die eigenen Fähigkeiten zu erkennen. So konnten selbst Langzeitarbeitssuchende mit Arbeitgebern zusammengebracht werden, die auf der Suche nach genau diesen Fähigkeiten und Talenten waren.

Solche Initiativen fanden parallel in vielen Berufszweigen statt und blieben zunächst fast unbemerkt. Doch immer mehr Menschen fingen an, Dinge so zu handhaben, wie es richtig war, statt so, wie es gefordert wurde. Ihr selbstbestimmtes Handeln hatte positive Auswirkungen, die langsam sichtbar wurden und zunächst Erstaunen, dann Bewunderung auslösten. Der Funke sprang auf die breite Bevölkerung über. Auf einmal wollte jeder ein Freigeist sein und aus dem gesunden Menschenverstand heraus handeln. Wahrheiten kamen auf den Tisch und konnten nicht wie zuvor verdeckt werden.

Natürlich fuhren einige fort, sich mit ihrem Stress zu brüsten, doch sie fanden kein Gehör mehr, denn schließlich führte es zu nichts, auf solche Dramen einzusteigen. Der Mehrheit war inzwischen klar, dass Stress vom Wesentlichen ablenkt, und wollte sich nicht mehr fernsteuern lassen, wie es jahrzehntelang an der Tagesordnung war. Wo zuvor „Schlechtwetterstimmung“ herrschte, kam nun die Sonne durch. Die Menschen erfüllten ihre Aufgaben so, dass sie morgens wieder in den Spiegel schauen und stolz auf sich sein konnten. Sie entwickelten eine zuvor kaum gekannte Freude an ihrem Tun, genossen die Freiheit, mit ihren Möglichkeiten zu spielen und das Beste daraus zu machen.

Eine direkte Folge war, dass es viele Institutionen in ihrer ursprünglichen Form nicht mehr gab, so auch das Arbeitsamt. An seine Stelle waren die Mentoren getreten, die schon den Jugendlichen halfen, mit sich selbst in Kontakt zu kommen und ihnen mit Rat und Tat zur Seite standen. Heute ist auffällig, dass die jungen Menschen eine klare Vorstellung von ihren Interessen und Talenten haben und sie beruflich wie privat für ihr Leben nutzen können. Sie haben ein untrügliches Gespür für sich selbst entwickelt und wissen, ihre Gefühle zu deuten. Mit diesen Einsichten begeben sie sich schon früh auf den Weg zur Erfüllung und Freude. Früher musste man oft ein halbes Leben lang Umwege gehen, um den eigenen Wesenskern zu erkennen und sich selbst anzunehmen. Das war im Prinzip nur möglich, wenn man ausreichenden Abstand von seinem Umfeld und den damit verbundenen Forderungen hielt. Heute ist es zum Glück selbstverständlich geworden, sich selbst gerecht zu werden, statt fremden Glaubenssätzen zu folgen und gegen die eigene Person zu handeln.

Das Grundeinkommen

Als klar war, dass die alten Glaubenssätze keine Berechtigung mehr hatten, fingen die Leute an, auf das Gute in ihren Mitmenschen zu vertrauen. Es war diese positive Einstellung, die es schließlich ermöglichte, das bedingungslose Grundeinkommen einzuführen. Das Konzept, jeden Bürger von der Geburt bis zum Tod mit einem Grundeinkommen existenziell abzusichern, war zuvor lange diskutiert worden. Zu revolutionär schien die Idee, ging man doch früher davon aus, dass niemand mehr arbeiten würde, wenn er nicht müsste.

Interessanterweise hatten gerade diejenigen Bevölkerungsgruppen die größten Bedenken, die bereits über eine Art Grundeinkommen verfügten. Dazu zählten Beamte, die für sehr geringes Geld privat krankenversichert waren und eine großzügige Pension bekamen, oder Erben, deren einziger Verdienst es war, reiche Eltern gehabt zu haben. Wer selbst seine Schäfchen im Trockenen hatte, machte sich vor allem um einen Sachverhalt Sorgen: „Wenn es das bedingungslose Grundeinkommen gäbe, wer macht dann die Drecksarbeit?" Die Ängste und Argumente erinnerten damals stark an ausbeuterische Industriemagnaten oder Großgrundbesitzer in den Südstaaten der heutigen USA, die behaupteten, ohne Kinder- oder Sklavenarbeit käme das wirtschaftliche Leben zum Erliegen. Beim Grundeinkommen ging es nur am Rande darum, Geld umzuverteilen. Viel entscheidender war die Tatsache, dass es noch viel mehr als die – vielleicht nur vorübergehende – Vollbeschäftigung die Machtverhältnisse in der Gesellschaft von Grund auf verändern würde. Das Grundeinkommen stellte den Bürgern eine finanzielle Existenzgrundlage sicher. Dadurch waren sie der Willkür von Arbeitgebern nicht mehr ausgeliefert, sondern erhielten ihre Würde und Selbstbestimmung zurück.

Zuvor durchzog das Prinzip „Wer Geld hat, kann das tun, was er will. Wer kein Geld hat, muss das tun, was andere wollen."[43] die Gesellschaft und sorgte dafür, dass sich die Mächtigen und Reichen ihre Positionen sicherten. Wurden gnädigerweise Leistungen wie Arbeitslosengeld oder Sozialhilfe erbracht, war dies an ein intransparentes Netz aus Bedingungen geknüpft. Damit diese von den Leistungsempfängern eingehalten wurden, waren umfangreiche Kontrollmaßnahmen nötig, die tief in die Privatsphäre und Selbstbestimmung der Betroffenen eindrangen. Regelverstöße wurden mit Drohungen und Zwangsmaßnah-

[43] Vgl. Eschbach, Andreas: „*Das Jesus Video*", 17. Auflage, Verlagsgruppe Lübbe, Bergisch Gladbach 2004.

men bestraft, was eine massive Bevormundung der Bürger darstellte. Zudem war ein aufwändiger Kontrollapparat erforderlich, um sicherzustellen, dass all die Vorschriften auch tatsächlich eingehalten wurden.

Als der Ruf nach dem bedingungslosen Grundeinkommen immer lauter wurde und sich ein positiveres Menschenbild etablierte, konnten sich die Regierenden dem Willen des Volkes nicht länger versperren, ohne ihre eigene Glaubwürdigkeit völlig zu zerstören. In der Praxis zeigte sich schnell, dass das Konzept aufging. Um das Grundeinkommen zu finanzieren, wurden einige Neuerungen eingeführt, die althergebrachte Strukturen ersetzten und überflüssig machten, angefangen mit den sogenannten Transferleistungen. Da ja jeder Bürger von der Geburt bis zum Tod bedingungslos ein Einkommen bezog, konnten alle anderen Leistungen entfallen, vom Kindergeld über das Arbeitslosengeld bis hin zur Sozialhilfe oder zum Wohngeld. Damit waren nun auch die kostenintensiven Verwaltungs- und Kontrollinstitutionen nicht mehr nötig und wurden nach und nach geschlossen. Allein diese Einsparungen deckten schon einen großen Teil der staatlichen Ausgaben für das Grundeinkommen.

Der Rest wurde über die Einführung der Maschinensteuer erwirtschaftet. Im Zeitalter der fortschreitenden Automatisierung und Digitalisierung setzte sich der Gedanke durch, dass es keinen Grund gab, die Arbeit von Menschen zu besteuern, während die Leistung von Maschinen und Computern steuerfrei blieb. So kam es, dass sozusagen eine Lohnsteuer für Maschinen eingeführt wurde, wie sie heute selbstverständlich ist.

Von Mensch zu Mensch

Tatsächlich war es nach Einführung des Grundeinkommens anfangs schwierig, noch Personal zu finden, das unangenehme oder gefährliche

Aufgaben übernahm. Doch findige Ingenieure entwickelten Roboter und Automaten, die diese Arbeiten erledigten. Natürlich gab es weiterhin Aufgaben, bei denen man auf den menschlichen Faktor auf keinen Fall verzichten wollte und konnte, etwa in der Kranken- und Altenpflege. Heute weiß man ja, dass die Zuwendung anderer Menschen die Selbstheilungskräfte fördert und wesentlich zum Genesungsprozess und zur Lebensqualität beiträgt. Kurioserweise wurden Stellen in diesen wertvollen Berufen früher oft durch schlecht bezahlte und ungelernte Hilfskräfte besetzt. Um trotz Grundeinkommen Personal für diesen Sektor zu begeistern, mussten sich zunächst die Arbeitsbedingungen radikal verbessern. Tatsächlich gab es viele Menschen, die bereit waren, ihre Arbeitskraft der Pflege anderer zu widmen und damit Gutes zu tun, doch sicherte das damit erzielte Einkommen früher kaum den eigenen Lebensunterhalt und die Tätigkeit musste unter hohem Zeitdruck ausgeführt werden. Das änderte sich nun: Menschen, deren Arbeit einen wertvollen Beitrag für die Gemeinschaft darstellte, wurden besser bezahlt, erhielten eine fundierte Ausbildung und wurden von der Lohnsteuer befreit. Außerdem wurde das Personal großzügig aufgestockt, so dass genug Zeit blieb, um sich den einzelnen Patienten mit Sorgfalt zu widmen. Das wiederum bestärkte das Pflegepersonal in der Sinnhaftigkeit ihres Tuns, denn ihr Engagement wurde mit Dankbarkeit und Freude seitens der Patienten sowie mit hohem sozialem Ansehen belohnt. Wer dagegen beruflich andere übervorteilte oder nur noch auf Gewinnmaximierung aus war, verlor an Rückhalt. So kam es, dass solche Menschen heute ein Dasein am Rande der Gesellschaft führen und kein vernünftiger Mensch mehr etwas mit ihnen zu tun haben möchte

Das Grundeinkommen führte nämlich dazu, dass sich die Wertvorstellungen allmählich veränderten. Geld war genug da und verlor damit seine Vormachtstellung als Motor allen Strebens. Statt Entscheidungen danach auszurichten, was am meisten Gewinn abwirft beziehungsweise den günstigsten Preis hat, standen nun der Sinn und die Nachhaltigkeit im Vordergrund. Das fing schon beim täglichen Konsum an.

Da die Menschen weniger Stress hatten, achteten sie vermehrt auf Qualität und darauf, dass Produkte einen echten Nutzen hatten, also dazu beitrugen, ihr Leben ein Stück weit zu verbessern. Indem die unterschwellige Existenzangst weggefallen war, wurden die Menschen selbstbestimmt und ließen sich nicht mehr so leicht durch Werbung manipulieren. Plötzlich konnten Unternehmen nicht mehr mit großen Werbekampagnen billige Massenware auf den Markt bringen, die niemand wirklich brauchte. Es fanden sich einfach keine Käufer mehr dafür. Punkten konnten diejenigen Unternehmen, die ihren Kunden Zeit für eine intensive Beratung widmeten und ihre wirklichen Bedürfnisse erkannten. Die Kunden honorierten dieses Fachwissen und die Beratungsleistung des Personals mit Loyalität und waren bereit, einen fairen Preis dafür zu bezahlen. Dadurch verlor die produzierende Industrie insgesamt ihre Vormachtstellung. Es wurde weniger Überschuss erzeugt und die Müllberge gingen zurück. Die Entwicklung ging dahin, dass Dienstleistungen von Mensch zu Mensch in den Vordergrund rückten.

Die Mentoren erinnern sich noch daran, dass Mitarbeiter insbesondere der großen Firmen früher kaum Kompetenzen und Ermessensspielräume im Umgang mit ihren Kunden hatten. So blieb ihnen nichts anderes übrig, als sich auf ihre Allgemeinen Geschäftsbedingungen zu berufen und auf undurchsichtige Vertragsklauseln zu verweisen, wenn es innerhalb einer Kundenbeziehung Meinungsverschiedenheiten gab. Solch ein Geschäftsgebaren ist heute natürlich undenkbar. In der Gegenwart werden Probleme in persönlichen Gesprächen geklärt, um eine einvernehmliche Lösung zu finden, die für den Kunden und das Unternehmen passt. Da sowohl Kunden als auch Mitarbeiter entspannt sind, können sie viel leichter als damals aufeinander zugehen und Zugeständnisse machen. Es wird einfach weniger gekämpft, aus dem Gegeneinander ist ein Miteinander geworden.

Dadurch, dass Mitarbeitern mehr Zeit zur Verfügung stand, konnte sich zudem eine ganz neue Kreativität entfalten, die zu bahnbrechenden Innovationen führte. So konnten kluge Köpfe beispielsweise die heute gängige Energiequelle erschließen, die umweltfreundlich und kostenfrei allen Menschen zur Verfügung steht. Archaische und gefährliche Techniken wie Atomkraft oder die Nutzung fossiler Energien gehören inzwischen zum Glück der Vergangenheit an. Auch Windräder waren überflüssig geworden und inzwischen demontiert, denn niemand wollte mehr, dass sie die Landschaft verschandelten.

Der „Mensch-zu-Mensch"-Trend hatte außerdem zur Folge, dass kleine Firmen wieder an Bedeutung gewannen. Naturgemäß fiel es ihnen leichter, nah am Kunden zu sein und den direkten Kontakt zu pflegen als großen Konzernen. Lange Zeit hatten es kleine Betriebe und Geschäfte schwer gehabt, am Markt zu bestehen. Zu hoch waren die Kosten für Automatisierung und Digitalisierung, zu intensiv der Druck, Produkte zu günstigsten Preisen anzubieten. Dem Mittelstand oder gar Einzelunternehmen fehlten hier einfach die Mittel, um mithalten zu können. Doch mit der „Mensch-zu-Mensch"-Entwicklung hatten sie ihre Nische gefunden. Mit Einführung des Grundeinkommens waren die Menschen nicht mehr gezwungen, einen „Brotberuf" auszuüben, der ihren Lebensunterhalt sicherte. So entschieden sich viele, ihre Leidenschaft zum Beruf zu machen. Nachdem sie in der ersten Lebenshälfte Erfahrungen in der Wirtschaft gesammelt hatten, bauten sie sich etwas Eigenes auf. Sie eröffneten kleine Geschäfte oder Cafés, wurden Künstler und Handwerker, widmeten sich dem Natur- und Tierschutz, schufen Freizeitangebote für Kinder und Jugendliche oder bauten Bio-

Gemüse an. Viele dieser Kleinunternehmer hätten in der alten Welt nicht ausreichend Geld verdient, um davon leben zu können. Doch nun ergänzte der erwirtschaftete Gewinn das Grundeinkommen und die Rechnung ging auf. Nach dem traditionellen Vorbild von Genossenschaften schlossen sich zahlreiche Kleinunternehmen zu Gemeinschaften zusammen. Bio-Bauern brachten zum Beispiel ihre Erzeugnisse zu genossenschaftlichen Markthallen, die ausschließlich regionale Produkte verkauften. Über diesen Direktvertrieb konnten sie einen guten Preis für ihre Produkte erzielen, ohne dass der Endkunde mehr bezahlte, einfach weil sie selbstbestimmt agierten, statt sich dem Diktat der großen Zwischenhändler und ihren überzogenen Gewinnerwartungen zu beugen. Außerdem hatten sie es sich zum Ziel gesetzt, die Menschen der Region mit hochwertigen Nahrungsmitteln zu versorgen und somit einen unmittelbar sichtbaren Nutzen für die Gemeinschaft zu schaffen. Das kam gut an. Die Käufer schätzten es, zu wissen, woher ihre Lebensmittel kamen und hielten gern ein Schwätzchen mit dem gut geschulten Verkaufspersonal, das stolz auf die Qualität der Waren war und gern Rezepte mit ihren Kunden austauschte. Schließlich kannten sie die meisten persönlich. Nach diesen Vorbildern entstanden vermehrt Eigeninitiativen in der Bevölkerung, seien es ältere Menschen, die sich zu selbstbestimmten Wohngemeinschaften zusammenschlossen, oder Interessenverbände, die dafür sorgten, dass es auf dem Land wieder öffentliche Einrichtungen wie Schulen, Kindergärten, Schwimmbäder und Sportanlagen gab. Viele Bürger sahen hier auch eine gute Möglichkeit, privat zu investieren. Zwar erhielten sie keine Zinsen, gewannen aber an einer gesunden Infrastruktur und zogen somit einen direkten Nutzen aus ihrem Kapital, der auch anderen zugute kam. Als Geld nicht mehr das Maß aller Dinge war, füllten sich die Gemeinschaften vor Ort wieder mit Leben. Die Annehmlichkeiten der digitalen Welt wurden natürlich weiterhin genutzt, wo es sinnvoll war, doch waren sie inzwischen Mittel zum Zweck geworden, statt das Leben der Menschen zu beherrschen. Früher gab es ja Menschen, die im Zuge der Digitalisierung die meiste Zeit in virtuellen Welten verbrachten und für die Gemeinschaft verloren waren. Doch die Mehrheit erkannte irgendwann, was heute jedes Kind weiß: Wer nur noch virtuell agiert, gebraucht seine fünf Sinne nicht mehr, vereinsamt und verpasst das Wesentliche im Leben. Die Zeit, die man durch virtuelle Prozesse einsparte, wurde nun wieder für das echte Leben genutzt, um Dinge in allen drei Dimensionen zu entdecken und zu erfahren sowie Beziehungen zu anderen Menschen zu gestalten.

Selbst die Städtearchitektur spiegelte dieses neue Miteinander wider. Der Mentor wusste noch, wie die Dörfer seiner Kindheit aussahen: eine lange Hauptstraße zog sich durch das Dorf, links und rechts davon schmiegten sich die Häuser an den Rand. Den klassischen Dorfplatz gab es nur selten. So hatten die Menschen keinen Ort, an dem sie sich begegnen konnten. Das menschliche Bedürfnis nach einem Gespräch war zwar da, jedoch fanden die Unterhaltungen stets unterwegs statt. Man sah einen Bekannten am Straßenrand, während man selbst gerade mit dem Auto vorbeifuhr und hielt kurz an, um sich auszutauschen, teils bei laufendem Motor. Das waren gewissermaßen gestohlene Momente, denn eigentlich hatte man ja etwas anderes vor, war nur auf der Durchreise.

Diese Gestaltungsweise war ein stummer Stressfaktor, der lange nicht erkannt wurde. Es herrschte eine unablässige Betriebsamkeit, Menschen trafen sich nur im Vorbeigehen oder bei Arbeiten an Haus und Garten im Freien. Es fehlten einfach Oasen, offene Plätze, wo die Menschen zur Ruhe kommen und gemeinsam ihre Freizeit genießen konnten. Heute ist es wieder selbstverständlich, dass es in Dörfern, Städten oder Vororten solche Räume gibt, denn sie besitzen eine enorme Anziehungskraft. Es sind die lebendigen Mittelpunkte einer Gemeinde, ganz natürlich siedeln sich Cafés und Restaurants dort an, Tische und Stühle werden herausgestellt, die Menschen fühlen sich wohl und erlauben sich eine Verschnaufpause. Was in stressigen Zeiten undenkbar schien, ist heute gelebte Realität.

2050 – Zurück in der Zukunft, Teil 3

Die Mentoren wurden kurz unterbrochen, als ihnen das Dessert serviert wurde. Die Kellnerin liebte es, wenn die Augen ihrer Gäste zu leuchten begannen, voller Vorfreude auf einen bevorstehenden Genuss. Die Mentoren, noch in Gedanken versunken, verließen für den Moment ihre gemeinsame Erinnerung und widmeten sich Löffel für Löffel der schmackhaften Süßspeise.

Dabei realisierten sie, welche Intensität ihr Gespräch inzwischen angenommen hatte. Eine Schlemmerpause in aller Stille war deshalb sehr willkommen.

Anschließend war es Diana, die den Faden wieder aufnahm. Als sie an die damals neu entstandenen Begegnungsorte dachte, erinnerte sie sich, wie vor allem die Männer dort in Erscheinung traten. Bei ihnen vollzog sich allmählich ein Wandel, der schon Ende der zwanziger Jahre für alle sichtbar war. Auf einmal gab es Männer, deren Augen vor Lebenskraft sprühten und denen man sofort ansah, dass sie ihre Männlichkeit lebten. Diese Ausstrahlung hatte eine Anziehungskraft, die für viele unwiderstehlich war.

Zuvor machten sich viele Männer im Stressmodus selbst etwas vor oder blickten verbittert und erschöpft drein. Doch das hatten sie hinter sich gelassen. Sie waren stolz auf das, was sie getan hatten, von Selbstvertrauen und Freude erfüllt. Längst hatten sie keine Angst mehr, sich in ihrem Umfeld so zu zeigen, wie sie wirklich waren. Inzwischen lebten sehr viele Männer ihren eigenen Rhythmus, sie waren frei. Auch hier im Restaurant sitzen sie, führen Gespräche, lachen ungezwungen, sind in Bücher vertieft oder spielen mit ihren Kindern. Doch das war nicht immer so.

Wann ist ein Mann ein Mann?[44]

Das Männerbild hatte sich in den zwanziger Jahren von Grund auf verändert. Dafür war die Zeit wirklich mehr als reif. Klaffte doch in den beiden Jahrzehnten zuvor eine gewaltige Diskrepanz zwischen dem, was ein Mann sein wollte, und dem, was er tatsächlich war.

Ein Spiel aus unserer Kindheit beschreibt den Mann aus dieser Zeit wohl am treffendsten. Einigen ist es als „Schelleklopfen", anderen als „Schellemännchen" oder „Klingelrutscher" bekannt, ein Streich, der gerne an Kindergeburtstagen gespielt wurde. Die Kinder zogen durch die Straßen und suchten ein Haus aus, bei dem sie klingelten, rannten dann weg und versteckten sich. Sie amüsierten sich darüber, dass einer der Hausbewohner umsonst an die Tür kam und im besten Fall sogar aufgebracht war und lauthals schimpfte. Mit anderen Worten: Jemand störte eine Person grundlos in ihrem Tun und brachte sie dadurch aus dem Gleichgewicht. Statt sich aber offen zu zeigen und zu seinem Verhalten zu stehen, flüchtete er und versteckte sich. Aus sicherer Entfernung beobachtete er den Leidtragenden und amüsierte sich auf dessen Kosten. Würzt man das Beschriebene noch mit einer Portion Geldgier und Heimtücke, kommen wir dem Männerbild jener Zeit ziemlich nahe.

[44] Grönemeyer, Herbert: *„Männer"*. 4630 Bochum. Grönland (Universal Music), 1984. CD.

Die Mentorin Rafaela erinnerte sich zum Beispiel an den Geschäftsführer einer Sanitätshauskette, für die sie eine Zeit lang gearbeitet hatte. Bedingt durch seinen Führungsstil war die Fluktuation in diesem Unternehmen sehr hoch. Der Mann war der Meinung, sein Wort sei Gesetz, und wer nicht pariert, der marschiert. Er traute sich jedoch nur selten, persönlich in Erscheinung zu treten, um seine Forderungen durchzusetzen, sondern agierte lieber aus dem sicheren Hinterhalt heraus. Anweisungen schickte er per Email an seine Mitarbeiter und verlangte diese unterschrieben zurück. Damit für alle klar war, dass seine Befehle ernst zu nehmen seien, drohte er in derselben Email, dass bei Zuwiderhandlung mit Abmahnung und Kündigung zu rechnen sei. Wenn sich ein Mitarbeiter an ihn wendete, sei es wegen einer geschäftlichen Entscheidung oder einer Lohnerhöhung, dann ignoriert er ihre Fragen und Wünsche. Und selbst wenn er in den Filialen einen seiner seltenen Kontrollgänge machte, stand er niemals für ein Gespräch zur Verfügung. Er wand sich wie ein Aal, war nicht zu packen, und bevor es doch jemandem gelingen konnte, verschwand er schnell wieder zur Tür hinaus.

Zwar handelte es sich bei diesem Geschäftsführer nur um einen kleinen Fisch, doch wandelte sich in dieser Zeit die ursprüngliche Männlichkeit in eine feige Verschlagenheit, die im großen Stil eingesetzt wurde. Der eine Mann kleidete sich adrett in einen Anzug, der andere trug eine Uniform, um sich männlich zu fühlen. Stress aber machte aus den Männern „Schellemännchen", ganz gleich, welches Outfit sie wählten. Andere Menschen zu übervorteilen und für die eigenen Zwecke zu missbrauchen, egal ob Mitarbeiter oder Kunden, gehörte zum guten Ton. In Beratungsgesprächen wurden Verträge schöngeredet, um Kunden Dinge zu verkaufen, die sie nicht brauchten. Die eigentlich wichtigen Informationen wurden geschickt im Kleingedruckten versteckt, denn Klarheit hätte die unlauteren Absichten ans Licht gebracht. So wurde im Namen des Profits manche gutgläubige Seele über den Tisch gezogen.

Wenn das „Schellemännchen“ zuschlug, war ihm jedes Mittel der Verschlagenheit recht. Aus der Deckung zu kommen und sich offen zu zeigen, hätte Mut erfordert, den viele Männer nicht mehr hatten. Dahinter steckte oft Angst, es mit einem stärkeren Gegner zu tun zu bekommen, sowie Scham wegen der eigenen Feigheit. In einem Teufelskreis erzeugte Angst wiederum neuen Stress, und um sich abzureagieren, folgten zahlreiche Männer ihren niederen Instinkten. Sie missbrauchten ihre Machtposition gegenüber anderen, um sich selbst besser zu fühlen. Das funktionierte am sichersten gegenüber den schwächsten Gliedern in der Kette. Diese Herren empfanden es als männlich, sich in voller Größe vor ihren Angestellten aufzubauen und diese niederzumachen. Besonders beliebt war diese Methode im Umgang mit Frauen, von denen sie sich aufgrund des zarteren Körperbaus weniger fürchten mussten.

Üblich war es in diesen Kreisen auch, jede Verantwortung von sich zu weisen. Schuld waren immer die anderen, im Zweifel die unterstellten Mitarbeiter. Solche Männer perfektionierten außerdem die hohe Kunst, viel zu reden und nichts damit zu sagen, und nutzten diese Fertigkeit eifrig in Meetings. Doch kam es einmal hart auf hart, wurden andere an die Front geschickt. Die Zeiten, als Könige an der Spitze ihres Heeres in die Schlacht ritten, waren endgültig vorbei. Der eine Mann versteckte sich im Büro hinter seiner Sekretärin, der andere überließ es seiner Frau, zu Hause die Konflikte des täglichen Lebens für ihn zu klären. Die Stimme des starken Mann erhob sich erst wieder im Wirtshaus, wenn der Alkoholpegel die eigene Unzulänglichkeit verschleierte und er fröhlich auf seine nicht mehr ganz knackige Frau oder die Umstände am

Arbeitsplatz schimpfen konnte, ohne Konsequenzen fürchten zu müssen und vor allen Dingen, ohne etwas an der Situation zu verändern. Somit hatte „man" wieder einmal erfolgreich den Schwanz eingezogen und sich hinter dem Tresen versteckt. Natürlich gab es auch Männer, die im Leben erfolgreich waren und sich nicht für sich selbst schämen mussten, doch diese hatten Seltenheitswert.

Dann schlich sich eine Entwicklung in die Gesellschaft ein, die niemand vorausgesehen hatte: Das Smartphone hielt Einzug, und dieses Gerät fällte gestandene Männer. In den 2010er Jahren gingen die Menschen noch ziemlich blauäugig mit den digitalen Helfern um, wusste man ja noch nicht um den hohen Suchtfaktor. Baumstarke Männer knickten vor diesem kleinen Taktgeber vollkommen ein, unterbrachen Gespräche, legten ihre Arbeit nieder, unterbrachen einfach alles, was sie gerade taten, nur um einen Blick auf ihren technischen Herren und Meister zu werfen. Sobald es einen Laut von sich gab, wurden sie zu Sklaven. Wurde früher über Männer gelacht, die unter dem Pantoffel ihrer Frau standen, so war das gar nichts im Vergleich zu dem, was dieses Gerät mit ihnen machte. Sie wurden abhängig und hörig, und wie jeder Süchtige sparten sie nicht mit Ausreden. Sie konnten keine klaren Gedanken mehr fassen und mussten ständig an dieses Gerät denken. Das kleine Telefon kontrollierte den Mann, der wie gebannt darauf starrte und es nicht einmal schaffte, es auszuschalten. Oftmals wurde mit dem Aktivieren des Smartphones jede Männlichkeit und Selbstbestimmung aufgegeben, die Männer ließen es zu, dass sie zurück in die Kindheit teleportiert wurden. Die Haltung, die sie dabei einnahmen – gebeugte Schultern, Blick nach unten –, war symbolisch: Männer wurden zu Duckmäusern, sie trauten sich immer weniger zu. Es gelang ihnen nicht einmal, ihrem Gegenüber ehrliche Worte zu sagen, ob es sich nun um den Arbeitgeber, Freunde oder die Partnerin handelte. Sie waren Meister darin, ihren Frust herunterzuschlucken und konnten sich nicht abgrenzen. Ihnen fehlte es rundum an den Fähigkeiten, ihre Gefühle wahrzunehmen, sie auszudrücken und zu ihnen zu stehen. Sehr viel mehr noch als die hohe Arbeitsbelastung war es dieses „Duckmäusern", das ihren Stress verursachte. Um das nicht zugeben zu müssen, erhielten sie den Mythos vom vielbeschäftigten Mann aufrecht.

Sie hatten tolle Autos und verdienten gutes Geld, gingen dafür aber nicht nur über Leichen, sondern betrieben auch Raubbau mit ihrem eigenen Körper. Im Gespräch betonte ein jeder, dass er im Stress sei. Doch wie bei allen Floskeln sagten sie damit nicht, was sie wirklich meinten. Im Klartext gesprochen bedeutete die Formulierung nichts anderes als: „Es ist zu hektisch, ich halte das nicht mehr aus. Meine Gesundheit macht mir Sorgen, ich habe schon verschiedene Symptome und keine Lust mehr, mit meiner Frau zu schlafen, weil mir alles zu viel ist. Ich weiß auch gar nicht, ob das in meinem Zustand überhaupt noch so funktioniert, wie es sollte. Ich habe jedes Gefühl für Sinnlichkeit, Herzlichkeit, Genuss und Freude verloren." Doch da so ein Geständnis wohl zu lange dauerte und für viele zu ehrlich gewesen wäre, sagte man lieber: „Danke, mir geht es gut, ich bin bloß im Stress."

Wie konnte es so weit kommen? Die Männer hatten ihre Identität verloren. Das klassische Männerbild des gnadenlosen Kämpfers war nicht mehr angesagt, und im Alltag hatten sie es mit starken, unabhängigen Frauen zu tun. Es erging ihnen im Prinzip wie den Bewohnern Afrikas: Über die Jahrhunderte folgten sie ihren eigenen Sitten und Gebräuchen, bis die sogenannte Zivilisation in ihren Dörfern Einzug hielt. Die Kolonialherren zwangen die Afrikaner, innerhalb kürzester Zeit ihre eigenen Traditionen aufzugeben. Hatten sie ihr Essen gestern noch am Lagerfeuer zubereitet, fanden sie sich nur wenige Jahrzehnte später an einem modernen Elektroherd wieder. Prozesse, die sich in

Europa ganz allmählich vollzogen hatten, sollten hier praktisch über Nacht eingeführt werden. Natürlich waren diese Menschen durch den schnellen Übergang komplett überfordert.

Um das klassische Männerbild war es vom Prinzip her ebenso bestellt. Auf der Jagd oder im Kampf konnte ein Mann seine genetische Veranlagung ausleben. Doch da die große Zeit der Jäger und Sammler nun einmal vorbei war und Kriege hauptsächlich auf dem Papier geführt wurden, fehlte definitiv eine neue Aufgabe, die den Mann zu seiner früheren Stärke und Tatkraft zurückbrachte. Den einen wurde langweilig, weil ihnen die Herausforderung fehlte, die anderen kapitulierten vor dem Stress und der eigenen Angst. In den zwanziger Jahren setzte sich die Erkenntnis durch, dass es auf lange Sicht nicht erfüllend war, Schwächere zu schikanieren. Niemand ernannte einen dafür zum Helden. Auch für die Menge an Arbeit, die man bewältigt hatte, wurden keine Orden verliehen. Es gab keinen Grund, stolz auf das zu sein, was man getan hatte. Es fehlten schlicht alternative Modelle, wie der Mann seine Männlichkeit ausleben konnte.

Männer gefielen sich weder in der Opferrolle noch mit der Erkenntnis, nichts anderes als ein Sklave zu sein. Alles war sinnlos geworden, und der Stress, mit dem sie sich lange Zeit brüsteten, zeigte gesundheitliche Folgen. Die Zeit war reif für einen Umbruch.

Wieder war es die Vollbeschäftigung, die diesen Wandel auslöste. Plötzlich waren die Männer nicht mehr von ihrem Arbeitgeber abhängig, standen ihnen doch jederzeit alternative Arbeitsplätze zur Verfügung. Damit änderte sich alles, die Männer erlangten ihre Unabhängigkeit und damit die Selbstbestimmung zurück. Wer von jetzt an unmögliche Arbeitsbedingungen vorfand, der ging und suchte sich ein passenderes Umfeld. Für alle war unlängst klar, dass es mehr als genug Arbeitsstellen gab und die Zeit der Sklaverei definitiv vorbei war.

Die Männer verließen ihren Platz in der Angstpyramide und begannen zu äußern, was ihnen auf dem Herzen lag. Sie begannen, für sich einzustehen, und hatten auf einmal eine ganze Menge zu sagen. In den Unternehmen wehte ein frischer Wind. Unabhängig davon, wer gerade anwesend war, ob Chef, Abteilungsleiter oder Vorarbeiter, fielen klare und direkte Worte. Es war Schluss damit, den Ärger in sich hineinzufressen, sich ständig zu ducken und die neuesten Arbeitsvorschriften abzunicken. Die Männer fanden ihre Stimme wieder und lernten, sie zu gebrauchen.

Zu Beginn dieser Zeit stand so mache Führungskraft nahezu fassungslos da, konnte sie doch nicht damit umgehen, dass die alten Machtstrukturen sich auflösten. Das war auch der Grund dafür, dass viele Führungskräfte sich in ihrem Job nicht mehr halten konnten, benötigte man hier doch für die neu anbrechende Zeit vollkommen andere Kompetenzen.

Die Männer begannen sogar, zu ihren Schwächen zu stehen, ihre Gefühle zu äußern und ihre Meinung kundzutun. Sie warfen die Masken ab und nahmen sich so an, wie sie waren. Anstatt sich zu schämen, fühlten sie sich stolz und erleichtert. So frei hatten sie sich in ihrem ganzen Leben noch nie gefühlt. Es gefiel ihnen, einfach nur dazustehen wie ein mächtiger Baum und klare Worte auszusprechen, unabhängig davon, ob sie ihrem Gegenüber angemessen schienen oder nicht. Das wirkte beeindruckend. Sie entdeckten, wie berauschend es war, sich mit den scheinbar Stärkeren anzulegen. Gab es erneut utopische Arbeitsanforderungen, die nicht zu bewältigen waren, war es keine große Sache mehr, die eigene Kraft realistisch einzuschätzen und deutlich zu äußern, dass das mit ihnen nicht zu machen war. Schwammige Formulierungen wie: „Ich weiß nicht so recht, ja vielleicht…“ wurden nicht mehr verwendet. Sie hatten keinen Klang, keine Kraft und niemand wollte sich ihrer bedienen, um Ausflüchte zu suchen. Intrigen, Geheimniskrämerei und Heimtücke gehörten der Vergangenheit an, Tatkraft und Klarheit standen jetzt an erster Stelle. Der neue Mann versteckte sich nicht mehr, er war für alle sichtbar. Seine Domäne war das „Da-Sein".

Es kam gar nicht mehr gut an, sich an Schwächeren zu vergreifen, sie zu verspotten oder schlecht zu behandeln. Vielmehr ging es darum, andere mit der eigenen Stärke zu unterstützen, wo es notwendig war. So wurden Männer peu à peu wieder zum Vorbild für andere. Aus einer verzweifelten Stresssituation, in der ein jeder um sein Überleben kämpfte, ist ein Miteinander entstanden.

Schon bald konnte jeder spüren, wie Freude und Begeisterung aufkamen. Zuvor sahen Kinder oft frustriert in die Zukunft, weil ihre Eltern ihnen ein Modell vorlebten, das sie nicht glücklich gemacht hatte. Jetzt aber sprang der Funke der Neugestaltung über.

So kam es zum ersten Mal seit sehr langer Zeit, dass die Männer im übertragenen Sinne den Knüppel aus der Hand legten und die klare Sprache in Verbindung mit einer phänomenalen Tatkraft als eines ihrer modernen Werkzeuge im 21. Jahrhundert entdeckten. Sie spürten ihre Freiheit und wollten sie ausleben. Die Zeit, in der sie sich aus Geldgründen oder nur, um einem Arbeitgeber zu gefallen, zum Befehlsempfänger und Sklaven degradierten, waren endgültig vorüber.

Eigene Ideen und Gedanken sprudelten aus ihnen hervor. Sie standen für sich und andere ein und verloren sich nicht mehr in Geschwafel und Bürokratie. Sie wurden zu Freigeistern, die die Welt um sich herum inspirierten, und bald wusste man es überall: Jeder, wirklich jeder konnte ein Freigeist sein!

Das hatte nicht nur zur Folge, dass die Männer ausgefüllter waren und besser schliefen, sondern ihre Frauen schauten sie wieder an, als hätten sie ihr ganzes Leben von so einem Mann geträumt.

Paarenergie ist Magie

Die neue Strahlkraft der Männer brachte ihnen nicht nur die Bewunderung des weiblichen Geschlechts ein, sondern zog weite Kreise. Dadurch, dass sich die Männer in ihrer eigenen Haut wohlfühlten und zu ihrer Stärken zurück fanden, konnten sich auch die Frauen wieder auf die Werte des eigenen Geschlechts besinnen. Kurz gesagt: Männer durften wieder Männer sein, Frauen durften wieder Frauen sein. Der jahrtausendealte Kampf zwischen den Geschlechtern wurde endlich beigelegt.

Seit Anbeginn der Geschichtsschreibung hatten Männer die Geschicke der Welt bestimmt und geleitet, teils mit verheerenden leidvollen Auswirkungen. Selbst wenn sie eine kluge und starke Frau an ihrer Seite hatten, wurde deren Einfluss nur selten nach außen hin sichtbar. Sie unterstützte den Mann im Hintergrund, hielt ihm den Rücken von den Belangen des Alltags frei und schuf ein Heim, in dem er sich ausruhen konnte, damit er seine männliche Energie ungehindert in der Welt wirken lassen konnte. Meist trat sie selbst nicht öffentlich in Erscheinung, es sei denn als fürsorgliche Gastgeberin und schmückende Begleiterin. Ihre eigenen Belange blieben dabei allzu oft auf der Strecke. Erst die feministische Bewegung im 20. Jahrhundert, initiiert von mutigen Frauen, leitete gewisse Fortschritte ein. Frauen wurden endlich als eigenständige Persönlichkeiten anerkannt, durften wählen und benötigten nicht mehr die Erlaubnis ihres Ehemanns, um einer beruflichen Tätigkeit nachzugehen.

Doch auch die Emanzipation hatte ihre Grenzen. Nach wie vor wurden die typisch weiblichen Leistungen wie Kinder- und Altenbetreuung oder das Führen eines Haushaltes gering geschätzt, was darin zum Ausdruck kam, dass weder Arbeitslohn noch soziales Ansehen damit verbunden waren. Diese Tätigkeiten sollten nun einfach zusätzlich zum

Beruf „nebenbei“ erledigt werden, was den Stresslevel der Frauen in ungeahnte Höhen trieb und ihnen ständig das Gefühl gab, bei allen Anstrengungen nicht gut genug zu sein. Es war zu wenig Zeit da, um sich intensiv um die Kinder zu kümmern oder wie die männlichen Kollegen abends noch Überstunden zu leisten und so die Karriereleiter hinaufzuklettern, von Raum für sich selbst oder das Pflegen von Freundschaften ganz zu schweigen. Im Beruf konnte sich eine Frau nur dann erfolgreich behaupten, wenn sie sich wie ein Mann verhielt, also wettbewerbs- und wachstumsorientiert, stets kampfbereit und nach außen gerichtet. Berufe, die weibliche Eigenschaften erforderten und in denen eine Frau sich mit ihren spezifischen Stärken und Interessen einbringen konnte, wurden nach wie vor schlecht bezahlt und standen im sozialen Ranking weit unten. In der Konsequenz hatten sich viele Frauen selbst verleugnet, sich gestählt, ihre Herzen verhärtet und sogar ihren Kinderwunsch zurückgestellt.

Wie abstrus diese Entwicklung war, wird wohl erst deutlich, wenn die Rollen vertauscht sind. Man stelle sich vor, ein Mann müsse sich wie eine Frau verhalten, um geschätzt und geachtet zu werden. Damit wird klarer, welch unmöglicher Rollentausch früher von den Frauen erwartet wurde.

Die Mentoren sind erleichtert, dass die Geringschätzung weiblicher Eigenschaften endgültig der Vergangenheit angehört. Als das ungehemmte Wachstumsstreben anfing, den Menschen, der Umwelt und letztendlich auch der Wirtschaft die Lebensgrundlage zu entziehen, gewannen die Stärken der Frauen an Wert. Ihr natürliches Bedürfnis danach, ihren Kindern und Familien eine lebenswerte Zukunft zu sichern, trug wesentlich zu einem Umdenken bei. Werte wie Gutes zu bewahren, ein harmonisches Miteinander zu pflegen und sich dabei von Mitgefühl, Rücksicht und Liebe leiten zu lassen, rückten in den Fokus der Aufmerksamkeit. Nach und nach bekamen sie denselben Stellenwert wie etwa männliche Tatkraft und technischer Fortschritt.

Im Berufs- und Privatleben konnten sich männliche und weibliche Energien nun ergänzen und ausgleichen, was sich in einer neuen Balance innerhalb der menschlichen Gemeinschaft wie auch in einem nachhaltigen Umgang mit der Natur zeigte. Männer und Frauen begannen, sich gegenseitig in ihrem Anderssein zu achten und zu ehren. „Zusammen – und doch jeder auf seine Weise", galt als Richtschnur für ein erfolgreiches Zusammenwirken.

Frauen wie Männer hatten ihre eigene Persönlichkeitsentwicklung durchlebt. Die Paarbeziehungen, die dadurch entstanden, hatten einen vollkommen anderen Charakter als viele der früheren Partnerschaften, in der die Liebe oft zugunsten einer Zweckgemeinschaft hinten angestellt wurde. In einer Zweckgemeinschaft hatte jeder seine Aufgaben, zwischendurch gab es regelmäßig Streit und in der Freizeit ging man sich lieber aus dem Weg, statt zusammen etwas zu unternehmen. In solchen Beziehungen ging es nicht selten um klassischen Wettkampf, in dem man sich selbst präsentierte und den anderen niedermachte. Ein typisches Bild aus jener Zeit waren Fahrradtouren, in denen der Mann vorneweg fuhr und triumphierend am Ziel wartete, bis seine Frau völlig außer Atem endlich auch eintraf. Statt die gemeinsame Zeit zu genießen, wurde selbst der Sonntagsausflug zu einem Kräftemessen.

Das ist heute anders, solche Spielchen werden nicht mehr inszeniert. Indem beide Geschlechter in ihrer ureigenen Kraft sind, entfalten sie eine fast magische Ausstrahlung, die sich in Leichtigkeit und Freude ausdrückt. Die Menschen leben als Paar zusammen, sie lieben sich und wollen Zeit miteinander verbringen. Seien es Ausflüge, Lesen, Wandern, Meditieren oder Freunde treffen, sie tun es zusammen und teilen die

Freude an der Aktivität. So ist es keine Seltenheit mehr, sich gemeinsam eine Auszeit zu nehmen und zu reisen, sogar in der Elternzeit, um als Paar die ersten Monate mit dem Baby zu genießen.

Die Menschen haben erkannt, wie sehr gemeinsame Erlebnisse das tägliche Miteinander bereichern. Früher teilten sich Paare in der Regel ihre Aufgaben auf, der eine kaufte ein, während der andere das Auto durch die Waschanlage fuhr, schließlich ging es darum, stets effizient zu sein. Wenn dann doch einer der Partner mal in die Ruhe ging, meditierte und ein Entspannungsprogramm absolvierte, brachte das sehr wenig, wenn der andere gleichzeitig im Stressmodus lief, Überstunden machte und nicht mehr abschalten konnte. Schließlich übertrugen sich Stimmungen genauso auf den Partner wie Unruhe und Stress.

Lebten die Partner ständig aneinander vorbei, war es darüber hinaus kein Wunder, dass sie sich nichts mehr zu sagen hatten, wenn sie dann doch einmal Zeit zum Reden fanden, zum Beispiel bei einem Restaurantbesuch. Irgendwann vermieden sie Gespräche ganz. Am Morgen diente die Zeitung als Barriere, am Abend taten Smartphone und Tablet treue Dienste, um klar und deutlich zu verstehen zu geben, dass man sich in diesem Moment nicht im Geringsten für sein Gegenüber interessierte.

Heute ist es wichtig geworden, eine gemeinsame Erfahrung zu machen, etwa miteinander in Ruhe einen Marktbesuch zu genießen, Gespräche zu führen, Geschick und Missgeschick zu teilen. Es sind immer wieder die frischen Erlebnisse, die ein Paar genauso wie eine Freundschaft bereichern und am Leben erhalten. Dadurch sammeln sich ständig kleine wertvolle Begegnungen an, die als Kraftquelle im Alltag dienen und den Stress außen vor lassen.

Endlich ist es möglich, eine Beziehung zu führen, in der beide Partner gut in ihrer Kraft bleiben können, und zwar über die Anfangsphase der rosaroten Verliebtheit hinaus. Mann und Frau ziehen an einem Strang, bauen sich gegenseitig auf und entwickeln gemeinsam ihre eigenen Methoden, um in einer guten Energie zu bleiben. Dabei ist es selbstverständlich, Dinge offen auszusprechen und dem Partner gegenüber loyal zu sein. Sich hundertprozentig aufeinander verlassen zu können, entspannt, während Geheimniskrämerei und mangelnde Zuverlässigkeit nichts als Stress bereiten. Wer sich verstanden und gut aufgehoben fühlt, dem fällt es auch leicht, Nähe und Berührung zuzulassen. Liebevoll miteinander umzugehen, den Partner im Arm zu halten und seinen Gedanken zu lauschen, ist eine wundervolle Oase im Alltag.

Auf der Basis ihrer gemeinsamen Interessen arbeiten viele Paare inzwischen an Projekten, die in jedem beliebigen Lebensbereich angesiedelt sein können. Die Mentoren kennen beispielsweise ein Paar, das sich im sozialen Bereich engagiert, indem es einmal die Woche demenzkranke Personen bei sich aufnimmt und ein Freizeitprogramm mit ihnen gestaltet. Ein anderes Paar führte sehr viele intensive Gespräche, in denen sie Beobachtungen und Erfahrungen austauschten. Daraus entstand die Idee, zusammen ein Buch zum Thema „Vom Kopfkino zum Freigeist" zu schreiben, das während der Aufbruchstimmung vielen Menschen den Impuls gab, ihr Leben stressfreier zu gestalten. Im Schreibprozess entdeckten die beiden eine völlig neue Art und Weise, miteinander umzugehen und zu arbeiten. Die Energie, die solche Paare an den Tag legten, griff um sich, und überall entstanden weitere Ideen und Projekte, die Paaren die Möglichkeit gaben, zusammen zu wirken.

Zwei sind nicht zu bremsen[45] – die Kraft der Freundschaft

Um die Paarenergie zu leben, braucht es nicht unbedingt eine Liebesbeziehung, auch in einer Freundschaft kann das magische Zusammenspiel zweier Personen zum Ausdruck kommen. Mit einem Schmunzeln erinnert sich der Mentor an das Film-Duo Bud Spencer und Terence Hill. Jeder für sich stach in seinen Soloprojekten selten aus der Mittelmäßigkeit heraus. Mit ihren gemeinsamen Filmen aber haben sie über Jahrzehnte hinweg Menschen begeistert und ihre Beliebtheit besteht bis heute. Zu zweit haben die Menschen nicht nur mehr Durchsetzungskraft und Charisma, sondern ergänzen sich in ihren Fähigkeiten. Was der eine nicht kann, steuert der andere bei. So spielen sich zwei Freunde die Bälle zu und beflügeln sich gegenseitig, Freude und Leichtigkeit heben das Energieniveau an. Es ist also kein Wunder, dass die Paarenergie anziehend wirkt und alle etwas davon abhaben wollen. Im Übrigen werden sogar Filme oder Bücher allein dadurch interessanter, dass es eine Fortsetzung und somit ein Paar gibt.

Um die Paarenergie zu spüren, ist ein Freund nötig, nicht etwa ein sogenannter „Kontakt" aus den sozialen Medien oder eine Person, die wir nur anrufen, wenn wir etwas von ihr wollen, die wir nutzen oder ausnutzen. Die Rede ist von einem echten und sehr realen Freund, mit dem wir regelmäßig etwas unternehmen und etwas Neues erleben. Genau wie in der Paarbeziehung ist es auch hier wichtig, in der Gegenwart gemeinsame Erlebnisse zu schaffen, statt immer wieder dieselben alten Geschichten aus vergangenen Tagen aufzuwärmen. Eine echte Freundschaft lebt und will gelebt werden. Dann kann sich die Magie der Paarenergie voll entfalten.

[45] Corbucci, Sergio: *„Zwei sind nicht zu bremsen"*. Italien 1978.

! Ein Mensch allein kann Großes vollbringen, zwei Menschen gemeinsam ein Wunder.

2050 – Zurück in der Zukunft, Teil 4

In Gedanken mit der Paarenergie verbunden, beendeten die Mentoren ihren Ausflug in die Vergangenheit. Mit Begeisterung in ihren Gesichtern verabschiedeten sie sich voneinander und beschlossen, sich bald wiederzutreffen. Die Mentoren hatten es genossen, an die großen Veränderungen zurückzudenken, ohne die eine so freie Gesellschaft erst gar nicht entstanden wäre. Schließlich hatten die zwanziger Jahre jedem von ihnen offenbart, welche Art von Mensch in ihnen steckte.

Du musst wissen, wer Du bist

Es gibt Menschen, die schon früh ihre Berufung gefunden haben und im Einklang mit ihr leben. Andere Zeitgenossen haben diesen Anspruch erst gar nicht, sondern halten es wie die Wildkaninchen. Sie genießen die Sonne, wenn sie scheint, verbringen die Regentage im schützenden Bau, fressen das saftige Gras auf der Wiese und in den Pausen widmen sie sich der Aufgabe, die nächste Generation zu zeugen. Beide dieser beneidenswerten Gruppen führen ein Leben, das zu ihnen passt – und alles ist in bester Ordnung.

Alle anderen verspüren eine innere Unruhe, die sich meist zum ersten Mal um das 35. Lebensjahr herum, manchmal auch deutlich früher, bemerkbar macht. Bisher haben sie versucht, sich nach gesellschaftlichen Konventionen zu richten und die Erwartungen anderer zu erfüllen. Auch ein Teil der eigenen Persönlichkeit hat danach gestrebt, sich eine Existenz aufzubauen, Erfolg im Außen zu haben und sich Anerkennung im sozialen Umfeld zu erarbeiten. Doch spätestens wenn sie der Stress fest in seinen Klauen hat, fangen sie damit an, sich Fragen nach dem Sinn des Ganzen zu stellen: „Wofür tue ich das eigentlich alles? Was habe ich aufgegeben, um dahin zu gelangen, wo ich heute bin? Wo ist die Freude geblieben? Liebe ich und werde ich selbst geliebt?"

Wenn solche Fragen in Ihrem Leben aktuell werden, ist das ein wichtiges Signal, dass Sie an einem Wendepunkt stehen. Sie können nun die innere Stimme wegdrücken und damit den Anteil Ihrer Persönlichkeit verleugnen, der nach Weiterentwicklung strebt. Sie können Stress als ein normales und festes Element Ihres Daseins akzeptieren und weitermachen wie bisher. Dieser Weg ist eine Sackgasse, er führt hinein in ein Leben, das eine Lüge ist. Aus Verzweiflung und Angst wird eine solche

Lüge oft über Jahre hinweg aufrecht erhalten und gedeckt, sei es in einer Beziehung, in der Familie, im Beruf oder unter Freunden. Doch all das funktioniert heute nicht mehr. Früher oder später wird dieses Konstrukt zusammenbrechen. Wer sich wundert, dass der Stress von allen Seiten kommt und sein Leben aus den Fugen gerät, lebt nicht die Wahrheit.

Der Ausweg aus dieser Abwärtsspirale führt nur über eine Veränderung. Doch solange Sie stetig kämpfen, an welcher Front auch immer, wird sich nichts verändern. Es hat sich gezeigt, dass es nichts bringt, anderen oder gar sich selbst etwas vorzumachen.

! Der Zeitgeist bringt die Wahrheit ans Tageslicht.

Wenn Sie sich selbst leben, kann Sie das, was Sie im Spiegel sehen, nicht erschrecken. In der Midlife Crisis oder spätestens auf dem Sterbebett holt es uns alle sowieso ein. In dem Roman „Die letzte Delikatesse“ beschreibt die Autorin sehr anschaulich, wie ein Restaurantkritiker erst auf dem Sterbebett herausfand, was ihm wirklich schmeckte. Das waren einfache Gerichte, welche durch die Qualität ihrer Zutaten überzeugten und ohne viel Schnickschnack zubereitet wurden. Er liebte es, in guter Gemeinschaft und einfacher, angenehmer Atmosphäre zu speisen. Genau das machte für ihn das Besondere bei einem gelungenen Essen aus. Leider hatte er sein ganzes Leben der ausgeklügelten Gourmetküche gewidmet und unter anderem über Wein geschrieben, obwohl er passionierter Whiskytrinker war.[45] In der Geschichte war es für ihn

[45] Vgl. Barbery, Muriel: *„Die letzte Delikatesse“*, Deutscher Taschenbuch Verlag, München 2008.

zu spät, sein Leben zu ändern. – Je früher wir aber herausfinden, was wir wollen und womit wir uns wohl fühlen, desto eher können wir beginnen, unser Leben wirklich zu leben.

! Du musst wissen, wer Du bist, um ein Leben zu führen, das Dir entspricht.

Wer weiß, wer er ist, was er mag und was er nicht mag, den bringt so schnell nichts aus dem Gleichgewicht, auch wenn um ihn herum der Stress tobt. Denn wenn alles um Sie herum zusammenbricht, können Sie sich nur auf sich selbst besinnen.

Sie haben bereits mit dem Spüren begonnen und herausgefunden, wie es Ihnen in bestimmten Situationen geht. Sie haben sich selbst und Ihre Umgebung wahrgenommen. Damit sind Sie bereits auf Ihrem Weg. Sie wissen, was Ihnen guttut, weil Sie es spüren. Entdecken Sie, was Ihnen Freude bereitet, worin Sie ganz aufgehen und wobei Sie so sein können, wie Sie sind.

Auch wenn Sie bisher das Verlangen nach einem solchen Leben weit von sich geschoben haben, ist es immer noch da. Damit steht für Sie eine Entscheidung an. Sie möchten Ihre Bestimmung finden, damit Sie Ihre Energie nicht mehr verschwenden, sondern Ihrer Lebensaufgabe widmen. Auf diese Weise kommen Sie in einen positiven Kreislauf, der Ihnen ständig neue Energie liefert. Das kennen Sie bereits von einfachen Dingen wie Tanzen, Träumen und Glücklichsein. Erneut haben Sie die Wahl, die Lüge und damit das Kopfkino aufrechtzuerhalten oder der inneren Wahrheit, dem Freigeist in Ihnen, zu folgen. Haben Sie den Mut, sich selbst zu leben und so zu handeln, wie es Ihnen richtig erscheint!

Du musst wissen, wer Du bist – und es auch sein

Oft trauen wir uns nicht, das zu leben, was wir sind, weil wir das Gefühl haben, anders zu sein, als es von uns erwartet wird. Wenn wir in der Gesellschaft nicht zurechtkommen, suchen wir die Schuld bei uns, schämen uns dafür, dass wir nicht mithalten können, dem Stress nicht gewachsen sind. Offensichtlich sind wir nicht hart und durchsetzungsstark genug, zu sensibel für diese Welt. „Anders" zu sein, als die übrigen Menschen, läuft häufig darauf hinaus, dass wir feinfühliger sind. Wir scheinen mehr zu spüren, mehr wahrzunehmen, als gut für uns ist. Feinfühligkeit ist eine Eigenschaft, auf die in unserer Gesellschaft nicht eingegangen wird, die sogar unerwünscht ist. Feinfühlige Menschen sprechen bislang allenfalls hinter vorgehaltener Hand über ihre Probleme, sich in einer groben Welt zu bewegen. Es ist an der Zeit, das zu ändern und offen darüber zu sprechen, wie es uns geht, auf welche Hindernisse wir stoßen und welche inneren Konflikte uns umtreiben. Wie am Anfang des Buches betont, müssen wir uns eingestehen, dass wir Stress haben, uns selbst und anderen gegenüber. Dann werden wir feststellen, dass wir keineswegs allein oder so anders sind, wie wir ursprünglich dachten. Wenn wir uns erst einmal trauen, offen zu der eigenen Feinfühligkeit zu stehen, sehen wir, dass es um uns herum viele Menschen gibt, denen es genauso geht wie uns. Die Wahrheit kommt ans Licht und plötzlich steht eine ganz neue Frage im Raum:

! Was ist, wenn inzwischen die Mehrheit der Menschen feinfühlig ist und eine entsprechende Umgebung benötigt?

Im Gegensatz zu vorangegangenen Generationen haben wir das Glück, keinen Krieg mehr im eigenen Land erlebt zu haben. Wir müssen und wollen nicht mehr ständig um unser Überleben und unsere Daseinsberechtigung kämpfen. Dadurch waren wir in der Lage, andere Eigenschaften zu entwickeln, und wir können davon ausgehen, dass wir selbst und nachfolgende Generationen jeweils feinfühliger sind als die Generationen vor uns. Bei den Menschen, die in den 1960er und 70er Jahren geboren sind, hat es teilweise noch funktioniert, sich selbst zu verraten, indem sie die eigenen Gefühle und Wahrnehmungen unterdrückt haben, wenn auch unter enormen Anstrengungen und gesundheitlichen Schwierigkeiten. Jüngere Generationen schaffen das nicht mehr, je feinfühliger eine Person ist, desto früher im Leben wird sie an den Folgen von Stress und Burnout leiden.

Wenn wir als feinfühlige Menschen versuchen, in einem System zu agieren, das nicht für uns gemacht ist, leben wir in einem permanenten Widerspruch. Das ist die Quelle des kollektiven Stresses, der sich durch unsere Gesellschaft zieht.

Wir wollen und können nicht länger in einer groben Welt arbeiten, konsumieren, wohnen, essen, Urlaub machen und gesund bleiben, unter Lebensbedingungen, die nur auszuhalten sind, wenn wir abstumpfen und unsere Herzen verschließen. Jahrzehntelang wurden wir vom Stress beschäftigt und ruhig gestellt und haben dabei unsere wahren Kräfte und Talente nicht erkannt.

Wenn mit Stress nahezu unsere gesamte Gesellschaft manipuliert, jeglicher Selbstbestimmung beraubt und damit am Leben vorbei geführt wird, so stellt sich die Frage: Welche Fähigkeiten kommen ans Tageslicht, wenn der Stress entfällt?

Die harte Schale, die wir uns zugelegt haben, obwohl sie uns nicht entspricht, darf endlich von uns abfallen. Was wird passieren, wenn wir wieder unsere Gefühle wahrnehmen und uns selber spüren, ohne dabei als „Sensibelchen“ abgestempelt und damit mundtot gemacht zu werden? Unsere Feinfühligkeit ist da, genauso unsere Wahrnehmung, unsere Intuition und unsere Kreativität. Wenn wir mit all dem, was uns ausmacht, durch das Leben gehen, kommen wir in unsere Kraft. Wir brauchen uns nicht dafür zu verstecken, dass wir Dinge sehen, die groben Menschen verborgen bleiben.

Das lässt sich mit Menschen vergleichen, die unterschiedliche Körpergrößen haben, und dadurch die Welt völlig anders wahrnehmen. Wenn jemand 1,55 Meter groß ist, muss diese Person zu vielen Dingen aufschauen und hat dadurch ein anderes Blickfeld als eine Person, die eine Größe von 1,95 Meter hat und beständig nach unten schaut. Wiederum ganz anders erlebt jemand, der in einem Rollstuhl sitzt, die Welt, die nicht für ihn gemacht ist. So schaut er zunächst an so manchem Kundenschalter oder an der Rezeption nicht in ein freundliches Gesicht, sondern schlicht und ergreifend gegen die Wand.

Feinfühlige Menschen spüren und nehmen ein Vielfaches von dem wahr, was anderen verborgen bleibt. Wenn sie ihre Fähigkeiten trainieren, erschließt sich eine ganz neue Welt von Informationen. Dafür allerdings benötigen Sie andere Rahmenbedingungen und Voraussetzungen als ihre Mitmenschen.

Interessanterweise möchten alle bei technischen Messgeräten möglichst genaue Angaben haben. Hier hat man erkannt, wie wichtig Präzision ist, in vielen Bereichen kommt es auf feinste Unterschiede an. Trotzdem führen Menschen mit groben Eigenschaften Firmen und damit auch Mitarbeiter. Wäre es nicht wichtig oder sogar elementar, hier auf Präzision zu setzen und die feinfühligen Menschen mit ins Boot zu holen?

! Wer will denn mit jemandem arbeiten, der eine Situation grob einschätzen kann, wenn man es genauer haben kann?

Wer durch seine Wahrnehmung und sein Spüren zusätzliche Informationen erhält, ist klar im Vorteil. Diese Fähigkeiten kommen zum Einsatz, wenn jemand frühzeitig eine Einschätzung für eine Situation, ein Gespräch oder eine zwischenmenschliche Interaktion haben möchte, kommt es doch hier häufig auf die feinen Zwischentöne und die nonverbale Kommunikation an. Wer erkennt, welchen Rahmen Menschen brauchen, um ihre Arbeit gut zu machen, kann sie als Führungskraft optimal unterstützen. Auch wird er nicht nur die Mitarbeiter hören, die am lautesten schreien, sondern auch die, die etwas zu sagen haben. Auf das angemessen zu reagieren, was unter der Oberfläche schwelt, kann nicht nur im Berufsleben wertvoll sein, sondern überall dort, wo Menschen miteinander agieren, also auch in der Partnerschaft oder Familie.

Feinfühlige Menschen hatten oft ein Leben lang Anpassungsschwierigkeiten in der Welt, die sie umgibt, ganz einfach, weil sie andere Dinge für ihr Leben benötigen und wertschätzen. Jeder von ihnen hat seine spezifischen Probleme zu bewältigen und das oft schon seit Jahren. Vielleicht sind genau diese Herausforderungen und die damit verbundenen Erfahrungen ein wertvoller Baustein für eine neue Gesellschaft. Denn wer sich mit all seinen Fähigkeiten über Jahre hinweg einem bestimmten Thema widmet, wird automatisch zum Fachmann. In diesem Prozess sammelt sich erlebtes und erfahrenes Wissen an, das für uns alle wertvoll ist. So können neue Berufe und Berufungen entstehen. Gleichzeitig ist das ein Abschied von unserer gelebten und vergangenen sprichwörtlichen Mentalität, dass wir von dem „Schuster beraten werden, der selbst die schlechtesten Schuhe trägt". In Zukunft werden wir in den wohlwollenden Händen von Menschen mit erlebtem Wissen und eigenen Erfahrungen sein. An diesen lassen sie andere teilhaben, statt nur theoretisches Wissen weiterzugeben oder ihre Erkenntnisse für sich zu behalten. Wir alle haben etwas zu sagen und zur Gemeinschaft beizutragen, wir müssen lediglich dazu stehen und es mitteilen. Setzen wir moderne Kommunikationsmittel und soziale Medien in diesem Sinne ein, dient sogar die Digitalisierung einem höheren Zweck.

In der Vergangenheit sind wir einer kleinen Elite aus Menschen mit ausgeprägtem Geschäftssinn, nüchternem Verstand und Profitdenken gefolgt, die oft grob und rücksichtslos ihre Interessen durchsetzten. Jetzt hat eine Zeit begonnen, in der uns all diese Eigenschaften in die falsche Richtung führen, ja sogar dazu beitragen, unsere eigenen Lebensgrundlagen zu zerstören. Wir dürfen diesen Menschen nicht mehr folgen!

Um nachhaltige Konzepte für Menschen und Umwelt zu entwickeln und umzusetzen, sind vollkommen andere Fähigkeiten erforderlich, die bislang noch nicht beachtet oder gar gefördert werden. Feinfühligkeit, Großherzigkeit und Mitgefühl sind genauso wichtig wie Innovationskraft und der Mut, völlig neu zu denken. Deshalb wird es nichts nutzen, Manager umzuschulen, bestimmte Fähigkeiten kann man nicht erlernen. Die bisherige Führungsriege wird nur dann noch eine sinnvolle Funktion erfüllen, wenn sie feinfühlige Menschen dabei unterstützt, die neuen Ideen in die Tat umzusetzen. Dafür wird sie allerdings die eigenen Ziele in den Hintergrund stellen müssen.

Die neue Gesellschaft wird nicht von einem Ältestenrat oder von den Mächtigen im Elfenbeinturm erschaffen werden. Wir werden sie alle gemeinsam erbauen: Männer und Frauen, Jugendliche und Erwachsene, ungeachtet ihrer Kultur oder Hautfarbe. Jeder von uns verfügt über eine individuelle und einzigartige Kombination aus Talenten und Fähigkeiten, die dringend gebraucht werden. In uns ist bereits alles vorhanden, was wir für den Aufbau einer neuen Welt brauchen. Wir alle halten ein Puzzleteil in den Händen, aber da wir es nicht offen auf den Tisch legen, zeigt sich der große Zusammenhang noch nicht. Doch jedes Mal, wenn es uns gelingt, die Wahrheit zu sagen und die eigene Persönlichkeit zum Ausdruck zu bringen, und sei es nur für einen kurzen Moment, wird das Gesamtbild deutlicher. Wir brauchen keine gestressten oder getriebenen, sondern bewusste Menschen.

! Für uns alle geht es darum, zu der eigenen Feinfühligkeit zu stehen und das nach außen zu bringen, was wir in uns tragen. Das ist der Bewusstseinssprung, vor dem wir stehen, und der alles verändern wird.

Literatur und Quellen

Bücher, Zeitschriften und Websites

Alt, Franz: „*Öko-logisch! Auto-Terrorismus in Deutschland*“. In: *Lebens|:|räume Magazin*, Ausgabe September 2017.

Anderson, John R. und Funk, Joachim: „*Kognitive Psychologie*“. 7. Auflage, Springer VS, Wiesbaden 2013, zit. n.: https://1001erfolgsgeheimnisse.com/2014/01/22/gorilla-experiment-aufmerksamkeit/

Barbery, Muriel: „*Die letzte Delikatesse*“. Deutscher Taschenbuch Verlag, München 2008.

Prof. Dr. Blackburn, Elisabeth und Prof. Dr. Epel, Elissa: „*Die Entschlüsselung des Alterns: Der Telomer-Effekt*“. Mosaik Verlag, München 2017.

Eschbach, Andreas: „*Das Jesus Video*“. 17. Auflage, Verlagsgruppe Lübbe, Bergisch Gladbach 2004.

Extense, Gavin: „*Alex Woods oder warum das Universum keinen Plan hat*“. Blanvalet Taschenbuch Verlag, München 2016.

Goewey, Don Joseph: „*Stress für immer besiegen*“, Windpferd Verlag, Oberstdorf 2015, zit. n. „*Stress entsteht im Kopf*“, In: *natürlich gesund und munter*, Ausgabe 6/2017.

Herrmann, Ulrike: „*Der Sieg des Kapitals*“. Piper Verlag GmbH, München/Berlin 2015.

Dr. Nakagawa, Kazuhiro: „*Augenyoga*“. 3. Auflage, Goldmann Verlag, München 2017.

Pahr, Martina und Schreuer, Eva: „*Switch off*“. In: *Wege – Das Magazin zum Leben*, Ausgabe Februar 2018.

Pichler, Harald: „*Wozu arbeiten?*“. In: *Wege – Das Magazin zum Leben*, Ausgabe Februar 2018.

Pliester, Petra und Bräscher, Jürgen: „*Leben als Freigeist*“. Verlag Zeitenwende, Dohna 2016.

Rohleder, Luca: „*Die Berufung für Hochsensible*“. 4. Auflage, dielus edition, Leipzig 2017.

Russell, Roger: „*Dem Schmerz den Rücken kehren*“. 2. Auflage, Junfermann Verlag, Paderborn 2005.

Schami, Rafik: „*Sieben Doppelgänger*“. dtv Verlagsgesellschaft, München 2001.

Schumacher, E.F.: „*Small is Beautiful*“, in: *The Radical Humanist*, Vol 37, Nr. 6, September 1973, zit. n. https://babel.hathitrust.org/cgi/pt?id=uc1.32106019678082;view=1up;seq=230

Sunzi: „*Die Kunst des Krieges*“. Insel Verlag, Berlin 2009.

World Health Organization (Hrsg.): „*Mental Health – A Call For Action by World Health Ministers*“. Genf 2001.

„*Entspann Dich Deutschland – TK-Stressstudie 2016*“, Hamburg. https://www.tk.de/centaurus/servlet/contentblob/ 921466/Datei/3654/TK-Stressstudie_2016_PDF_barrierefrei.pdf

„*Stress entsteht im Kopf*“, In: *natürlich gesund und munter*, Ausgabe 6/2017.

http://www.bpb.de/nachschlagen/lexika/lexikon-der-wirtschaft/21068/vollbeschaeftigung

http://handelsjournal.de/2016/01/06/markt/dwolf/onlinehandel-grenzen-des-wachstums-in-sicht/

http://schrotundkorn.de/ernaehrung/lesen/lebensmittel-wegwerfen.html

http://www.manager-magazin.de/lifestyle/artikel/a-763235.html

https://de.statista.com/statistik/daten/studie/30703/umfrage/beschaeftigtenzahl-in-der-automobilindustrie/

https://wahl.tagesschau.de/wahlen/2017-09-24-BT-DE/index.shtml

https://www.fid-gesundheitswissen.de/tcm/yin-und-yang/

https://www.youtube.com/watch?v=vJG698U2Mvo

https://www.zukunft-mobilitaet.net/3344/analyse/wie-entstehen-staus-phantomstau/

Filme und Musik

Abrams, J. J.: „*Star Wars: Episode VII – Das Erwachen der Macht*“. USA 2015.

Erste Allgemeine Verunsicherung: „*Neandertal*“. Von Thomas Spitzer. *Watumba*. Electrola (Universal Music), 1991. CD.

Corbucci, Sergio: „*Zwei sind nicht zu bremsen*“. Italien 1978.

Frei.wild: „*Zeit, lass' mir Zeit*“. Von Philipp Burger. *Opposition*. Rookies & Kings, 2015. CD.

Grönemeyer, Herbert: „*Männer*“. *4630 Bochum*. Grönland (Universal Music), 1984. CD.

Lucas, George: „*Star Wars: Episode IV – Eine neue Hoffnung*“. USA 1977.

Marquand, Richard: „*Star Wars: Episode VI: Die Rückkehr der Jedi-Ritter*“. USA 1983.

Marshall, Garry: „*Pretty Woman*“. USA 1990.

Mono Inc.: „*Get some sleep*“. Von Martin Engler. *Symphonies of Pain*. Nocut Entertainment, 2017. CD.

Wachowski, Lana und Lilly: „*Matrix*“. USA 1974.

Uys, Jamie: „*Die lustige Welt der Tiere*“. Südafrika 1974.